스키너의 행동심리학

스키너의
행동심리학

B. F. 스키너 · 이신영 옮김

교양인
GYOYANGIN

행동주의는 인간 행동에 대한 과학이 아니라 그 과학에 대한 철학이다. 행동주의가 던지는 질문들은 이렇다. 행동에 대한 과학이 정말로 가능한가? 그 과학이 인간 행동의 모든 면을 고려할 수 있을까? 그 과학은 어떤 방법을 사용할 수 있는가? 그 과학의 법칙은 물리학이나 생물학의 법칙만큼 타당한가? 그 과학은 인간을 어떤 기술로 인도할 것인가? 만약 그렇다면 행동에 대한 과학은 인간사(人間事)에서 어떤 역할을 담당하게 될까? 행동과학은 행동이라는 주제가 일찍이 어떻게 다루어졌는지를 감안할 때 특히 중요한 의미를 지닌다. 행동은 사람들이 살아가는 세계의 가장 익숙한 특징으로서, 여기에 관해서는 그 어떤 것보다도 많은 얘기가 나왔을 것이다. 지금까지 나온 이야기 가운데 남길 만한 것은 과연 얼마나 될까?

앞서 제시한 질문들 가운데 일부는 과학 기술의 시도가 성공하느냐 실패하느냐에 따라서 답이 나올 것이다. 그러나 현재 제기되는 쟁점들에 관해서는 잠정적인 답변이라도 지금 당장 있어야 한다. 답변이 나오기는 했는데 죄다 미덥지 않다고 생각하는 총명한 이들도 많다. 행동주의 혹은 행동과학을 두고 흔히들 하는 얘기를 여기서 예로 들어보겠다. 나는 이런 얘기가 전부 다 틀렸다고 본다.

1. 행동주의는 의식, 감정, 마음 상태를 무시한다.
2. 행동주의는 선천적 자질을 등한시하고 모든 행동이 개인의 생존 기간 동안에 습득된 것이라고 주장한다.
3. 행동주의는 행동을 자극에 대한 반응의 집합처럼 단순하게 진술한다. 그렇기 때문에 사람을 일종의 자동인형, 로봇, 기계처럼 표현한다.
4. 인지 과정을 설명하려 들지 않는다.
5. 의도나 목적이 들어설 여지가 없다.
6. 창조적 성취, 가령 미술이나 음악, 문학, 과학, 수학 등에서 보이는 성취를 설명하지 못한다.
7. 자기(self) 혹은 자기감(sense of self)에 아무런 역할도 부여하지 않는다.
8. 행동주의는 필연적으로 피상적일 수밖에 없고, 마음이나 인격을 깊이 있게 다루지 못한다.
9. 행동의 예측과 통제에 연구를 한정하기 때문에 인간으로서 존재한다는 것의 본질적 성격을 놓치고 만다.
10. 사람이 아니라 동물, 특히 흰쥐를 대상으로 연구한다. 따라서 인간 행동에 관한 행동주의의 기술은 인간과 동물이 공유하는 특징에 국한되어 있다.
11. 실험실의 통제 상태에서 이루어낸 성취를 일상생활에 똑같이 적용할 수는 없다. 전체적인 세계 안의 인간 행동에 관한 논의는 입

증되지 않은 메타과학이다.

12. 지나치게 단순하고 안일하다. 행동주의가 입증한 사실들은 대단치 않거나 이미 잘 알려진 것들에 불과하다.

13. 과학이라기보다는 과학을 표방한다고 보아야 한다. 행동주의는 그저 과학을 모방할 뿐이다.

14. 행동주의의 기술적 성취는 상식을 동원하는 것만으로도 이룰 수 있었다.

15. 행동주의의 주장이 타당하다면 행동과학자 자신에게도 적용되어야 한다. 따라서 행동과학자의 견해는 그가 그렇게 말하게끔 조건화된 것일 뿐, 진리일 수는 없다.

16. 행동주의는 사람을 비인간화한다. 환원주의적이고 인간으로서의 인간을 파괴한다.

17. 오로지 일반 원리에만 관심을 두기 때문에 개인의 유일성을 간과한다.

18. 실험자와 실험 대상의 관계를 조종하기 때문에 필연적으로 반민주적이다. 따라서 행동주의의 성과는 선의를 지닌 사람이 아니라 독재자에게 이용될 수 있다.

19. 도덕이나 정의 같은 추상적 관념을 허구로 치부한다.

20. 사람살이의 온정이나 풍요에 무관심하고 미술, 음악, 문학의 창조와 향유, 인류애와 양립할 수 없다.

내가 보기에 이러한 주장들은 하나의 과학적 시도가 이루어낸 성취와 그 의의를 얼마나 엄청나게 오해하고 있는지 잘 보여준다. 이 오해를 어떻게 설명할 수 있을까? 행동주의 운동 초기의 역사가 말

썽을 불러일으켰는지도 모른다. 최초의 분명한 행동주의자 존 왓슨(John B. Watson, 1878~1958)은 1913년에 〈행동주의자로서 바라본 심리학〉이라는 일종의 선언을 내놓았다. 제목에서 알 수 있듯이 왓슨은 새로운 과학을 제안하기보다는 심리학을 행동에 관한 연구로 재정의해야 한다고 주장했다. 어쩌면 그 점이 전략적으로 실수였는지도 모르겠다. 당시 대부분의 심리학자들은 그들이 의식(consciousness)이라는 정신 세계의 정신 과정을 연구한다고 믿었기 때문에 당연히 왓슨에게 별로 동조하지 않았다. 초기 행동주의자들은 시간을 낭비했고, 정신 생활에 대한 내성(introspection) 연구*를 물어뜯느라 중대한 핵심 쟁점을 혼란스럽게 만들고 말았다.

왓슨은 본능적 행동에 관한 중요한 관찰을 이루었고, 사실상 현대적인 정신의 초기 동물행동학자 중 한 사람이었다. 그러나 유기체가 학습 가능한 것에 대해서 새로이 등장한 증거에 너무 크게 휘둘렸고, 신생아의 잠재력에 대해서는 다소 극단적인 주장까지 내놓았다. 왓슨조차 과장된 주장이라고 말했건만, 그런 주장은 줄곧 왓슨에 대한 신뢰를 떨어뜨리는 역할을 해 왔다. 말하자면, 왓슨의 새로운 과학은 시기상조로 등장했다고 할까. 행동, 특히 인간의 행동을 다룬 사실들 가운데 이용 가능한 것은 너무 적었다. 사실들이 부족하면 새로운 과학은 으레 곤란을 겪게 마련이지만, 인간 행동이라는 광범위한 분야에서 왓슨이 공격적으로 수립한 프로그램에는 특히 더 치명적이었다. 왓슨은 그가 찾을 수 있는 것 이상으로 더

---

* 내성법(內省法, introspection)은 '현대 심리학의 창시자'라 불리는 빌헬름 분트(Wilhelm Wundt)가 인간의 정신 세계를 연구하기 위해 쓴 방법으로서, 연구자가 자신의 지각, 사고, 감정 등 내면을 관찰하여 분석하는 것이다. 주관적이라는 한계 때문에 행동주의 심리학자들에게 비판받았다.

많은 사실의 뒷받침이 필요했다. 따라서 그의 견해 가운데 상당 부분이 지나치게 단순하고 안일해 보인 것도 무리는 아니다.

당시 활용 가능했던 행동 사실이 바로 반사와 조건 반사였다. 왓슨은 그 대부분을 다루었다. 그러나 반사는 19세기의 기계론적 사고와 양립 가능한 푸시풀(push-pull) 방식의 인과성을 암시한다. 거의 같은 시기에 발표된 러시아 생리학자 파블로프(Ivan Pavlov, 1849~1936)의 작업도 비슷한 인상을 주었다. 지난 30~40년 사이에 등장한 자극-반응 생리학도 그러한 인상을 바로잡지는 못했다.

왓슨은 당연히 자신이 찾을 수 있는 가장 재현 가능성 높은 결과들을 강조했고, 그중 대부분은 동물 실험에서 — 동물심리학의 흰쥐라든가, 파블로프의 개라든가 — 나왔다. 그래서 은연중에 인간 행동만의 구별되는 특징이 없다고 주장하는 것처럼 보였다. 게다가 왓슨은 심리학은 과학이라는 주장에 힘을 주고 자신의 교과서를 채우기 위해 해부학과 생리학을 적극 빌려 왔다. 파블로프도 행동에 관한 자신의 실험이 실제로 "대뇌피질의 생리 활동에 관한 연구"였다고 주장함으로써 비슷한 노선을 취했다. 비록 두 사람 중 어느 쪽도 행동을 설명해주는 신경계 직접 관찰을 끌고 들어올 수는 없었지만 말이다. 왓슨은 사유가 그저 소리로 나오지 않는 말이라고 했고 파블로프는 언어가 단지 '제2신호계'**라고 했으니, 두 사람 다 복잡한 행동을 성급하게 해석할 수밖에 없었다. 그리고 왓슨은 의도나 목적이나 창조성을 거의 언급조차 하지 않았다. 그는 행동과

** 파블로프는 조건 반사에서 언어 이외의 일반적 실재가 직접적으로 행동의 요인이 되는 경우는 제1신호계(가령 감각 자극에 대한 조건 반사), 언어와 그 내용에 따라 일어나는 반응의 경우는 제2신호계로 구별하였다.

학의 기술적인 장래성을 강조했지만 그가 활용한 예들은 조종 통제와도 양립 가능한 것이었다.

왓슨의 선언 이후 60년이 흘렀고 그 사이에 많은 일이 일어났다. 행동에 대한 과학적 분석은 극적으로 진보했고, 이제 왓슨의 설명에서 부족한 부분은 주로 역사에 대한 관심이라고 본다. 그렇다 해도 비판은 그리 달라지지 않았다. 앞에서 열거한 모든 오해를 작금의 출판물, 즉 철학자, 신학자, 사회과학자, 역사학자, 작가, 심리학자, 그 외 여러 사람들의 글에서도 얼마든지 찾아볼 수 있다. 초기 행동주의가 잠깐 엉뚱하게 치달았기 때문이라는 설명만으로는 충분치 않다.

분명히 인간 행동이 아주 민감한 분야이기 때문에 빚어진 문젯거리도 있을 것이다. 우리가 우리 자신을 보는 방식에 너무 많은 것들이 달려 있는 데다가 행동주의의 공식 진술은 확실히 약간의 성가신 변화를 필요로 한다. 게다가 초기 진술에서 유래한 용어들은 우리의 언어에 깊숙이 자리 잡은 것들이다. 그 용어들은 수백 년간 기술적 문헌과 비(非)기술적 문헌 양쪽 모두에 쓰였다. 그렇지만 행동주의에 대한 비판 자체도 이러한 역사적 편견에서 자유롭지 못하다는 주장은 부당할 것이다. 행동과학에 대한 철학으로서 행동주의가 여전히 심각한 오해에 휩싸여 있는 데에는 분명 다른 이유들이 있을 것이다.

나는 이렇게 설명이 된다고 본다. 과학 자체가 제대로 이해되지 못하고 있다. 다수의 서로 다른 행동과학이 있고, 뒤에서 보여주겠지만 그중 일부가 이 분야를 다루는 방식은 행동주의적으로 중요한 쟁점을 부각하지 못한다. 앞에서 열거한 비판들에는 행동 실험 분석이라고 하는 특수한 학문이 가장 효과적으로 답을 줄 수 있다. 개체의 행동에 대한 연구는 주의 깊게 통제된 환경에서 이루어지고 그로써 행동과 환경의 관계가 수립된다. 안타깝게도 이러한 분석이 외부에는 거의 알려지지 않았다. 어디 가도 빠지지 않을 만큼 적극적인 연구자가 수백 명이나 있지만 문외한에게 자기가 하는 일을 설명하고자 노력하는 이는 거의 없는 까닭이다. 결과적으로, 내가 생각하는 행동주의적 입장의 가장 설득력 있는 진술의 과학적 토대를 잘 아는 사람은 거의 없다.

내가 이 책에서 제시하는 행동주의는 행동과학의 특수한 한 형태에 대한 철학이다. 독자는 모든 행동주의자가 나에게 동의하지는 않는다는 사실을 유념해야 한다. 왓슨은 '행동주의자'를 대변했고 그 시대에는 그가 행동주의자였지만 지금도 그런지는 아무도 알 수 없다. 이 책의 내용이 개인적 시각이라는 것은 부정하지 않는다. 나는 행동주의자로서 그렇게 말하지 않을 수 없다. 그렇지만 이것은 일관되고 정합적인 설명, 앞에서 열거한 비판에 만족스러운 답을 제시할 수 있는 설명이다.

나는 또한 이 시각의 중요성을 믿는다. 오늘날의 세계에 관한 주요한 문제들은 우리가 인간 행동에 대한 이해를 개선할 때에만 해결될 수 있다. 전통적인 시각들은 수백 년을 거쳐 왔으니 이미 부적합한 것으로 밝혀졌다고 봐도 되지 않을까. 우리가 지금 처한 상황에 그 시각들은 다분히 책임이 있다. 행동주의는 장래성 있는 대안을 제시하고, 나는 그러한 입장을 명쾌하게 보여주고자 이 책을 썼다.

차 례

들어가는 글

1장

행동의 원인

The Causes of Behavior

사람들은 왜 저렇게 행동할까? 이 물음은 일단 타인의 행동을 어떻게 예측하고 대비할 수 있는가라는 의미에서 실용적일 수 있다. 나아가 이 물음은 또 다른 의미에서 실용적일 수 있다. 어떻게 타인이 특정 방식대로 행동하도록 유도할 수 있을까? 이것은 결국 행동을 이해하고 설명하는 문제가 된다. 그리고 항상 원인에 대한 의문으로 간추릴 수 있겠다.

우리는 어떤 것이 다른 것에 뒤이어 나오면 — '선행하므로 원인이다(post hoc, ergo propter hoc, 그것 다음에, 따라서 그것 때문에)'라는 오래된 원리에 따라서 — 먼저 것이 나중 것의 원인이라고 종종 성급하게 생각해버린다. 인간 행동의 설명에서 볼 수 있는 수많은 예 가운데 각별히 중요한 예가 여기 있다. 우리에게 가장 친숙한 사람은 우리 자신이다. 행동하기 직전에 관찰되는 것들의 상당수가 우리 신체 내에서 일어나는 현상이기 때문에 그 현상을 행동의 원인으로 생각하기가 쉬운 것이다. 친구가 왜 그리 날카롭게 구느냐고

한 소리 한다면 우리는 아마 "화가 나서 그랬어."라고 대답할 것이다. 우리가 그 전에, 혹은 말을 하는 동안 화가 난 건 사실이다. 그래서 그 화가 우리 행동의 원인이라 생각해버린다. 누가 왜 저녁을 먹지 않느냐고 묻는다면 아마 "배가 고프지 않아서."라고 대꾸할 것이다. 우리는 대개 배가 고픈 상태에서 식사를 하기 때문에 배가 고파야만 밥을 먹는 거라고 결론 내린 셈이다. 수영장에 가는 이유를 누군가가 묻는다면 "수영을 하고 싶으니까."라고 대답할지도 모른다. 마치 "전에도 이런 기분이 들었을 때 이러이러하게 행동했거든."이라고 말하는 식이다. 감정이 행동의 원인 노릇 하기에 딱 좋은 때 일어난다는 이유로, 우리는 수 세기 동안 감정을 행동의 원인으로 지목해 왔다. 우리는 누군가의 행동이 우리 행동과 같으면 그 사람의 감정도 우리 감정과 같을 거라고 추정한다.

그러나 이러한 감정이나 마음 상태는 어디에 있는가? 그런 것들은 무엇으로 이루어져 있나? 전통적으로 그런 것들은 마음(mind)이라 부르는 비물질적 차원의 세계에 있으며 심리적인 것이라고 대답해 왔다. 그러나 이렇게 대답해버리면 또 다른 질문이 제기된다. 어떻게 심리적 사건이 물리적 사건의 원인이 되거나, 반대로 물리적 사건에서 심리적 사건이 비롯될 수 있을까? 어떤 사람의 행동을 예측하고자 할 때 어떻게 그 행동의 심리적 원인을 파악할 수 있단 말인가? 또한 어떻게 그 사람에게 특정 방식의 행동을 유도하는 감정과 마음 상태를 일으킬 수 있단 말인가? 아이에게 영양이 풍부하지만 맛은 없는 음식을 먹이려 한다고 치자. 아이는 달리 먹을 것이 전혀 없으면 결국 그 음식을 먹게 될 것이다. 이때 다른 음식을 주지 않음으로써(물리적 사건) 아이가 허기를 느끼게 했고(심리적 사건), 그렇게 아이가 허기를 느낌으로써 영양가 많은 특정 음식을 먹게 된 것처럼(물리적 사건) 보인다. 그러나 음식을 주지 않는다는 물리적 행위가 어떤 식으로 배고픔을 이끌어냈단 말인가? 배고픔이라는 기분이 소화에 관여하는 근육들을 어떻게 작동시켰을까? 이런 종류의 난처한 질문은 널리고 널렸다. 그런 질문들은 어떻게 처리해야 하나?

이런 질문은 그냥 무시해버리는 것이 가장 일반적인 실태가 아닐까 싶다. 행동이 감정을 표현한다고 믿고, 상대의 감정을 짐작하거나 물어봄으로써 상대의 행동을 예측하고, 이론적인 문제에 주의를 기울이지 않은 채 그저 감정을 바꿀 요량으로 환경을 바꿀 수도 있을 것이다. 이런 전략이 그리 달갑지 않은 이들은 생리학으로 도피한다. 그들은 종국에는 마음에도 물리적 근거가 있는 것으로 밝혀질 거라고들 말한다. 최근 어느 신경학자는 "뇌가 생각의 물리적 기반을 제공한다는 사실을 지금은 누구나 받아들인다."라고 주장했다. 프로이트도 자신이 내세운 심히 복잡한 심리 장치가 결국은 생리적인 것으로 밝혀지리라 여겼고, 초기 내성심리학자들은 자기들의 학문을 생리심리학(physiological psychology)이라 부르기까지 했다. 이른바 물리주의(physicalism)라는 지식 이론은 내성, 즉 우리가 자기 내면을 관찰하거나 감정을 느끼는 것이 곧 뇌의 상태나 활동을 보는 것이라 주장한다. 그러나 실제로는 중대한 난점들이 있다. 우리는 사람의 감정이나 신경계를 직접 들여다보고 그의 행동을 예측할 수 없다. 상대의 마음 '또는' 뇌에 변화를 가함으로써 그 사람의 행동 변화를 이끌어낼 수도 없다. 그러나 어떤 경우에도 철학적 문제들을 무시한다고 해서 더 나빠질 것은 없어 보인다.

구성주의

　굳이 원인을 찾지 않고 그냥 행동 방식을 기술한다는 전략은 한결 명쾌하다. 인류학자들은 풍속과 관습을 다룰 수 있고, 정치학자들은 '행동주의' 노선에 서서 정치 행위를 다룰 수 있으며, 경제학자들은 사람들이 행하는 매매, 임대와 임차, 저축과 지출, 생산과 소비에 관해서 방대한 통계치를 모을 수 있고, 심리학자들은 이런저런 태도와 의견을 표본 연구할 수 있다. 이러한 연구는 기록 체계의 도움도 받지만 모두 인터뷰, 설문지, 테스트, 여론 조사를 통한 직접 관찰로 이루어진다. 문학, 미술, 음악 연구는 대개 인간 행동이 낳은 결과물에 국한되어 있고, 언어학자들은 음성학, 의미론, 통사론 등에 한해서 연구를 할 수 있을 것이다. 사람들이 자주 했던 행동을 또 하기 쉽다는 원칙에 따라 일종의 예측도 가능하다. 사람들은 으레 관습을 따라야 한다고 생각해서 따르고, 어떤 투표 습관혹은 구매 습관을 드러낸다. 행동 구조의 조직 원리들—문화나 언어에서와 같은 '보편적' 원리, 문학에서의 원형 혹은 심리 유형—을 발견한다면 이전에 일어나지 않았던 행동 사례를 예측할 수 있을지도 모른다.

　아동의 언어 행동이나 문제 해결 전략 발달 과정, 아동기에서 성년기까지 단계별 성장 발달을 연구할 때처럼, 혹은 어느 한 문화가 거치는 단계들을 살펴볼 때처럼 행동의 구조나 조직을 시기 및 시대와의 상관관계에 비추어 연구할 수도 있다. 역사는 시간에 따라 발생한 변화를 강조한다. 만약 발전 혹은 성장의 유형을 발견할 수 있다면 장차 일어날 사건을 예측하는 데 도움이 될 것이다.

통제는 별개의 문제다. 인간이 하는 모든 행위의 근거를 오로지 심리에서 찾으려 하는 심성주의(mentalism, '유심론')를 피하겠다고 원인을 고찰하기를 거부했으니 그 대가를 톡톡히 치르게 마련이다. 구성주의와 발달주의*는 왜 우리가 관습을 따르는지, 왜 사람들이 그렇게 투표를 하는지, 왜 그들이 이러저러한 성격 특성과 태도를 보이는지, 왜 서로 다른 언어들에 공통적인 특징이 있는지 설명해주지 않는다. 시기나 시대는 우리가 조작할 수 없다. 우리는 그저 어떤 사람이나 문화가 발달 단계를 하나 거칠 때까지 기다릴 수밖에 없다.

실제로 유용한 정보를 철저하게 무시하는 까닭은 구성주의자가 제공하는 자료가 타인들의 작용을 받은 것이기 때문이다. 예를 들어, 행동의 원인을 어떤 식으로든 고려하는 의사결정자들이 그러한 자료에 영향을 끼친다. 이는 이론적으로는 심성주의의 개념들이 살아남았음을 뜻한다. 필요하다면 원시 문화는 '미개인의 마음'으로 설명하고, 언어 습득은 '문법의 선천적 규칙들'로 설명하고, 문제 해결 전략의 발달은 '마음의 성장'으로 설명하고, 그 밖에도 여러 가지를 이런 식으로 설명한다. 요컨대, 구성주의는 우리에게 사람들이 어떻게 행동하는지 말해주지만 왜 그런 식으로 행동하는지는 거의 설명하지 못한다. 우리가 맨 처음 제기한 물음에는 답해줄 수 없는

* 심리학에서 구성주의(structuralism)는 인간의 정신, 특히 의식을 구성하는 요소와 그 구조를 분석하려 했던 최초의 학파였다.('구조주의'라고 번역되기도 한다.) 분트의 제자인 티치너(Edward Titchener)가 창시했다. 정신 경험을 계속 분해하다 보면 더는 쪼개지지 않는 최소한의 요소가 드러날 것이고 그것이 바로 의식의 구성 요소라는 주장이었다. 정신 경험을 분해하는 방법으로 구성주의 심리학자들은 주로 내성법을 사용했다. 발달주의(deveolpmentalism)는 발달심리학이라고도 하는데, 전 생애를 통해 인간의 신체적, 심리적, 사회적 변화를 연구하는 심리학의 분야이다.

것이다.

방법론적 행동주의

매개로서의 감정이나 마음 상태를 무시하고 그 이전의 물리적 원인에 곧장 천착함으로써 심성주의의 문제를 피할 수 있다. 이렇게 하는 가장 빠른 길은 초기 행동주의자 막스 마이어(Max Meyer, 1873~1967)가 말한 대로 '다른 사람의 심리'에 연구를 한정하는 것이다. 이때, 다른 사람에게서 객관적으로 관찰 가능한 사실을 그 사람의 이전 환경 이력과 연결 지어 고려한다. 연결 지은 바가 모두 타당하다면, 가정에 불과한 비물질적인 연결을 무시한다고 해서 잃을 것은 없다. 따라서 우리가 어떤 아이가 오랫동안 굶었다는 것을 안다면, 그 아이가 배고픔을 느껴서 음식을 먹는다는 것을 안다면, 오랫동안 끼니를 거른 아이는 음식을 먹을 것이라고 결론 내릴 수 있다. 아이에게 특정 음식 외의 다른 음식을 일절 금지한다면 우리는 아이의 배고픔을 유발한 셈이다. 그 아이가 배가 고파서 기어이 특정 음식을 먹고 만다면, 우리는 다른 음식을 못 먹게 함으로써 아이가 특정 음식을 먹게 할 수 있다고 결론 내려야 한다.

마찬가지로, 어떤 교수법이 배우는 사람의 '느낌'에 아주 작은 차이를 가져온다면, 그 사람이 느낌의 차이에 힘입어 서로 다른 색깔의 물체들을 제대로 분류할 수 있게 된다면, 물체 분류를 가르칠 때에는 이 교수법을 사용하면 되겠다는 결론이 응당 따라 나온다. 또 다른 예를 들어, 어떤 백인이 나름대로 사정이 있어서 흑인들에게 공격성을 느끼고, 실제로 그러한 감정 때문에 공격적으로 행동한다면, 우리는 [감정은 빼놓고] 그냥 그의 개인사에 얽힌 사정과 그의 공격적 행동의 관계만 다루면 된다.

물론, 이전의 공개적인 사건을 관찰하거나 조작함으로써 행동을 예측하거나 통제하려는 태도는 전혀 새로울 것이 없다. 구성주의 심리학자들이나 발달심리학자들은 피험자들의 개인적 이력을 완전히 무시하지 않았고, 역사가와 전기 작가들도 풍토, 문화, 인물들, 뜻밖의 사건이 끼친 영향을 탐구해 왔다. 그럼에도 불구하고 수 세기가 흘렀어도, 인간의 이해와 정신의 삶을 다루는 고도로 기술적인 저작들이 수백 권 나왔는데도, 정작 물리적 환경에 대한 체계 잡힌 연구는 거의 이루어지지 않았다. 방법론적 행동주의의 강령은 행동에 대한 과학적 관찰이 진전을 보기 시작해야만 그럴싸한 것이 된다. 환경의 역할에 천착할 수 없게 만드는 심성주의의 강력한 효과를 그때에만 비로소 무시할 수 있기 때문이다.

심성주의적 설명은 호기심을 잠재우고 연구를 정체시킨다. 때와 장소가 잘 맞아서 행동의 원인처럼 보이는 감정이나 마음 상태를 관찰하기란 식은 죽 먹기요, 그래서 우리는 더는 파고들려 하지 않는다. 그러나 일단 환경을 연구하기 시작하면 환경의 중요성을 결코 부인할 수 없다.

방법론적 행동주의가 논리실증주의(logical positivism) 혹은 조작주의(operationism)의 심리학적 버전으로 생각될지도 모르지만 쟁점들 자체가 다르다. 논리실증주의나 조작주의는 정신 세계에서 일어나는 일에 동일한 관찰은 있을 수 없고, 그렇기 때문에 물리학의 시각으로 보자면 심리적 사건은 '관찰 불가능한' 것이라고 주장한다. 따라서 합의 혹은 일치에 따른 진실*은 있을 수 없고, 우리는 심리적 사건에 관한 고찰을 포기하고 그것들이 어떻게 연구되는가에 시선을 돌려야 한다는 것이다. 우리는 감각과 지각을 측정할 수 없다. 그러나 우리는 자극들을 변별하는 능력을 측정할 수 있고, 이때 감각 혹은 지각 '개념'은 변별의 '조작'으로 환원될 수 있다.

논리실증주의자들은 '다른 이'를 그들 나름대로 이해했다. 그들은 사람과 똑같이 행동하는 로봇, 사람과 똑같이 자극에 반응하고 사람과 동일하게 조작에 따라 행동을 바꾸는 로봇은 감정, 감각, 생각이 없어도 진짜 사람과 구별되지 않을 거라고 했다. 만약 그러한 로봇을 만들 수만 있다면, 정신적 삶의 현현으로 가정되는 것들을 사실은 심성주의로 설명할 필요가 없다는 증거가 되겠다.

방법론적 행동주의는 그들 자체의 목표에서 성과를 거두었다. 그들은 심성주의가 야기한 갖가지 문제를 제거했고, 철학적 객설에 빠지는 법 없이 자신들의 연구 과제에 몰두했다. 유전적이고 환경적인 선행 사건에 시선을 돌림으로써 내적인 삶에 부당하게 집중하는 함정에서 벗어났다. 덕분에 우리는 (인간의 고유성으로 여겨졌던) 내성(내적 관찰)이 불가능한 하위 종(種)도 얼마든지 연구할 수 있고, 인간과 다른 종들의 유사성과 차이를 탐구할 수도 있다. 과거에는 사적 사건들과 결부되었던 일부 개념들도 이제는 다른 방식으로 진술된다.

그래도 문제들은 남아 있다. 방법론적 행동주의자들은 대부분 심리적 사건을 고려 대상에 넣지 않으면서도 그 존재는 당연하게 여긴다. 자기들은 정말로 신경 쓰지 않는다는 뜻인가? '물적인 것 - 심

---

* '합의 혹은 일치에 따른 진실'에 대해서는 이 책 33쪽을 보라.

적인 것-물적인 것'이라는 연속된 3단계에서 중간 단계는 아무것도 하는 일이 없다고 생각하는 것인가? 감정이나 마음 상태는 순전히 부수 현상이라고 보는 것인가? 그렇게 얘기한 사람이 없었던 건 아니다. 순전히 물리적인 세계로 충분하다는 시각은 이미 수 세기 전 심신평행론(psychophysical parallelism)의 교의에도 있었다. 심신평행론은 마음의 세계와 물질의 세계가 있고 두 세계는 서로 아무런 영향을 끼치지 않는다고 주장했다. 프로이트도 무의식을 증명함으로써 결국 같은 방향을 취한 셈이다. 무의식에서 감정이나 마음 상태의 자각은 쓸모없어 보이기 때문이다.

그러나 다른 증명은 어떻게 되나? '선행하는 것이 곧 원인이다'라는 전통적인 논증은 완전히 틀렸나? 우리가 행동하기 전에 경험하는 기분은 행동과 전혀 상관없을까? 정신신체의학에서 마음이 몸에 미치는 힘은 어떻게 되는 건가? 정신물리학**은 어떤가? 자극 규모와 감각의 수학적 관계는 어떻게 되는 건가? 의식의 흐름은? 정신의학에서 말하는 정신 내 과정, 그러니까 어떤 기분이 다른 기분을 불러일으키거나 제거하고 어떤 기억이 다른 기억을 불러오거나 은폐하는 과정은 어떻게 봐야 하나? 지각, 사고, 문장의 구성, 예술적 창조를 설명해준다는 인지 과정은 어떻게 되나? 이 모든 것들은 객관적으로 연구할 수 없다는 이유로 무시해야만 하는가?

** 정신물리학(psychophysics)은 외부 세계에서 오는 자극과 인간의 감각 경험의 관계를 실험적, 수량적으로 연구하는 심리학의 한 분야이다. 물리 세계와 정신 세계의 관계를 밝히려는 시도였다.

급진적 행동주의

행동주의자들이 감정, 감각, 생각과 그 밖에 심리적 삶의 다른 특징들을 부정한다는 주장은 분명히 짚고 넘어갈 필요가 있다. 방법론적 행동주의와 일부 논리실증주의 유파는 개인적 사건은 그 타당성에 대해서 공적 합의가 있을 수 없다고 보아 아예 배제해버렸다. 내성은 과학적인 것으로 인정받지 못했고, 빌헬름 분트(Wilhelm Wundt, 1832~1920)나 에드워드 티치너(Edward B. Titchener, 1867~1927) 같은 사람들의 심리학은 몹시 두들겨 맞았다. 그렇지만 급진적 행동주의는 노선을 달리한다. 급진적 행동주의는 자기 관찰이나 자기 지식(self-knowledge)의 가능성을 부정하지 않을뿐더러 그런 것이 유용할 수 있다는 생각도 부정하지 않는다. 다만, 느껴지거나 관찰되는 것, 그로써 알게 되는 것의 본질에 의문을 제기한다. 급진적 행동주의가 복구한 내성은 철학자들이나 내성심리학자들이 '들여다본다고' 생각하는 그런 것이 아니다. 급진적 행동주의는 인간이 자기 신체를 얼마만큼이나 관찰할 수 있는가라는 의문을 제기한다.

심성주의가 행동을 설명하는 것처럼 보였던 탓에 정작 행동을 설명할 수 있을 법한 외부적 선행 사건은 관심을 끌지 못했다. 방법론적 행동주의는 정반대 결과를 불러왔다. 순전히 외부적인 선행 사건들만 다루고, 자기 관찰과 자기 지식에는 관심 둘 일이 없게 만든 것이다. 급진적 행동주의는 일종의 균형을 회복시킨다. 이 행동주의는 합의에 따른 진실을 강조하지 않기 때문에 우리 안의 개인적 세계에서 일어나는 사건들을 고려할 수 있다. 그러한 사건들이 관찰 불가능하다고 보지 않고, 주관적이라고 내치지도 않는다. 그저 관찰되는 것들의 성격, 관찰의 신뢰도를 따질 뿐이다.

　이 입장은 다음과 같이 이야기할 수 있겠다. 우리가 느끼는 것, 내적으로 관찰한 것은 의식, 마음, 정신적 삶 같은 비물질적인 세계가 아니라 관찰자 우리 자신의 신체다. 뒤에서 보여주겠지만, 이 말은 내성이 일종의 생리학적 탐구라는 뜻도 아니고, (이것이 핵심인데) 우리가 느끼는 것, 내적으로 관찰한 것이 행동의 원인이라는 뜻도 아니다. 생물은 자신의 현재 구조에 걸맞게 행동을 하지만 그 구조는 대부분 내성으로 파악될 수 있는 게 아니다. 이때 우리는 방법론적 행동주의자가 주장하는 대로 개인의 유전적·환경적 이력들에 만족할 수밖에 없다. 내적으로 관찰된 것은 이러한 이력들의 부산물 같은 것이다.

　환경은 먼저 종의 진화에 큰 영향을 끼친 반면, 개체의 생장에도 다양한 종류의 영향력을 행사한다. 그 두 가지 영향이 결합한 것이 우리가 어느 한때에 관찰하게 되는 행동이다. 둘 중 어느 쪽에 관한 정보라도 인간 행동의 예측과 통제, 그리고 일상생활 해석에 도움이 된다. 둘 중 어느 한쪽에라도 변화를 가할 수 있는 한, 행동의 변화도 가능하다.

　환경이 가하는 통제를 점차 더 잘 알게 됨으로써 살갗 안의 세계*가 미치는 영향과 자기 지식의 본질을 고찰할 수 있다. 또한 광범위한 심성주의적 표현들도 해석할 수 있을 것이다. 가령, 우리는 의지력, 목적의식, 현실과 동떨어진 경험, 생득 관념 또는 습득 관념, 과학자의 기억과 의미와 개인적 앎, 그 밖에도 허다한 심성주의적인

---

* '살갗 안의 세계'에 대해서는 2장을 보라.

것들을 논하게 만드는 행동의 특징들을 볼 수 있을 것이다.

우리는 이러한 방법으로 심성주의가 가한 심각한 손상을 바로잡는다. 행동의 원인을 그 사람 안에서 일어나는 것에 돌려버리면 연구는 그걸로 끝이다. 설명을 왜 설명한단 말인가? 2500년간 사람들은 감정과 정신 생활에 관심을 쏟았고, 환경의 역할을 좀 더 정확하게 분석하려는 태도는 최근에야 나타났다. 환경의 역할에 무지했기에 일단은 심리적 허구들에 천착했던 것이요, 그런 허구들이 불러온 설명들이 무지를 영속화했던 것이다.

몇 가지 주의 사항

'들어가는 글'에서 밝혔듯이 나는 '행동주의자'로서 말하고 있는 게 아니다. 나는 내가 정합적이고 일관성 있게 글을 썼다고 믿지만, 이 글에도 내 환경의 역사는 반영된다. 버트런드 러셀(Bertrand Russell)은 미국 행동주의자들이 연구하는 실험 동물은 거의 중구난방으로 행동하는 것이 꼭 미국인 같고 독일인들의 실험 동물은 독일인처럼 차분하게 앉아서 생각하는 것 같다고 말한 바 있다. 러셀의 지적은 지금은 의미 없는 말일지라도 당시에는 그럴듯하게 들렸을 것이다. 그렇지만 우리 모두 문화에 매여 있으며 선입관을 지니고 행동 연구에 임할 수밖에 없음을 강조했다는 점에서 그의 지적은 옳다. (물론 철학자들도 마찬가지다. 인간의 사유 방식에 관한 러셀의 설명은 다분히 영국인답고, 딱 러셀답다. 같은 주제에 관한 마오쩌둥의 생각은 다분히 중국인답다. 어떻게 그러지 않을 수 있겠는가?)

나는 기술적 지식이 있는 독자층을 전제하고 글을 쓰지 않았다.

완전한 공백 상태에서 논의가 진행될 수는 없으니 몇 가지 사실과 원리만 숙지해도 충분히 유용할 것으로 생각하나, 이 책은 행동과학에 관한 것이 아니라 그 과학의 철학에 관한 것이고 학문적 내용은 최소한으로 다루었다. 어떤 용어들은 여러 번 등장하지만 본문이 반복적이라는 뜻은 아니다. 예를 들어 이 책 후반부에 '강화 수반성(contingency of reinforcement)'이라는 표현이 거의 페이지마다 나오지만, 후반부 장들이 다양한 수반성*을 다루기 때문에 그런 것이다. 다양한 종류의 버섯을 설명하는 글에는 '버섯'이라는 단어가 당연히 자주 나오지 않겠는가.

기정 사실을 벗어나는 주장도 꽤 있을 것이다. 나는 예측과 통제보다 해석에 관심이 있다. 모든 과학 분야에는 경계가 있고, 그 경계를 벗어나는 논의도 필요하기는 하나 원하는 만큼 정확성을 띨 수는 없다. 최근에 어느 저자는 "실험으로 검증될 수 없는 순수한 사변은 과학의 일부가 되지 못한다."라고 했다. 하지만 이 말이 참이라면 천문학이나 원자물리학의 상당 부분은 과학이 아닐 것이다. 실제로 주제를 좀 더 잘 통제하는 방법을 고안하려면 사변이 필요하다.

이 책에서 나는 심성주의적 용법의 예를 수백 개까지는 아니어도 수십 개 검토한다. 요즘 글에서 따온 예지만 출처는 밝히지 않았다. 나는 저자들과 논쟁하는 게 아니라 그들이 쓴 용어나 단락을 예로 들어 살펴볼 뿐이다. 영어 용례집에서 예문을 제시하듯, 그렇게 예를 들 뿐이다. (저자들이 자기 글을 있는 그대로 받아들여주기 바랐다면

---

* '수반성(contingency)'은 반응(행동)과 그것의 결과 사이에 확립될 수 있는 특별한 관계(연관성)를 뜻한다.

미안하다. 그러나 나는 황금률을 적용했고 내가 그런 표현을 쓴다면 이렇게 하고 싶었을 텐데라고 생각하는 바를 다른 사람들의 글에 적용했을 뿐이다.) 나는 상당수 표현을 '행동으로 번역한다'. 나는 '번역은 반역(Traduttori traditori)'이고, 원문의 맥락과 함의까지 담아내는 정확히 등가적인 행동은 아마 없을 것임을 잘 안다. 의식, 의지, 소망, 승화 등등을 정확하게 재정의하는 데 많은 시간을 할애한다면 물리학자가 플로지스톤(phlogiston)*이나 활력(vis viva)**을 재정의하느라 끙끙대는 것만큼 어리석은 일이 될 것이다.

마지막으로, 나의 언어 행동에 관해서 한마디 해 두겠다. 영어는 심성주의가 대단히 깊이 배어 있는 언어다. 감정과 마음 상태는 인간 행동을 설명하는 데서 주도권을 한껏 누려 왔다. 그리고 문학은 사람들이 무엇을 어떻게 느끼느냐에 관심을 두는 탓에 그런 식의 설명을 계속 뒷받침한다. 그 결과, 그냥 흔히 오가는 담화에까지 심성주의 이론의 유령들을 끌어들이지 않을 수가 없다. 환경의 역할은 뒤늦게 발견되었고, 대중적인 용어는 아직 등장하지 못했다.

편하게 오가는 말에서 "~를 얘기해보기로 선택했습니다(I have chosen to discuss…)"라든가(과연 자유로이 선택한 것인지 의심스럽지만), "~를 마음에 두고 있습니다(I have in mind…)"라든가(나는 마음의 존재 자체도 의문스럽지만), "~라는 사실을 인식하고 있습니다(I am aware of the fact…)" 같은(비록 인식에 관한 나의 해석은 매우 특별하지

---

* 18세기 초에 연소를 설명하기 위하여 가정한 물질. 물질이 타는 것은 플로지스톤이 물질에서 빠져나가는 현상이라고 보았고, 이로써 물질이 연소하면 무게가 줄어드는 이유를 설명했다.
** 초기 물리학에서 물체의 살아 있는 힘을 나타내고자 끌어들인 개념으로서, 현대의 에너지 개념과 흡사하다. 특히 라이프니츠는 활력을 질량과 속도의 제곱의 곱으로 정의했다.

만) 표현을 굳이 피해야 할 이유는 없다고 본다. 신참 행동주의자라면 가끔 자기도 심성주의적 용어들을 사용한다는 것을 깨닫고 당혹스러울 것이다. 그러나 기술적인 논의에 그런 용어를 끌어들일 때가 아니면 당혹감이라는 응징 효과는 가당치 않다. 쟁점을 분명히 하는 것이 중요할 때에는 기술 용어만이 충족적일 것이다. 기술 용어는 곧잘 강제적이거나 우회적인 것처럼 보일 것이다. 과거의 언어 구사 방식을 아쉬워하면서도 어색하고 불편한 새 방식을 취하게 되더라도 변화는 반드시 이루어져야 한다.

과학이 과도기의 고초를 겪는 것이 처음은 아니다. '천문학자'가 '점성술사'와 같은 말로 이해되기 십상인 시대(혹은, 용어의 차이는 인식하되 속으로는 그게 그거라고 여겼던 시대)가 있었고 화학자가 연금술사와 구별되지 않던 시대도 있었다. 행동의 과학에서도 우리는 지금 비슷한 단계에 와 있다. 이 과도기는 빨리 완결될수록 좋다. 그 실제적인 결과는 쉽게 증명할 수 있다. 교육, 정치, 심리 치료, 행형학(行刑學), 그 밖에도 일상에서 쓰이는 용어를 절충적으로 사용함으로써 곤란을 겪고 있는 인간사의 여러 분야를 보라. 증명하기가 훨씬 더 어렵지만 중요성으로는 뒤지지 않는 이론적 결과도 이 책에서 보여줄 수 있기를 바란다.

2장

살갗 안의 세계
The World Within the Skin

우주의 작은 부분이 우리의 살갗 안에 있다. 그러나 그 부분이 피부라는 경계 내에 있다고 해서 특별한 물리적 위상을 얻을 이유는 없으며 결국에 가서는 해부학과 생리학으로 완전히 설명해야 할 것이다. 그러나 지금 당장은 썩 괜찮은 설명이 나오지 않았으므로 다른 방식의 접촉이 중요해 보인다. 우리는 그 세계를 느끼고, 어떤 의미에서는 관찰도 한다. 내부 세계와 접촉할 수 있는 사람이 한 명뿐이라고 해서 이러한 정보의 출처를 무시한다면 어리석은 처사가 될 듯하다. 그렇지만 이렇게 내부 세계와 접촉하는 행동은 검토해 볼 필요가 있다.

우리는 세 개의 신경계를 통해 우리 몸에 반응한다. 그중 두 신경계가 특별히 내적 특성에 관여한다. 이른바 '내부수용계'는 방광과 소화관, 분비선과 도관, 혈관에서 오는 자극을 실어 나른다. 이 체계는 주로 유기체의 내적 경제에서 중요하다. 이른바 '고유수용계'는 근육, 관절, 뼈대의 힘줄, 그리고 그 밖에 자세를 유지하고 동작을 수행하는 데 관여하는 다른 기관으로부터 자극을 전달한다. 우리는 이 두 가지 자극과의 접촉을 표현할 때 '느끼다(feel)'라는 동사를 쓴다. 세 번째 신경계, 즉 '외부수용계'는 주로 시각, 청각, 미각, 후각 같은 주변 사물에 대한 감각에 관여하지만 우리 자신의 신체를 관찰할 때에도 중요한 역할을 한다.

내부 세계에 대한 관찰과 기술

세 가지 신경계는 생물학적으로 중요한 기능을 하기 때문에 지금과 같은 역할에 이르렀지만 언어 행동이 나타나면서 또 다른 기능을 떠맡기에 이르렀다. 사람들은 서로 질문을 하게 되었고, 그 질문에 대한 대답은 다양한 종류의 신체 반응을 끌어들였다. "배고파요?", "머리 아파요?", "뭐하고 있어요?", "내일은 뭐할 생각입니까?", "어제 뭐했어요?", "왜 그러는 거예요?" 같은 질문은 상대의 행동을 예측하고 대비하기에 유용한 대답을 불러오고, 타인이 닿을 수 없는 내부 세계에 관한 정보를 제공하는 듯 보인다.

우리는 인간이 내부와의 긴밀한 접촉의 조건과 과정을 잘 설명할 수 있지만 개인에게 특권을 부여하는 듯 보이는 사적 성격(내밀성) 때문에 공동체가 개인에게 그러한 구별 짓기를 가르치기가 매우 어려울 것이라 예상한다. 공동체는 아이에게 여러 가지 방식으로 색깔의 이름을 가르칠 수 있다. 가령, 서로 다른 색깔의 물건들을 보여주고 각각의 색깔 이름을 말해보라고 하면서 아이가 맞게 말하면 칭찬해주고 틀리게 말하면 답을 고쳐줄 수 있다. 아이의 시력이 정상이라면 정확하게 색깔을 구별하도록 가르칠 수 있을 것이다. 그

러나 아이가 자기 신체 내 상태를 기술하는 방법은 공동체가 그런
식으로 가르칠 수 없다. 맞았다고 칭찬하거나 틀렸다고 고쳐주려면
정보가 필요한데, 바로 그러한 정보가 없기 때문이다.

사물을 느낀 대로 보고한다는 것

다행히, 그렇다고 해서 아무도 신체 내 상태를 기술하는 법을 배
울 수 없는 것은 아니다. 언어 공동체가 내밀성 문제를 어느 정도까
지는 풀 수 있기 때문이다. 예를 들어 사람들이 지지하는 공개적 조
건을 사용함으로써 내부적 조건을 기술하는 반응을 가르칠 수 있
다. 마치 시각 장애인이 자기가 감지하는 사물의 이름을 제 눈으로
그것을 볼 수 있는 교사에게 배우는 것과 비슷하다고 할까. 이때는
시각 자극과 촉각 자극이 거의 완벽하게 일치하기 때문에 교사는
시각 장애인이 맞았다 틀렸다 말해줄 수 있다. 언어 공동체도 아이
에게 "아파요." 같은 표현을 가르칠 때 거의 유사한 관행을 따른다.
아이가 뭔가에 호되게 맞거나 베었을 때, 공개적으로 확인 가능한
타격, 자상과 그로 인해 개인만이 느끼는 자극의 연결은 완전히 믿
을 만한 것이다. 언어 공동체는 공개적 정보를 사용하지만 아이는
결국 오로지 개인적 사건에만 반응하면서 "아파요."라고 말하는 법
을 배우는 셈이다. 아이는 이렇게 개인적 자극을 정확하게 기술하
는 법을 학습하고, 그 정확성은 순전히 공개적 사건과 개인적 사건
이 얼마나 잘 일치하느냐에 달렸다.

이러한 관행은 아픔을 기술하는 용어들이 왜 거의 항상 아픔의
공개적 원인을 기술하는지 설명해준다. '아픔(pain)'이라는 단어 자

체는 그리스어와 라틴어의 형벌을 가리키는 말에서 유래했다. 날카로운 아픔(sharp pain)은 날카로운 사물에서 비롯된 통증이다. 둔통(dull pain)은 둔기 따위에서 비롯된 통증이다. 뒤틀리는 아픔도 있고 꿰뚫는 아픔도 있다. 두통은 머리를 연달아 치는 것 같은 아픔이고 '극심한(excruciating)' 아픔은 십자가에 못 박히는 것(crucifixion) 같은 아픔이다. 우리는 종종 "무엇처럼 느껴지니(What does it feel like)?"라는 표현으로 느낌이 어떤지 물어본다. 그리고 그 대답은 대개 비슷한 개인적 사건을 불러일으키는 공개적 조건을 들먹인다. 그래서 엄청나게 운 좋은 일이 있었던 사람은 "억만금을 얻은 것 같아."라고 말할 수 있는 것이다. 비슷한 느낌을 불러일으킬 법한 조건을 기술함으로써 느낌을 기술하는 것은 일반적인 언어 관행이다. 존 키츠*는 조지 채프먼의 호메로스 번역을 처음 접했을 때의 기분을 다음과 같이 기술했다.

> 그때 나는 하늘의 관찰자가 된 기분이었네,
>> 새로운 행성이 은신처로 헤엄쳐 들어갈 때의.
> 혹은 독수리의 눈으로 태평양을 바라보던
>> 용감한 코르테스가 된 기분이었네.

또한 언어 공동체는 개인이 확인하거나 기술하는 법을 배워야 하는 자극에 따라오는 반응들을 사용함으로써 내밀성의 제한을 피해갈 수도 있다. 예를 들어, 아이가 타격을 입는 모습만 관찰 가능한

---

* 존 키츠(John Keats, 1795~1821)는 〈나이팅게일에게 바치는 송가〉 등으로 잘 알려진 영국의 낭만주의 시인이다.

것이 아니라 아이가 울음을 터뜨리는 모습도 관찰 가능하다. 이때 "아파요."라는 대답을 좌우하는 개인적 자극이 꼭 공개적 자극을 일차적으로 기술하는 용어들로 표현되리라는 법은 없을 것이다. 마찬가지로, 공동체가 아이가 오랫동안 아무것도 먹지 않았다는 것을 알고 아이에게 "배고파요."라는 말을 가르친다고 해도 배고픔을 기술할 때에는 부수적 행동을 활용할 확률이 높다. 음식을 주면 아이가 허겁지겁 반응한다든가 게걸스럽게 먹어치운다든가 하는 행동 말이다. 이때 아이에게 "네가 배가 고프구나."라고 말하면 아이는 언어 공동체가 파악할 수 없는 부차적인 개인적 자극에 "배가 고프다."라는 표현을 쓰게 될 것이다.

감정적이거나 동기를 부여하는 상태를 언급하는 표현은 그에 해당하는 외부 상황과 연결되어 있을 때가 많다. 가령 '슬픈(sad)'이라는 말은 원래 뭔가에 '싫증난, 질린(sated)'이라는 말에서 왔고 '흥분한(excited)'은 '부추김당한, 흔들린(stirred up)'이라는 뜻이었지만 이 표현들은 은유에 지나지 않는다. 우리는 '긴장한(tense)'이라는 단어를 팽팽하게 잡아당겼다는 글자 그대로의 의미로 쓰지 않고, '우울한(depressed)'을 무겁게 가라앉았다는 뜻으로 쓰지도 않는다. 우리는 이 단어들을 행동 혹은 느낌과 아무 관련 없는 상황에서 습득했을 수도 있다. 감정을 기술하되 자극 조건을 직접적으로 언급하지 않는 용어들은 거의 전부 은유에서 유래한 것이다.

언어 공동체가 내밀성 문제를 이런 식으로 해결하고 개인에게 다양한 신체 상태를 기술하는 법을 가르쳤다고 해도 그 기술은 결코 완전히 정확하지 않다. 의사는 환자가 설명하는 통증과 아픔을 상당 부분 자기 재량껏 받아들인다. 문제는 환자가 자극을 완전히 명확하게 받지 못하는 것이 아니라 자극을 적절하게 기술하는 법을 배우는 교육 조건이 없었던 것이다. 게다가—이 부분은 굉장히 중요해서 나중에 또 다룰 터인데—신경계의 진화를 낳은 원래의 생물학적 기능은 언어 공동체가 필요로 하는 체계를 만들어내지 않았다. 그 결과, 우리가 개인적 자극을 전달하는 표현은 믿음직하지 못하다. 그러한 기술에 다른 결과들—가령 꾀병 부리기라든가—이 있을 수 있다면 더욱더 그렇다.

행동 보고

현재의 행동 "너 뭐하니?"라는 물음은 공개적 정보를 묻는 것일 수도 있지만 질문이 이루어지는 시점에 질문자가 파악하지 못한 정보를 요청하기도 한다. 예를 들어, 상대와 전화 통화 중이라든가 상대가 어두운 곳이나 구석에 처박혀 있을 수도 있다. 행동이 모든 면에서 가시적일 때, 그래서 언어 공동체가 아무 제한도 받지 않을 때 대답이 기술된다. 이때의 기술은 어떤 상태에 한정될 수도 있고("나는 손을 흔들고 있어.") 환경에 끼치는 영향을 포함할 수도 있다.("물을 마시는 중이야." 또는 "셔츠에 단추를 달고 있어.") 어둠 속에서 자기 행동을 기술할 때에는 고유수용(固有受容, proprioceptive) 자극이 지배적이지만 이 자극은 언어 공동체의 교육에 사용된 공개적 자극과 긴밀하게 관련되어 있다. 이런 종류의 물음은 그 대답이 공동체에 중요하기 때문에 존재한다. 그러나 뒤에서 자세히 보겠지만, 그러한 대답은 화자(話者) 자신에게도 중요해지고 그럼으로써 정확성을 유지할 확률도 높아진다.

있음직한 행동 "뭐하고 싶어?"는 은유적인 질문이다. "가고 싶은데."가 이 질문에 관한 은유적 대답이 될 수 있겠다. 무엇인가를 하고자 하는 '지향'도 잡아당김이나 끌어당김을 암시한다는 점에서 은유다. 가장 확률이 높은 행위와 관련된 조건이 발생시키는 자극이 대답을 좌우한다. 엄숙한 상황에서 뭔가 우스운 일이 발생한다면 "웃음이 날 것 같았어.", "웃어버리고 싶더라.", "웃지 않고 배길 수 없었어."라고 말할 수 있을 것이다. 이렇게 자극을 기술하면서 웃음이 터지기 전 상황을 함께 기술함으로써 적합한 용어를 획득했다.

지각 행동 "저거 보여?" 혹은 조금 덜 자연스럽지만 "저거 보고 있는 거지?"라는 질문을 받을 수가 있다. 이때 보이는 사물의 명칭을 대라고 하거나 그 사물을 기술해보라고 함으로써 대답을 살필 수 있다.

과거의 행동 "어제 뭐했어?"나 "누구를 만났어?" 같은 질문에는 현재의 행동과 관련하여 습득한 용어를 사용하여 대답할 수 있다. 사람은 단순히 자신의 특수한 시점에서 말을 한다. 자기가 어제 어디에 있었다는 것은 돌이킬 수 없는 사실이다. 그런 질문은 "어제 무슨 일이 있었어?" 같은 질문과 거의 다르지 않다. (어제의 행동을 어제 기술하는 것이 더 쉬울까라는 물음도 상당히 중요한 문제다. 예컨대 우리는 유아기에 있었던 일은 그 당시에 기술할 수 없었기 때문에 잘 기억하지 못한다. 〔'유아infant'라는 단어 자체가 '말을 못한다'는 뜻이었다.〕 그러나 우리는 수행 중인 행동을 나중에는 대개 기술할 수 있어도 그 당시에 쉴 새 없이 기술할 수는 없다. 그럼에도 불구하고 꿈이나 명확하게 '주목받지' 못한 생각이 쉽사리 잊히는 현상을 보건대, 현재 일어나는 일을 기술해 두는 것이 나중에도 그 일을 기술하기 위한 최고의 방법이 아닐까 싶다.)

내현 행동 "무슨 생각을 하고 있어?"라는 질문은 훨씬 어렵다. 여기서 '생각'은 남들에게 보이지 않게 소규모로 이루어지는 행동이다('생각하다'라는 단어의 다른 용례들은 7장에서 다룰 것이다). 내현적 (covert) 행동을 묘사하면서 공개적 행동의 축소판을 묘사할 수도 있겠으나, 그보다는 공개적 행동과 결부되지만 그러한 행동에서 필연적으로 비롯되지 않는 개인적 조건을 묘사하는 경우가 많을 것이다. 언어 행동은 환경의 뒷받침을 요구하지 않으므로 드러나지 않기가 쉽다. "~라고 나 자신에게 말했다(I said to myself……)."는 "~라고 생각했다(I thought……)."와 같은 뜻으로 쓰이지만 우리는 "나 자신에게 헤엄쳤다(I swam to myself)." 같은 표현은 쓰지 않는다.

드러나지 않는 지각 행동은 각별히 더 당혹스럽다. 상상이나 공상은 눈에 보이는 대상이 없는 상태에서 무엇인가를 '보는' 방식이다. 상상이나 공상은 보이는 것이 현존한다면 어떻게 하겠다는 행동일 것이다. 이 문제는 5장에서 다시 살펴보겠다.

언어 공동체는 근육을 쓰는 활동이 흔히 그렇듯 도구적 확장에 기댈 수 있다. 따라서 내현적 행동이 어떤 의미에서 공적인 것이 될 수도 있고, '생각을 입 밖으로 내어 말해보라'는 요구에 따라 공공연한 수준으로 돌아오기도 한다. 그러나 내현적 행동의 정확성은 이때 유지되지 않는다. 그래도 용어의 출처에는 아무 문제도 없다. 내현적 행동을 묘사하는 용어들은 공적으로 행동할 때 습득된 용어들이다.

미래의 행동 또 다른 어려운 질문으로 "너 뭐할 거니?"가 있다. 물론 그 대답은 미래 행동 자체에 관한 기술이 아니다. 그것보다는 때가 오면 공개적으로 이루어질 다분히 내면적인 행동을 보고할 것이다.("그 사람을 보게 되면 전에 나한테 10달러 꿔 갔다고 말할 테야.") 그대답은 어떤 행동과 자주 결부되는 현재의 조건을 바탕으로 하여 행동을 예측하는 것일 수도 있다.("이런 식이면 나는 보통 포기하거든." 또는 "배가 고파, 뭔가 먹으러 가야겠어.") 그 대답은 어떤 방식대로 행동할 확률이 다분히 높다는 얘기가 될 수도 있다.

미래 행동에 관한 진술은 '느끼다(feel)'라는 단어를 자주 끌어들인다. "카드놀이를 하고 싶어(I feel like playing cards)."는 "카드놀이를 시작할 때 곧잘 느끼는 바로 그 기분이야."라고 번역될 수 있겠다. "무엇을 하고 싶어(What do you want to do)?"라는 물음도 행동의 확률을 묻는다는 의미에서는 미래를 언급한다고 하겠다.

태도("지금 하는 일을 정말로 하고 싶어?" 또는 "휴가 때 정말 바닷가에 가고 싶어?")가 의향이나 지향의 은유의 한 부분일 수도 있다.

일반적으로 언어 공동체는 실제 일어난 일을 따짐으로써 의향이나 지향에 관한 진술의 정확성을 적어도 통계적으로는 검증한다. 따라서 개인적 자극이 유지하는 통제의 정확성이 어느 선까지는 보장된다. 우리는 자기에 대해서 기술하는 행동 또한 개인에게 도움이 되고 그럼으로써 자기 기술 행동의 정확성이 유지된다는 것을 보게 될 것이다.

다수의 번역들 행동에 관련된 조건은 그것들이 습득된 상황에 따라서 설명된다. 이 말인즉슨, 하나의 표현이 여러 방식으로 옮겨진다는 얘기다. "나는 배고프고, 배고팠고, 혹은 배고플 것이다."라는 말을 생각해보자. "배고프다."는 "공복감이 든다."와 같은 뜻일 테고 언어 공동체가 공복과 관련된 위장의 수축을 관찰할 수만 있다면 대답을 오로지 이 자극에만 고정할 수 있을 것이다. "나는 열심히 먹고 있다."도 마찬가지다. 게걸스레 음식을 먹는 자신을 관찰하는 사람은 다른 증거는 믿을 수 없다고 제쳐놓은 채 "내가 정말 배가 고프구나."라고 말할 수도 있고, 혹은 회고적으로 "내가 생각보다 더 배가 고팠구나."라고 말할 수도 있다. "나는 배가 고파."가 "나는 오랫동안 아무것도 먹지 않았다."와 등가적일 수도 있다. 그러나 후자의 표현은 "저녁을 거른다면 배가 고플 거야."라는 식으로 미래 행동을 기술할 때에 더 많이 쓰일 법하다. "나는 배가 고파."는 "전에도 음식을 먹기 시작할 때 이런 기분을 자주 느꼈다."라는 뜻에서 "음식을 먹고 싶다."와 등가적일 수 있다. 또한 "나는 음식 섭취에 해당하는 것과 유사한 행동을 내면적으로 하고 있다." "나는 음식 먹기를 공상한다." "내가 먹고 싶은 것들을 생각하는 중이다."와도 등가적일 수 있다. "나는 배가 고파."라고 말한다는 것은 이 모든 조건들, 혹은 다수의 조건들을 전달하는 것이다.

행동 원인의 확인

"뭐하고 있니?"는 정보를 좀 더 요구하는 물음일 때가 많다. 가령 작은 물건들이 들어 있는 상자를 뒤지는 사람에게 이렇게 묻는다면 "내가 예전부터 쓰던 주머니칼을 찾고 있어."라는 대답이 나올 수 있을 것이다. '뒤지다'라는 단어는 특정 행동을 기술한다. 특수한 양상 외에도 이유까지 포함하는 것이다. '뒤지는(rummage)' 행동을 하는 사람은 뭔가를 찾는 중이고, 일단 찾으면 그 행동은 종결될 것이다. "무엇을 찾는 중이니?"라는 다른 질문은 여지를 줍힌다. "내가 예전부터 쓰던 주머니칼."은 찾는 대상을 나타내고, 이것을 찾으면 행동은 종결될 것이다. 좀 더 나아가 "왜 주머니칼을 찾는 거야?"라는 질문에는 "내가 원하니까."라는 대답이 나올 수 있는데, 이 대답은 "그게 있어야 하니."보다 대개 더 많은 의미를 지닌다.

원인을 좀 더 직접적으로 묻는 "왜 그러고 있는 건데?"에는 "내가 하고 싶으니까." 식으로 느낌을 기술하는 대답이 나오기 쉽다. 이런 대답도 곧잘 받아들일 만하나 언어 공동체는 다른 어떤 것을 강조하는 뜻에서 "왜 그러고 싶은데?"라고 물어볼 수 있고 그 대답은 다른 느낌 혹은 (결국에는) 외부 상황을 언급할 것이다. 그래서 "왜 네 의자를 옮기는 거야?"라는 물음에 "빛이 잘 안 들어서."라든가 "좀 더 밝은 데서 책을 읽으려고." 같은 대답이 나올 수 있겠다.

이런 종류의 질문이 늘 제대로 대답을 얻는 것은 아니다. 우리도 우리 행동의 이유를 모를 때가 많기 때문이다. 살갗 안의 내부 세계는 분명히 은밀하고 개인은 자기 개인의 관찰자라는 이점을 누리지만, 그가 그렇게 행동하는 이유는 다른 사람이 더 잘 알지도 모른다. 환자에게 통찰력을 발휘하고자 하는 심리치료사는 환자 자신이 아직 인식하지 못한 인과 관계를 강조할 것이다.

우리는 행동의 이유를 모를 때 행동 원인을 지어내기 쉽다. "내가 그렇게 한 걸 보면, 그게 도움이 될 거라고 생각했던 게지." 수많은 신화들은 아무 근거 없는 미신적 행동에 관해서 지어낸 원인들에 불과할 수도 있다. 여기에 관해서는 8장에서 다시 말하겠다.

행동에 관한 설명은 언어 공동체가 수용하는 대답의 종류에 따라서 달라진다. 그냥 "그러고 싶어서."로 충분하다면 그 이상의 설명은 나오지 않을 것이다. 프로이트의 영향은 "왜 그렇게 행동하는 건데?"라는 질문에 곧잘 제시되는 답변의 종류를 크게 바꾸어놓았다. 프로이트는 감정을 강조하되 개인의 역사에 대한 언급을 참작했다. 행동의 실험적 분석은 환경 안에서의 선행 원인들로 곧바로 이어진다.

자기 지식

나는 느낌을 전달하는 것과 느낌 자체는 다르다고 강조해 왔다. 느낌을 그저 자극에 반응하는 것으로 볼 수도 있지만, 느낌을 전달한다는 것은 공동체가 마련한 특수한 언어적 수반성의 산물이다. 이와 마찬가지로, 행동하는 것과 어떤 이가 행동한다고 보고하는 것, 혹은 어떤 이의 행동 원인에 관해서 보고하는 것은 다르다. 공동체는 사람이 살아가는 공개적 세계나 개인적 세계를 묘사하는 조건들을 정리함으로써 앎이라고 하는 아주 특수한 유형의 행동을 낳는다. 음식을 취함으로써 텅 빈 위장에 반응하는 것과 배가 고픈 것을 아는 것은 별개다. 험난한 땅을 걸어가는 것과 자기가 그렇게 하고 있음을 아는 것은 별개다.

자기 지식의 기원은 사회적이다. 개인적 세계가 남들에게도 중요해질 때에만 자기에 대한 지식도 중요해진다. 그 후 자기 지식은 앎이라고 하는 행동의 통제를 받는다. 그러나 자기 지식은 당사자 개인에게 특별한 가치가 있다. 질문들을 통하여 '자기 자신을 인식하게 된' 사람은 자기 행동을 예측하고 통제하기에 더 유리한 입장에 서기 때문이다.

행동주의적 분석은 우리가 느끼고 내성적으로 관찰하는 내부 세계를 전달하는 것이 실제로 유용한가 그렇지 않은가는 따지지 않는다. 그렇게 전달되는 것들이 (1) 과거의 행동과 그 행동에 영향을 끼친 조건, (2) 현재의 행동과 그 행동에 영향을 끼치는 조건, (3) 미래 행동과 관련된 조건의 실마리다. 그렇다 해도 우리 안의 개인적 세계를 분명하게 알거나 관찰할 수는 없다. 나는 두 가지 이유를 언급했는데, 그 이유들을 살펴볼 기회는 여러 번 있을 것이다. 자기 지식을 가르칠 때 (1) 언어 공동체는 되레 원시적인 신경계를 더 많이 끌어들이는 것이 분명하고 (2) 내밀성 문제를 완전히 해결할 수가 없기 때문이다. 차이가 나타나기 전까지는 아무것도 다르지 않다는 오래된 원칙이 있다. 언어 공동체는 아직 내부 세계의 사건들을 충분히 구별해내지 못했다. 그 결과, 짐작이 끼어들 여지가 있다. 그러한 짐작은 수 세기에 걸쳐 아주 다양한 양상을 보여주었다.

플라톤이 마음을 발견했다고 흔히들 말한다. 그러나 좀 더 정확하게는, 플라톤이 마음에 관한 설명을 한 가지 고안했다고 해야 할 것이다. 플라톤보다 한참 전에도 그리스인들은 형이상학과 생리학을 묘하게 결합하여 마음을 설명하는 정교한 체계를 세운 바 있다. 오래지 않아 순수한 유심론(심성주의)이 등장했고, 그러한 유심론이 2천 년이 넘도록 서양의 사유를 지배했다. 거의 모든 견해들이 마음은 비물리적 공간이요, 마음의 사건은 비물리적인 법칙을 따른다고 주장한다. 인간이 자각한다고 하는 이른바 '의식(consciousness)'은 "의식이 있다는 게 무슨 뜻인지는 누구나 안다."는 서양 사유의 주요 산물이 되었고, 여기에 질문을 제기하는 행동주의자는 자명한 감각을 받아들이지 않으려 드는 엉큼한 사람 취급을 받는다.

정신적 삶의 현실성을 강조하는 사람들조차 플라톤 이후 별다른 진전이 없다는 데에는 쉬이 동의할 것이다. 심성주의 이론들은 마치 복식사나 건축사가 그렇듯 유행에 휘둘리고, 충분히 기다리기만 하면 과거의 유행이 돌아오는 모습을 볼 수 있다. 우리는 이미 아리스토텔레스주의의 부활을 보았고 이제는 또 플라톤으로 돌아갈 때라고들 한다. 현대 심리학은 인간이 의식하고 있다는 환경을 통제함으로써 플라톤을 넘어섰노라 내세울 수 있으나, 의식 그 자체에 좀 더 잘 접근하지는 못했다. 그 이유는, 감정과 마음 상태를 묘사하고 파악하는 언어 수반성이 개선되지 못했기 때문이다. 대여섯 가지 심성주의 이론을 살펴보는 것만으로도 아직도 얼마나 더 큰 다양성을 꾀할 수 있을지 알기에는 충분하리라.

다른 한편으로, 행동주의는 전진해 왔다. 행동에 관한 실험적 분석이 최근 발전하면서 행동주의는 이에 힘입어 사람들이 내부 세계에 반응하는 조건들을 좀 더 가까이 들여다볼 수 있게 되었고, 이제 심성주의의 모든 자료 가운데 핵심 용어들을 하나하나 분석할 수 있다. 지금부터 이어질 내용은 하나의 예로 제시하는 것이다.

3장
선천적 행동
Innate Behavior

인간이라는 종도 다른 종들과 마찬가지로 자연 선택의 결과다. 이 종의 구성원 하나하나는 고도로 복잡한 유기체, 살아 있는 시스템, 해부학과 생리학의 주제다. 호흡, 소화, 순환, 면역 같은 분야들은 각기 특수하게 연구되고 그중에는 우리가 행동이라고 부르는 분야도 있다.

행동은 보통 환경을 끌어들인다. 갓난아기는 공기와 음식물을 받아들이고 찌꺼기를 배출하게끔 구성되어 있다. 숨쉬고, 빨고, 오줌을 싸고, 똥을 싸는 것이 갓난아기가 '하는' 일이지만 여타의 생리적 활동들도 그 점은 마찬가지다.

아기를 해부학적, 생리학적으로 충분히 잘 안다면 아기가 숨쉬고, 빨고, 오줌 싸고, 똥 싸는 '이유'를 말할 수 있겠지만 지금으로서는 행동 자체를 기술하고 행동이 일어나는 조건—외부 자극이나 내부 자극, 연령, 결핍의 수준 등—을 조사하는 것으로 만족해야겠다.

반사와 본능적으로 풀려나온 행동

반사는 행동과 자극의 관계 가운데 한 종류다. 반사라는 말은 만들어지자마자 인간의 근원적인 해부학적, 생리학적 사실을 언급하기 위해 받아들여졌지만 해부학적, 생리학적 앎은 아직도 조악할 뿐이다. 현시점에서 반사는 행동을 기술하는 효과밖에 없다. 반사가 충분한 설명이 되지 못한다는 뜻이다. 아기가 적절한 반사 반응을 갖추었기 때문에 숨을 쉬고 빤다는 얘기는 그냥 아기가 숨을 쉬고 빤다는 얘기와 다르지 않다. 아기가 그렇게 행동하기 때문에 그런 식으로 진화했다고 추정할 수도 있기 때문이다. 숨쉬기와 빨기는 환경에 대한 반응을 포함하지만 어떤 방법으로도 호흡과 소화의 나머지 부분과 구분되지 않는다.

반사가 최초로 유기체의 독립적인 부분들에서 연구되었을 때 그 연구 결과는 우리 내면의 행위 결정자의 역할을 뒤흔드는 것처럼 다가왔다. 어떤 반사 작용들은 '척수의 영혼(Rückenmarkseele)'*을 몰아내는 것처럼 보였다. 그래서 이러한 개념을 방어하는 차원에서 일찌감치 환경적 분석을 공격했던 것이다.

행동은 보통 훨씬 더 복잡한 방식으로 환경을 끌어들인다. 하위 종들에서 이미 잘 알려진 예들이 많다. 구애, 짝짓기, 둥지 짓기, 새끼 보살피기는 유기체가 '하는' 일이지만 역시 그들의 진화 방식 때문이기도 할 것이다. 이런 종류의 행동은 반사적이라기보다는 본능적이라고들 하고, 동물행동학자들도 환경이 행동을 '풀어낸다

---

* 19세기에는 반사 운동이 인간의 영혼 혹은 마음이 일으키는 작용이라고 믿었다.

(release)'고 말한다. 이때 '풀어낸다'는 것은 반사적으로 반응하는 것보다는 덜 강제적이다. 풀려나온 행동, 즉 본능적 행동은 반사 행동보다 환경의 우발성에 유연하게 적응한다. 그러나 새가 둥지를 짓는 까닭이 둥지 짓기의 본능 때문이라는 말은 단순한 사실의 기술에 불과할 뿐 설명이 되지 못한다. 생리학자에게는 반사 행동보다 본능적 행동이 훨씬 더 연구하기 까다로운 과제다. 현재 우리는 적절한 사실들을 많이 알지 못한 채, 본능적 행동에 관여할 수도 있는 시스템의 종류를 짐작만 할 뿐이다.

어떤 명문장가가 문장이 잘 쓰였는지 굳이 다시 살펴보지 않아도 '본능'으로 안다는 말은, 그 문장가가 출처는 불확실하지만 깊이 뿌리박힌 어떤 행동에 사로잡혀 있다는 말밖에 되지 않는다. 일반적으로 본능에 관해서 말한다는 것에는 이 이상의 의미가 없고, 이런 식으로 말한다고 해서 딱히 해가 될 것도 없으리라. 그러나 본능이라는 단어에 더 많은 의미를 부여하는 경우도 많다. 반사는 '자극이 유발한 긴장 상태가 배출을 통해 이완되고자 하는 것'이라고 기술되었다. 윌리엄 맥두걸(William McDougall)은 "본능적 행동은 어떤 경우에나 사물 혹은 대상을 알고, 느끼고, 대상을 향하여 나아가거나 반대로 회피하려고 분투하는 것을 포함한다."라고 했다. 나방이 불빛을 좋아해서 달려들고 꿀벌은 꽃의 모양이나 향기가 좋아 모여든다는 말은, 생물들의 행동을 감정 탓으로 돌린다. 이런 유의 문장에서 핵심 용어들―긴장, 배출, 이완, 앎, 느낌, 분투, 선호―이 불러일으키는 문제점은 나중에 살펴볼 것이다.

추진력으로서의 본능 본능을 힘으로 변환할 때에는 좀 더 심각한 실수가 빚어진다. 우리는 생물이 음식을 먹고 질병에 면역력을 기르는 사태를 설명하면서 힘에 관해 좀체 말하지 않는다. 그러나 힘이라는 개념은 생물과 환경의 관계를 다루는 과정에서 자주 등장한다. 허버트 스펜서(Herbert Spencer)가 말하는 '생명력', 쇼펜하우어(Arthur Schopenhauer)의 '생을 향한 맹목적 의지', 베르그송(Henri Bergson)의 '생의 약동'은 생물학적 과정을 더욱 탄탄하고 활력 넘치는 형태로 전환한 초기 사례다. 가령 '생의 약동'은 '지치지도 않고 끊임없이 전진하거나 향상하려는 힘'이라고 한다. 프로이트가 말하는 본능도 추진력으로 간주되었다. 위험, 건강 손상, 죽음으로 이끄는 행동은 죽음 본능을 보여주고 '삶에 이바지하는' 행동은 생명 본능을 보여준다고 이야기되었다. 그러나 실제로 관찰되는 사실은 행동이 존속에 도움이 될 수 있느냐, 아니면 파괴적인 결과를 낳을 수 있느냐, 단지 그뿐이다.

최근에 많은 관심을 끌었던 두 사례를 주목할 수 있겠다. (1) 생물은 부상을 입거나 위협을 당하면 물어뜯거나 두들겨 패는 식으로 공격에 나서기 쉽다. 잠시 후에 살펴보겠지만 이런 유의 행동 일부는 호흡이나 소화가 그렇듯 유전적 자질이 크게 작용한다. 그러나 생물이 공격적 본능이 있기 '때문에' 공격을 한다고 말할 근거는 없다. 그러한 공격이 우리가 주장하는 공격적인 경향의 유일한 증거 아닌가. (2) 어떤 종들은 자기가 살아가는 영역을 방어하는데, 그중 어떤 행동은 유전자가 크게 작용하는 듯 보인다. 그러나 생물이 텃세 혹은 그 밖의 어떤 본능 '때문에' 자기 영역을 방어한다는 말은, 그 생물이 자기 영역을 방어하는 종이라고 말하는 것과 다르지 않다. ('유전적 자질'이라는 표현 자체가 위험하다. 반사와 본능이 그렇듯, 이 말도 증거로 뒷받침되지 않은 속성을 끌어들이고 자연 선택의 현재적 결과를 나타낸다기보다는 되레 원인 노릇을 한다. 그리하여 현재적 결과라는 측면은 주의를 끌지 못하게 되었다.)

다윈(Charles Darwin)의 자연 선택설은 사상사에서 상당히 뒤늦게 나타났다. 이미 계시된 진리와 대립하는 탓에 그렇게 늦게 나타났을까? 과학사에서 새로운 주제였기 때문에, 단지 생물에만 특징적인 이론이라서, 혹은 창조 행위를 상정하지 않고 용도와 목적인(目的因)을 다루었기 때문에, 그렇게나 늦었던 걸까? 나는 그렇게 보지 않는다. 다윈은 그저 선택의 역할을 발견했을 뿐이다. 당시까지의 과학은 푸시풀 방식, 즉 한쪽이 밀면 다른 쪽은 자동으로 당기는 식으로 작동했는데, 다윈은 이러한 기제와는 전혀 다른 일종의 인과성을 발견했다. 생물의 기막힌 다양성은 생존을 위해 무작위로 비롯되었을 새로운 특징들의 기여로 설명될 수 있었다. 당시 물리학이나 생물학에는 그렇게 복선이 깔려 있는 선택을 인과율로서 조명할 여지가 거의 없었다.

우리는 아직도 행동의 기저에 있는 해부학과 생리학을 잘 알지 못하지만 그러한 해부학과 생리학을 유전적 자질의 일부로 삼는 선택 과정은 짐작해볼 수 있다. 생존은 어떤 종류의 행동 '여하에 달렸다고' 말할 수 있다. 가령 어떤 종의 구성원들이 짝짓기를 하지 않고, 자손을 돌보지 않고, 포식자들에 대항하여 스스로를 지키지 않는다면 그 종은 사라질 것이다. 선택은 매우 완만한 과정이기 때문에 이러한 '생존 수반성(contingency of survival)'을 실험적으로 연구하기는 어렵다. 그러나 번식 단계에 빨리 도달하는 종을 표본 삼아 선택 조건을 주도면밀하게 마련한다면 몇 가지 효과를 증명해

보일 수 있을지 모른다.

생존 수반성은 곧잘 다양한 원인 행위를 암시하는 용어들로 기술된다. '선택압(selection pressure)'이라는 용어도 그 예다. 선택은 꼭 힘이나 압박으로 나타난다고 보기 힘든 특수한 종류의 인과성이다. "영장류가 도달한 고도의 지능을 해명할 만큼 명백한 선택압은 포유류에게 보이지 않았다."라는 문장은 지능이 좀 더 뛰어난 구성원의 생존 확률이 더 높을 법한 조건은 상상하기 힘들다는 뜻이다. (그런데 '압박'은 주로 다른 종들이 가하는 것이라는 암시는 틀렸다. 생존은 거의 전적으로 물리적 환경과의 '경쟁'에 달려 있다. 이때 지능적인 행동은 분명히 덕을 본다.)

행동이 개체의 생존과 번식 확률을 높여준다면, 그리고 수반성이 장기적으로 작용한다면, 생존 수반성을 좀 더 쉽게 상상해볼 수 있다. 신체 내 조건은 대개 이 두 가지 요구를 모두 충족한다. 외부 환경의 일부 특징, 가령 밤낮의 주기라든가 계절, 온도, 중력장도 장기적으로 작용한다. 그 점은 같은 종 내의 다른 개체들에게도 마찬가지다. 동물행동학자들이 구애, 교미, 양육, 사회적 행동, 유희, 모방, 공격을 중요시하는 이유가 여기 있다. 그러나 "문법의 원리는 태어날 때부터 마음속에 있다"는 식의 주장을 뒷받침할 만한 그럴싸한 선택 조건을 찾기는 어렵다. 문법 행동이 그러한 행동 선택을 설명할 수 있을 만큼 장기적으로 생존에 그렇게까지 중요하지는 않기 때문이다. 나중에 다시 보겠지만, 언어 행동은 필수 요소들이 다른 이유로 이미 발달한 경우에만 발생할 수 있었다.

새로운 환경에 대한 준비

1. 반응적 조건화

환경이 이전 세대와 다음 세대 사이에서 크게 변한다면 생존 수반성은 유용한 행동을 낳지 못한다. 그러나 어떤 기제들은 개체가 자기 생존 기간 동안 새로운 환경에 잘 부합하는 행동을 습득한 덕분에 진화했다. 조건 반사는 비교적 간단한 예이다. 심장에는 빨리 달아나거나 포식자와 싸울 때 대대적인 힘의 소모를 뒷받침하는 반사 작용이 있다. 만약 도주하기 전이나 싸움에 나서기 전부터 심장이 반응을 한다면 이점이 있을 것이다. 그러나 포식자의 모습은 각양각색이다. 반응적 조건화를 통해서만 특정 모습을 보았을 때 달아나거나 싸움을 하기 전부터 적절한 심장 행동을 끌어내거나 할 수 있다.

인간의 조건 반사가 선천적인 무조건 반사보다 더 많은 것을 설명하지는 않는다. 심장의 조건 반사 '때문에' 달리는 사람의 심장이 경주 직전에 거세게 뛰기 시작하는 것은 아니다. 반사는 그저 심장이 빨리 뛰기 시작한다는 사실을 확인하는 하나의 방식이다. 출발 상황 다음에는 늘 대대적인 힘의 소모가 따라왔으니까 경주자에게 변화가 일어났고, 그는 변화된 유기체로서 다른 방식으로 행동하는 것이다. 이 변화를 '조건 반사가 획득한 것'으로 보면 간단하다.

무조건 반사를 설명하기 위해 생존 수반성을 들먹였듯이 우리는 조건 반사를 설명하기 위해 '강화 수반성'을 언급할 수 있겠다. 조건적이든 무조건적이든 반사 현상은 이미 수 세기 전부터 알려져 있었다. 반면, 생존 수반성과 강화 수반성은 최근에 들어서야 연구되기 시작했다.

내부 보충물 조건 반사는 간단한 사태들을 기술하는, 범위가 제한된 단순 원리다. 그렇지만 사람들은 조건 반사를 설명하기 위해서 추진력이나 본능에 비견할 만한 내면의 상태나 활동을 만들어냈다. 달리기 선수가 출발 상황에서 그 후에 있을 힘의 소모를 '연상하기(associate)' 때문에 경기 시작 전부터 심장이 빨리 뛰는 거라는 식으로 말이다. 그러나 어원적으로 보아 연결하거나 합친다는 의미의 '연상'은 경주자가 아니라 환경의 소관이다. 경주자는 두 가지를 '연결 짓지' 않는다. 연결은 외부 세계에서 이루어지는 것이다. 조건 반응이 관례적 결과에 관한 '예상' 혹은 '기대'에서 일어나고 조건 자극은 '기호', '신호', '상징' 기능을 한다고 말하는 사람들도 있다. 이 표현들에 관해서는 나중에 살펴보겠다.

2. 조작적 조건화

조작적 조건화는 인간이 새로운 환경에 효과적으로 대처하는 자못 다른 또 하나의 과정이다. 환경 안에서 음식과 물, 성적 접촉, 위험 회피 등은 개체와 종의 생존에 대단히 중요하다. 따라서 이런 것들을 생성하는 행동은 무엇이든 생존 가치가 있다. 이런 유의 결과를 낳는 행동은 조작적 조건화를 통하여 일어나기 쉽다. 행동은 그 결과에 의해 '강화된다'고들 하는데, 바로 이러한 이유에서 결과 자체를 '강화물(reinforcer)'이라고 부른다. 배가 고픈 유기체가 음식을 '생산하는' 행동을 보일 때 이 행동은 그 결과에 의해 강화되므로 되풀이될 확률이 높아진다. 극도로 높은 온도를 낮춘다든가 하는 식으로 잠재적으로 유해한 조건을 '완화하는' 행동도 그 결과에 의해 강화되므로 비슷한 상황에서 반복될 확률이 높아진다. 이러한 과정과 결과는 수많은 심성주의적 개념들을 낳았다. 우리는 그중 다수를 뒤에서 살펴볼 것이다.

조작적 행동(operant behavior)과 반사 행동을 구분하는 기준은 의지적이냐 비의지적이냐이다. 조작적 행동은 행동하는 사람이 통제 가능한 것으로 느껴지고 전통적으로 의지에 의한 행동으로 여겨졌다. 반면에 반사 행동은 당사자가 통제할 수 없고 심지어 빙의(憑依)처럼 침입적인 의지의 소관으로 여겨지기도 했다. 한때는 재채기, 딸꾹질, 그 밖의 반사적인 행동이 악령의 소행으로 치부되었다. 그래서 지금도 친구가 재채기를 하면 악령을 물리치기 위해서 "축복 있으라!(God bless you!)"라는 말을 건네곤 하는 것이다. (몽테뉴는 하품이 나올 때면 스스로 성호를 그었다고 한다.) 침입자를 상정하지 않을 때 그러한 행동은 그냥 자동적인 것으로 간주된다.

생존 수반성과 강화 수반성의 혼재

생존 수반성과 강화 수반성은 놀랄 만큼 유사한 면이 있다. 앞에서 지적했듯이 둘 다 인간의 사상사에서 뒤늦게 발견된 일종의 인과성의 예가 된다. 둘 다 목적을 사후에 놓고 설명하고, 둘 다 창조적 설계 문제와 관련이 있다. 우리는 개체의 새로운 행동 형태를 낳는 수반성을 살펴본 후에야 종의 선천적 행동을 낳는 수반성도 좀더 제대로 평가할 수 있을 것이다. 당분간은 그 둘의 구분이 중요하다는 점만 짚고 넘어가겠다.

각인 이제 막 알을 깨고 나온 새끼오리의 이른바 각인 현상에서는 조작적 조건화와 자연 선택이 결합한다. 자연 환경에서 새끼오리는 어미에게로 향하고 어미가 가는 대로 따라다닌다. 이러한 행동은 분명히 생존 가치가 있다. 그런데 다른 오리가 없는 환경이라면 새끼오리는 다른 대상에 대하여 똑같이 행동한다. (토머스 모어도《유토피아》에서 부화기에서 태어난 새끼오리들이 먹이를 주고 돌봐주는 사람들을 따른다고 썼다.) 최근 연구는 갓난 새끼오리가 움직이는 물체라면 뭐든지, 특히 오리와 크기가 대략 비슷한 물체라면 구두상자라도 무조건 다가가고 따라다닌다고 입증해 보였다. 비록 이러한 행동이 오리의 특수한 시각적 측면에 지배받는 것은 아니지만 생존에 도움이 되는 것은 분명하다. 그냥 접근하고 따라다니는 것으로 충분한 것이다.

그렇긴 해도, 실제로 일어나는 일이 정확히 진술되지는 않는다. 새끼오리는 자신과 움직이는 대상 간의 거리를 유지하거나 좁힘으로써 강화될 수 있는 능력을 선천적으로 타고난다. 자연 환경에서, 그리고 각인을 연구하는 실험실에서 접근하고 따라다니는 행동은 동일한 결과를 보이지만 수반성은 달라질 수가 있다. 가령 오리가 물체에 접근하면 물체가 재빨리 달아나버리고 반대로 물체에서 멀어지면 물체가 재빨리 오리 쪽으로 이동하는 장치를 만들었다 치자. 이러한 조건에서라면 새끼오리는 물체에 접근하거나 따라가기보다 오히려 멀어지려 할 것이다. 새끼오리가 부리로 쪼는 행동을 할 때마다 물체가 점점 더 가까워진다면 이 오리는 벽면의 어느 한 점을 쪼는 행동을 배울 것이다. 오리가 살아가는 동안 무엇을 배우고 어떻게 배우는가를 알아야만 오리가 무엇을 할 수 있게끔 타고

나는지도 확실히 알 수 있을 것이다.

모방과 군집 본능 자연 선택과 조작적 조건화가 비슷한 양상의 행동을 낳을 때에는 혼동되기 쉽다. 남들이 하는 대로 따라 하는 행동의 생존적 가치는 명백해 보인다. 집단의 한 구성원이 포식자가 접근했을 때 날아가거나 달려가거나 헤엄쳐 달아나는 반응을 보이면 나머지 구성원들도 그렇게 행동한다. 포식자와 상대하는 개체는 하나뿐일지라도 그럼으로써 모두가 안전을 확보할 수 있을 것이다. 다른 구성원들도 지속적으로 종의 환경을 구성하는 일부이므로 이러한 조건들은 자연 선택에 부합한다. 그렇지만 강화 수반성도 몹시 유사한 행동을 발생시킨다. 일반적으로 어떤 사람이 특정한 방식으로 행동한다면 그는 지배적인 수반성에 따라서 그렇게 하는 것이고, 같은 상황에서 다른 사람의 비슷한 행동도 동일한 수반성에 종속될 확률이 높다. 사람들이 거리를 우르르 달려가는 모습을 본 사람은 자기도 그들을 따라감으로써 간접적으로 동일한 수반성에 부응할 수 있고, 그럼으로써 위험을 피하거나 뭔가 흥미로운 것을 발견할지 모른다. '모방' 본능이나 '군집 본능'을 말하기란 참 모호하다. 그러한 논의가 생존 수반성을 언급할 수도 있고 강화 수반성을 언급할 수도 있는 것이다.

세력권 보호(텃세)와 공격 이 용어들은 특정한 형태의 행동을 가리키지 않는다. 생물은 아주 다양한 방식으로 자기 영역을 방어하거나 남을 공격한다. 현대의 전쟁도 세력권 보호와 공격의 예로 곧잘 언급되지만 군인에게서 생존 수반성에 따라 선택했다고 볼 만한 행위를 찾기는 어려울 것이다. 전쟁에서의 행동은 기껏해야 영토 확장이나 타자에게 입히는 위해로 강화될 수 있는 타고난 능력 때문에 습득된다고 하겠다.

공격적 행동은 선천적인 것으로서, 생존적 가치가 상당한 특정 상황에서 나오는 것일지도 모른다. 유아나 아동은 따로 배우지 않아도 신체적으로 제압을 당하면 깨물고 할퀴고 주먹을 휘두른다. 둘째로, 사람들이 타자에게 가하는 위해의 기호(sign)에 강화되기 쉽기 때문에 공격적 행동이 빚어지거나 유지되는지도 모른다. 적이 비명을 지르거나 도망칠 때 강화되는 능력은 자기 방어를 빨리 배우게 한다는 점에서 생존적 가치가 있을 것이다. 셋째로, 공격과 명시적으로 관련되지 않는 결과가 행동을 강화하는지도 모른다. 음식과 성 접촉은 다른 이유에서도 강화 작용을 할 수 있지만 만약 경쟁자를 물리쳐야만 음식과 성 접촉을 획득할 수 있다면 공격을 강화할 것이다.

생존 수반성과 강화 수반성의 혼재는 골칫거리를 낳는다. 생득론자와 환경론자가 곧잘 의견이 어긋나고 종종 각자의 영역을 지키느라 으르렁대는 것도 당연하다 하겠다.

종 특유의 '보편성' 어느 한 종의 모든 구성원에게 특징적인 것에는 유전적 이유가 있을 것이라는 이론에 입각하여 '본능'이라는 용어를 피하고 '종 특유의(species-specific)' 행동이라는 말을 쓰기도 한다. 그러나 강화 수반성도 종 특유의 것이다. 우리는 새끼오리의 행동에서 그 예를 보았다. 새끼오리는 대상을 향해 다가갈수록 대상과 가까워진다는 '보편적' 사실 때문에 어미를 따라다니는 것이다. 언어의 보편적 특징이란 보편적으로 타고나는 선천성을 뜻하지 않는다. 보편적 특징은 언어 공동체가 마련한 강화 수반성에 있기 때문이다. 정신분석학자들은 오이디푸스 콤플렉스의 보편성을 대단히 중시했지만 특정 문화의 가정 내 개인적 강화 수반성도 똑같이 보편적일지 모른다.

구별 유지의 중요성 초기 행동주의자들이 그들이 발견한 학습 과정에 지나치게 열광하고 행동유전학의 역할을 무시한 것은 틀림없는 사실이다. 그러나 행동주의의 입장에 관한 반응도 과장되기는 마찬가지다. 생존 수반성과 강화 수반성의 모든 상호 작용을 파악하려면 아직 갈 길이 멀지만 이제 논란은 필요치 않다.

행동하는 유기체는 자연 선택의 결과이므로 모든 행동은 유전적으로 물려받은 것이라는 중요한 의미가 있다. 조작적 조건화도 소화나 생식과 마찬가지로 유전적 자질의 일부다. 인간이라는 종에게 유전적 자질이 있느냐 없느냐가 문제가 아니요, 그것이 어떻게 분석되느냐가 문제다. 그 자질은 생물학적 체계로 시작되고 그 체계로 남는데, 행동주의는 그 자질이 생물학적 체계 그 이상은 아니라고 본다.

결과적인 행동의 세부 사항과는 별개로 두 종류의 수반성을 구분해야 할 이유는 충분하다. 우리가 처음에 제기했던 질문인 '사람들은 왜 그렇게 행동하는가?'에 관해서 두 수반성의 입장은 매우 다르기 때문이다. 강화 수반성은 예측과 통제에 유리하다. 어떤 사람이 행동을 습득하는 조건들은 비교적 파악 가능하고 조종할 수도 있다. 그러나 종이 행동을 습득하는 조건들은 대개 우리가 파악할 수 있는 것이 아니다. 그 안타까운 결과의 하나는, 유전적 출처가 졸지에 쓰레기 매립장처럼 되어버린 것이다. 강화 수반성이라는 관점에서 분석되지 않는 행동 측면은 죄다 유전적 자질로 치부된다. 그리고 우리는 유기체의 상태 이상으로 나아가지 않는 데 너무나 익숙하기 때문에 그런 설명을 받아들이기 십상이다.

'마음의 진화'

마음(mind) 개념은 진화론이 등장하기 전에 이미 치밀하게 상술되었기 때문에 약간의 융통성이 요구되었다. 마음은 언제, 어떻게 진화했을까? 어떤 유의 변이가 최초의 마음 상태 혹은 과정을 불러왔기에, 그러한 심리적 과정이 개인의 생존에 이바지함으로써 유전적 자질의 일부가 되었을까? 이 질문은 실재를 경험으로, 사유를 행위로 전환할 때 야기되는 질문과 다르지 않다. 어떤 신체적 유전자가 마음의 잠재력을 전달할 수 있었으며, 마음은 어떻게 신체적인 생존 수반성을 만족시킬 수 있었을까? 마음이 생리적 발현에 지나지 않는다면 이러한 질문들은 생리학에서 답을 얻을 것이요, 그게 아니면 생리학이 답할 수 있을 때까지 아무 걱정 없이 유예해도 좋을 것이다. 그러나 심성주의를 지지하는 사람들 모두가 이 입장을 받아들이지는 않는다. 어떤 사람, 가령 테야르 드 샤르댕*은 마음이 진화의 끝이자 목적, 그게 아니면 그 너머의 무엇이라고 했다.

---

* 테야르 드 샤르댕(Teilhard de Chardin, 1881~1955)은 프랑스 예수회 신부이자 고생물학자였다.

빼어난 과학자 버니바 부시**는 이렇게 말한 바 있다.

이제 어떻게 우리의—우주에서 우리가 차지하는 이 한 조각에 거하는 모든 생명들의—물리적 우주가 단순한 물질적 과정, 우리가 실험적으로 고찰하고 방정식으로 기술하며 이른바 '자연 법칙'이라고 부르는 과정을 통하여 영겁의 세월에 걸쳐 진화해 왔는지 개념을 잡게 된 것 같다. 단, 한 가지 예외가 있다! 인간은 자기 존재를 의식한다. 대부분이 믿는 바, 인간에게는 이른바 자유 의지도 있다. 의식과 자유 의지도 순전히 '자연의' 과정에서 생겨났을까? 이 물음이 새로운 심성주의 너머에서 아무것도 보지 못하는 자들과 뭔가를 보는 자들의 논쟁의 중심에 있다.

행동주의자의 대답은 한결 단순하다. 진화한 것은 유기체요, 유기체의 행동 일부는 마음 개념을 만들어냄으로써 잠정적 설명이 가능하다. 사실을 사실로만 고려하면 특별한 진화 과정은 전혀 필요하지 않다.

** 버니바 부시(Vannevar Bush, 1890~1974)는 미국 과학 기술 정책의 아버지로 불리는 과학자였으며, 원폭 개발 계획의 행정 책임을 맡기도 했다.

4장

조작적 행동

Operant Behavior

앞 장에서 기술한 조작적 조건화 과정은 아주 간단하다. 어떤 행동에 강화하는 결과가 따른다면 그 행동은 또 일어날 확률이 높다. 긍정적 강화물(positive reinforcer)은 그것을 생성하는 행동을 강화한다. 우리가 목이 마를 때에는 물 한 잔이 긍정적 강화 작용을 한다. 비슷한 상황에서 동일한 행동을 하게 될 확률이 높아진다는 얘기다. 부정적 강화물(negative reinforcer)은 그것을 감소하거나 제거하는 행동을 강화한다. 발에 꼭 끼는 구두를 벗을 때 압박감의 감소는 부정적 강화 작용을 하고, 다음에도 구두 때문에 발이 아프면 동일한 행동을 할 확률이 높아진다.

이 과정은 자연 선택을 보충한다. 충분히 안정된 환경적 특징은 아니기 때문에 진화에 한몫 할 수 없었던 행동의 중요한 결과들은 개체가 생존하는 동안 조작적 조건화를 통하여 실질적인 것이 된다. 그럼으로써 개체가 자신의 세계를 처리하는 힘이 크게 신장된다.

강화물에서 느끼는 감정

조작적 조건화가 여느 생리학적 과정과 마찬가지로 자연 선택의 산물이라는 사실은 어떤 유의 결과가 강화 작용을 하고 그 이유는 무엇인가라는 물음에 빛을 던져준다. 보통은 느낌이 좋은 것, 좋아 보이거나 좋게 들리거나 좋은 냄새가 나거나 맛이 좋은 것이 강화 작용을 한다고 말한다. 그러나 진화론의 관점에서 강화물이 되기 쉬운 성질은 거기에 결부된 느낌이 아니라 생존적 가치로 결정된다.

반사의 조건화에 관여하는 강화물들에도 동일한 관점을 적용할 수 있다. 소금과 설탕은 꼭 필요한 것들이다. 소금과 설탕에 특별히 강화를 받기 쉬운 사람은 소금과 설탕을 어디서 어떻게 구할 수 있는지 좀 더 효과적으로 학습하고 기억할 확률이 높고, 그렇게 함으로써 잘 살아남아 그 민감성을 종에게 전달할 확률도 높다. 짝짓기 경쟁에서 더 능숙하고 더 힘센 구성원이 선택을 받는 경향이 있음은 두루 아는 사실이다. 그러나 성적 강화에 더 민감한 구성원이 선택받는다는 말도 맞다. 그 결과, 인간 종은 다른 종들이 그렇듯 설탕, 소금, 성 접촉에 크게 강화를 받는다. 이런 것들이 기분을 좋게 하기 '때문에', 혹은 맛있기 '때문에' 강화 작용을 한다는 말과는 크게 차이가 있는 셈이다.

수 세기 동안 감정은 보상과 처벌에 관한 논의를 지배했다. 그 한 가지 이유는 맛, 향, 소리, 그림, 악곡 따위가 감미롭다, 기분 좋다, 아름답다고 말할 때 우리가 전하는 조건들은 직접적 상황에 속하는 반면, 그 조건들이 우리 행동 변화에 미칠지도 모르는 효과는 그다지 두드러지지 않고 '보이지' 않기 십상이기 때문이다. 언어 환경은 건실한 수반성을 수립할 수 없기 때문에 그렇다. 쾌락주의 철학은 사람들이 쾌락을 얻고 고통을 피하기 위해서 행동한다고 본다. 저 유명한 에드워드 L. 손다이크(Edward Lee Thorndike, 1874~1949)의 '효과 법칙'*이 말한 효과도 결국 '만족스러운' 혹은 '짜증스러운' 감정이었다. '좋아하다'라는 동사는 '기분 좋게 느끼다'의 동의어다. 정도의 차이는 있으나 "네가 좋다면"이라는 말과 "네가 기분 좋게 느낀다면"이라는 말은 서로 대체 가능하다.

　일부 용어들은 강화물의 다른 효과들을 지시한다. 가령 만족스러움은 포만감과 관련이 있다. 그러나 대부분은 강화물이 발생시킨 신체 상태를 가리킨다. 때로는 상대가 무엇을 좋아하는지, 상대의 기분이 어떠한지 단순히 물어봄으로써 그 사람을 강화하는 것이 무엇인지 알 수 있다. 이때 우리가 알게 되는 것은 우리가 강화물의 효과를 시험해서 알아내는 것과 유사하다. 상대는 과거에 무엇이 자신에게 강화 작용을 했는지, 자기가 무엇에 '달려드는지' 말한다. 하지만 그렇다고 해서 그의 감정이 원인으로서 유효하다는 뜻은 아니다. 그의 대답은 부수적 효과를 말하고 있을 뿐이다.

　"나는 브람스를 좋아해." "나는 브람스를 사랑해." "나는 브람스를 즐기지." "나는 브람스가 마음에 들어."라는 표현들은 감정을 언급하는 것으로 받아들여지기 쉽지만 브람스의 음악이 강화 작용을 한다는 진술로 여겨질 수도 있다. 이런 말을 진심에서 한 사람은 라디오에서 브람스의 음악이 나올 때 끄지 않고 틀어놓을 것이고, 브

---

* 손다이크의 '효과 법칙(law of effect)'은 어떤 행동의 강도(빈도, 지속 시간 등)는 그 행동에 따른 결과에 좌우된다는 법칙이다. 이에 따르면, 결과가 만족스러우면 행동의 강도가 증가하고 결과가 부정적이면 행동의 강도가 감소한다.

람스 음반을 사서 들을 것이고, 브람스 연주회에 갈 것이다. 반대되는 표현들도 있다.("나는 브람스를 싫어해." "나는 브람스를 증오해." "나는 브람스가 마음에 안 들어." "나는 브람스가 지루해.") 브람스 음악에 정말로 반감이 있는 사람은 가급적 듣지 않으려고 할 것이다. 이 표현들은 강화가 아니라 오히려 전반적 감정 혹은 감정의 결여를 가리킨다.

느낌에 관한 암시는 주의 깊게 살펴보아야 한다. 살아 있는 사람에게 직접 향해 있는 경험에서는 감정이 특히 그럴듯하게 다가온다. "나는 아내를 사랑해."라는 진술은 감정을 보고하는 것처럼 보이지만 행위 확률도 포함한다. 우리는 좋아하는 사람에게 그가 좋아하는 일을 해주려고 한다. 좋아하지 않는 사람에게(특히, 싫어하는 사람에게는) 그가 좋아하는 일, 그가 했으면 좋겠다고 바라는 일을 하려들지 않는다. 오히려 상대가 좋아하지 않는 일, 되레 하면 싫어할법한 일을 하려 들 것이다. 즉 '사랑한다' '좋아한다'는 상호 작용을 하는 상대에게 특정한 효과를 미치는 방식으로, 그 진술에 수반되는 조건들을 감지할 수도 있게끔 행동한다는 뜻이다.

욕구, 요구, 욕망, 소원

어떤 심성주의적 용어들은 강화에 관한 민감성과 이미 강화된 행동의 강도(强度) 양쪽 모두에 작용하는 조건들을 가리킨다. 부족함을 기술할 때에는 '욕구(want)'를 쓴다. 배가 고픈 사람은 단순히 자기에게 음식이 부족하니까 원하는(want) 것이다. '요구/필요(need)'는 원래 격렬한 힘, 제한, 혹은 충동을 뜻했다. 지금도 (긍정적으로 강화하는 결과 때문에) 행동하기 원하는 것과 (행동에 나서지 않으면 불쾌한 결과가 있기 때문에) 행동할 필요가 있는 것은 구분되고 있다. 그러나 대부분의 용례에서는 두 단어가 교환 가능하다. 자동차에 연료가 '필요하다(need)'는 말도 쓰고, 덜 관용적인 표현이지만 가솔린이 '부족하다(is wanting)'는 말도 쓴다. 그렇지만 어떤 사람이 '벗어나길 원한다(wants to get out)'는 말은 혐오 통제*를 암시한다. 여기서 중요한 사실은 이것이다. 음식을 필요로 하거나 욕구하는 사람은 음식으로 강화를 받을 확률이 각별히 높고 이전에 음식으로 강화된 적이 있는 행동에 나설 확률도 각별히 높다. 반면, 혐오 통제를 받는 사람은 회피함으로써 강화를 받을 확률이 각별히 높고, 과거에 회피를 가능케 했던 행동에 나설 확률도 각별히 높다.

박탈이나 혐오 자극의 수준까지 안다면 주어진 어떤 사건이 얼마나 강화를 할 것인지, 그 사람이 관련 행동에 나설 확률이 어느 정도인지 더 정확히 예측할 수 있다. 이러한 지식은 통제를 목적으로 오랫동안 쓰여 왔다. 배고픔에 시달렸던 사람들은 '먹기 위해 일할' 것이요, 그들은 음식으로 강화를 받을 수 있다. 가난에 시달렸던 사람이 가난을 벗어날 수 있는 방향으로 행동하게 되는 것과 마찬가지다.

어떤 사건이 필요를 감소시키기 '때문에' 강화를 하는 것은 아니다. 음식은 포만감을 주지 못할 때조차 강화를 하고, 박탈 상태는 강화를 하지 않는 방법으로도 바뀔 수 있다. 박탈 상태와 적절한 행동 강도의 관계는 아마 생존 가치에서 비롯할 것이다. 소화를 빨리

---

* '혐오 통제(aversive control)'는 불쾌한 자극을 이용해 바람직하지 못한 행동을 변화시키는 방법을 말한다.

하는 행동이 늘 왕성하다면 극도로 과식을 하거나 에너지를 효율적이지 못하게 사용할 것이다.

우리가 배고픔을 느끼기 '때문에', 혹은 우리가 음식에 필요를 느끼기 '때문에' 음식이 강화 작용을 한다는 말은 잘못되었다. 우리가 배고픔을 느끼기 때문에 음식으로 강화된 행동에 나설 확률이 높다는 말도 문제가 있다. 배고픔으로 느껴지는 것은 '조건'이다. 배고픔은 종의 진화에서 조작적 조건화에 가장 직접적으로 관여하는 것으로서 선택되었을 것이다.

욕구 및 요구와 연결된 상태는 관련 행동이 불가능할 때 더욱 절실하게 느껴진다. 사랑에 빠진 사람은 달리 아무것도 할 수 없을 때 "당신을 원합니다." "당신이 필요합니다."라고 편지를 쓴다. 그가 편지 쓰는 것 말고 뭔가를 하고 있다 해도 정말로 중요한 것은 그가 이러한 표현으로 묘사한 상태에서 살아가고 있다는 것이다. 그 후 행동이 가능해지고 나서 그 행동이 욕구나 요구 때문에 일어났다고 말하기는 쉽다. 그 사람이 느끼는 상태와 행동, 그 양쪽 모두에 책임이 있는 박탈이나 혐오 자극 때문이라고 말하는 것보다는 그 편이 훨씬 쉽다.

욕망, 갈망, 소망, 염원은 현재 적절한 행동이 결여되어 있는 상태와 더 밀접하게 관련이 있다. 이것들은 행위가 시작될 때 끝을 보기 때문이다. "당신이 그립다(miss, 놓치다)."는 말은 거의 항상 표적을 맞추는 훈련에 기반한 은유로 생각될 수 있다. 이 말은 "인간으로서 당신에 대한 나의 행동은 목표에 다다르지 못한다." 혹은 "나는 당신을 찾지만 발견하지 못한다."와 등가적이다. 사랑하는 이의 품에 안긴다고 해서 상대에 대한 욕구나 필요에서 당장 벗어나지는 않지만 이제 상대를 그리워하거나 갈망하거나 염원하지는 않는다. 소망은, 행동이 전혀 불가능할 때의 혐오 자극이나 극심한 박탈 상태를 거의 전적으로 가리키는 말일 것이다. 행동할 수 있기를 소망한다거나("나도 갈 수 있으면 좋겠어.") 어떤 결과를 소망하는 식이다.("나도 거기 있으면 좋겠다.")

조작적 강화의 효과를 내면의 상태나 소유로 나타낼 때가 종종 있다. 우리가 어떤 사람에게 강화 작용을 할 때 우리가 그에게 동기 부여를 했다, 그를 장려했다고 말하지만 사실은 우리가 행동에서 그렇게 추론해낸 것이다. 우리가 아는 거라곤 상대가 정력적으로 행동한다는 것뿐인데, 우리는 그를 두고 의욕이 대단하다고 말한다.

어떤 사람이 원하거나 필요로 하는 것을 박탈하는 것은 강력한 행위가 아니며, 그 효과들은 서서히 쌓인다. 그러나 박탈 상태가 욕동이나 충동적 욕구라고 부를 만할 때에는 한결 극적인 역할을 할 것이다. 프로이트는 인간이 가차 없이 "마음 혹은 인격의 심층부에 머무는 강력한 생물학적 힘에 내몰린다."고 보았다. 성욕, 허기, 증오가 행위에 필요한 정신적 에너지를 공급하긴 하지만, 우리는 그것들에 휘둘린다. 프로이트가 말한 리비도는 "원시적인 생물의 충동적 욕구에서 비롯되는 정서적이거나 정신적인 에너지"로 정의되었다. 이러한 은유들은 혐오 통제에 바탕을 둔다. 마부는 말이 전진하도록 채찍을 휘두름으로써 말을 몰아간다. 적어도 배고픔의 경우에는 강력한 내부 자극이 유사한 기능을 할지도 모르지만 그러한 박탈 자체가 추진력은 아니다.

강화물과 결부되거나 강화물이 효력을 발휘하는 상황과 결부되는 심성주의적 용어들은 기능적 관계를 파악하는 데 걸림돌이 된다. 가령 "'공격'이라는 용어는 남에게 위해를 가하고 싶어 하는 동기에서 비롯된 행동으로 제한되어야 한다."는 말은 순전히 공격적인 형식의 행동과 방출된 행동의 어떤 부분이 타인에게 위해를 가하는 경우를 구분하려는 의도를 담고 있다. 그러나 위해를 가하고 싶어 한다는 말, 특히 그러한 소원(wish)이 동기가 된다는 말로 우리는 아무것도 얻을 수 없다. 공리주의자들은 쾌락과 고통이 "인간 행동에 작용하는 동기들"이라고 주장했는데, 이것은 동기보다는 결과와 결부된 감정을 두고 하는 말이었다. 강화 수반성에 관한 실험 분석은 이러한 문제를 좀 더 질서정연하게 다룬다.

생각과 의지

조작적인 것이라고 일컬어지는 행동을 형성하고 유지하는 결과들이 반응이 일어나는 설정 안에 있지는 않다. 그 결과들은 유기체의 역사의 일부가 되었다. 다음 장에서 보겠지만, 현재의 배경이 반응 확률에 영향을 끼칠 수 있으나 영향을 끼치는 변수는 그 외에도 많다. 확률에 변화를 준다고 해서 반사에서처럼 반응을 '끌어내는' 것은 아니다.

자기가 특정 방식으로 행동하게 될 확률과 관련된 조건들 가운데 일부는 느끼거나 관찰할 수 있다. 이를테면 "가고 싶은 기분이 든다." "가기 원한다." "가면 좋겠다." "갔으면 해."라고 말을 할 수도 있겠다. 강화물을 확인할 때에도 동일한 표현이 쓰인다. "뭘 마시고 싶은 기분이 들어." "마시기 원해." "마시면 좋겠는데." "마셨으면

해." 같은 표현이 그렇다. "가고 싶은 기분이 든다."는 말은 "과거에 내가 갈 때마다 느끼곤 했던 기분을 지금 느낀다."에 가까울 수 있다. "가기 원한다"가 결핍이나 박탈을 나타낼 수도 있겠다. "~했으면 한다"는 앞에서 보았듯이 아마도 순수한 행동 개연성에 가까울 것이다. 반응 가능성을 느끼거나 관찰하든, 혹은 그렇지 않든 간에 어느 순간에는 반응이 일어난다는 사실이 있을 뿐이다.

도출된 반사와 조작을 구별하기 위해서 조작적 반응에는 '방출된다(emitted)'는 표현을 쓴다.(이 표현은 유기체 안에 행동이 존재하고 있다가 밖으로 튀어나온 것 같은 어감을 주기 때문에 그냥 나타난다고 하면 더 좋을 것 같기도 하다. 그러나 이 단어를 꼭 그런 뜻으로 읽을 필요는 없다. 빛이 발산되기emitted 전부터 뜨거운 필라멘트 속에 있는 것은 아니지 않은가.) 선행하는 인과적 사건이 꼭 있을 필요는 없다는 것, 이게 중요하다. 우리는 이 점을 이미 인식하고 있기 때문에 "그는 (생각이 나서) 가게 됐다."는 말을 "간다는 행위가 그에게 일어났다(occur)." 는 의미로 구사하는 것이다. '생각(idea)'이라는 단어가 이런 의미에서 행동을 나타내는 데 쓰인다.("그는 생각이 났다.") 그러나 "생각이 떠오르다." "생각을 빌리다." 같은 표현에서는 '생각'은 어떤 독립적 실체를 가리킨다. 그렇지만 "나에게 생각이 있어(I have an idea). 뒷문으로 가보자. 그 문은 잠기지 않았을지도 몰라."라고 할 때 화자가 '가졌던(had)' 것은 뒷문으로 가보는 행동이다. 어떤 사람이 춤선생을 잘 따라한다면 그는 '이해력이 있다(get the idea)'는 말을 들을 것이다. 그러나 그가 얻은 것은 행동, 즉 선생의 행동과 비슷한 행동일 뿐이다. 농담을 듣고 웃음을 터뜨리는 사람이 '요점을 이해했다(get the point)'고 할 때에도, 책에서 어떤 대목을 읽고 적절한 반응을 하는 사람이 '의미를 파악했다(get its meaning)'고 할 때에도 우리는 행동 외에는 아무것도 언급하지 않는 셈이다.

초기 사건은 조작적 행동에서 직접적 원인이 뚜렷이 보이지 않기 때문에 지어낸 것이다. 사람에게 행위 의지가 있어서 행동이 실행에 옮겨졌다는 식으로 말이다. "그는 갈 것이다(He will go)."라는 단순 미래형 문장이 "그는 위험에도 불구하고 갈 것이다(He will go in spite of danger)."라고 할 때에는 부가적 의미를 얻는다. 이때의 '~것이다'는 선택한다는 의미에 가깝다. 행위하느냐, 행위하지 않느냐 사이의 선택이라면 더욱더 그렇다. 이는 달리 설명되지 않는 행동을 의지 행위나 선택 행위로 돌림으로써 당혹감을 해결하려는 듯하다. 이 개념의 중요한 '존재 이유'가 바로 여기에 있을 것이다. 우리가 굳이 의지 행위를 설명할 이유가 없는 한, 행동은 만족스럽게 설명된다. 그러나 조작성 확률을 결정하는 조건들은 개인의 역사에 있다. 현재 설정에 그 조건들이 뚜렷하게 나타나지 않아서 간과되기 쉬울 뿐이다. 그러니까 의지는 자유다, 인간이 자유로이 선택한다고 믿기 십상이다. 문제는 결정론이다. 이제 행동 자연 발생설은 구더기와 미생물 자연 발생설이 파스퇴르의 시대에 맞이했던 국면과 동일한 상황에 처했다.

'자유'는 으레 제약이나 구속이 없음을 뜻하지만 좀 더 포괄적으로는 아무런 사전 결정이 없음을 뜻한다. "의지 행위를 제외하면, 일어나는 모든 것에는 원인이 있다." 어떤 신학자들은 개인의 책임을 묻기 위해 자유가 필요하다는 점에 천착했다. 그들은 그리 쉬이 만족을 얻지 못했다. 이른바 아르미니위스파 교리는 오직 인간이 행위를 선택할 때에만, 또한 행위의 선택이 또 다른 경우의 선택에서 야기되었을 때에만 자유롭게 행위한다고 보았다.*

　반사 행동이 비자발적이라고 할 때의 쟁점은 원인이 눈에 잘 띈다는 점이다. 후추가 초기 원인일 때, 재채기를 하느냐 마느냐 자유로이 결정할 수는 없다. 조작적 행동은 자발적이라고들 하지만 정말로 원인이 없는 건 아니고 그냥 원인을 콕 집어내기 어려울 뿐이다. 자유로운 의지의 행사로 보이는 데 중요한 조건이 긍정적 강화다. 그러한 강화의 결과로 자신이 자유롭다고 느끼고 스스로 자유롭다 말하는 것이다. 자기가 '좋은' 대로, 혹은 '원하는' 대로, '마음에 드는' 대로 행동한다고 말하는 것이다. (12장에서 살펴보겠지만, 긍정적으로 강화하는 결과는 회피, 도주, 그 외 발생 조건에 변화를 가하는 어떤 행동도 낳지 않는다는 점이 더 중요하다.)

　'생각'이 그렇듯이 '의지'도 행동, 혹은 적어도 행동 개연성이라는 말과 거의 마찬가지로 쓰인다. 뭔가를 하겠다는 의지는 준비되었다는 뜻, 혹은 그럴 가능성이 있다는 뜻이다. 건강 분야의 권위자가 운동이나 다이어트 습관을 유지하는 데 가장 중요한 것은 의지력이라고 말했다. 그의 말은 운동이나 다이어트는 계속하는 것이 제일 중요하다는 말과 다르지 않다. 지도자의 '권력 의지'는 경제, 종교, 혹은 정부 차원의 힘을 키움으로써 강화되는 행동을 암시한다. "어떤 이들은 두려움 때문에 뭔가를 하려 하지 않는다."가 말하는 것은, 어떤 이들이 두려움 때문에 '행동하지' 않는다는 사실이 전부인 듯하다. "그가 푹 빠져 있는 (한 번도 만난 적 없는) 그 여자에게는 그

---

* 아르미니위스(Arminius, 1560~1609)는 칼뱅의 예정설을 비판한 신학자로서, 신은 누구도 불신앙으로 예정하지 않았고 그리스도는 선택된 자뿐 아니라 만인을 위해서 죽었다는 가르침을 폈다.

의 의지를 마비시키는 파괴적 요인이었다."라는 전기 작가의 문장은 그 여자가 그의 행동에서 어떤 부분들을 마비시켰다는 뜻일 것이다.

의지는 자발성과 신비를 띠는 것처럼 보이기 때문에 여기서 의지의 또 다른 역할이 뒤따라 나온다. 자발성과 신비는 물리적 행위 없이도 결과가 나올 수 있음을 암시한다. "신묘한 자신의 의지로써, 브라흐마는 존재하는 모든 것을 창조하였다." 염력(念力)에서도 사람이 의지를 행사함으로써 주사위의 낙하에 영향을 줄 수 있다고 본다.

목적과 의도

행동주의 혹은 행동에 관한 과학이 목적이나 의도를 다룰 수 없다는 비난만큼 자주 나오는 얘기도 없을 것이다. 자극-반응 식은 실제로 그렇게 비난받을 수도 있겠지만, 조작적 행동은 바로 그 목적과 의도를 다룬다. 조작적 행동은 그 성격상 미래를 지향한다. 사람은 무엇이 일어나게 할 목적으로(in order that) 행동하는데, 여기서 'order'는 시간적인 것이다. '목적(purpose)'은 과거에 주로 지금의 '제안하다/작정하다(propose)'와 같은 의미의 동사로 쓰였다. "나는 갈 생각이다(I propose to go)."는 "나는 갈 생각이다(I intend to go)."와 비슷하다. 우리가 이렇게 보지 않고 가는 목적이나 의도를 논한다면 명사가 사물을 지칭하는 것처럼 생각하기 쉽다.

초기에는 목적을 공간적인 것으로 표현해서 많은 오해가 빚어졌다. 경주하는 사람의 목적은 결승선에 도달하는 것이다. 파치지

(Parcheesi)* 게임을 할 때의 목적은 자기 말이 나게 하는 것이다. 미로 찾기를 통해서 목적이 분명한 행동을 연구한 결과, 유기체는 강화가 일어나는 바로 그 지점을 향해 움직였다. 목표를 목적으로 삼는다는 것("그의 인생의 목표는 무엇인가?")은 목표를 종착점과 동일시하는 것이다. 그러나 생의 궁극적 종착점이 죽음일지라도 인생의 목표가—목적은 말할 것도 없고—죽음이라는 말은 무의미하다. 자연 선택이라는 면에서 보든, 조작적 조건화라는 면에서 보든, 사람은 죽기 위해서(in order to die) 또는 죽는 것을 목적으로(with the purpose of dying) 살지는 않는다.

자동 유도 장치를 두고 목적(purpose)을 말할 때에는 목표(goal)와 목적이 헷갈린다. 미사일은 코스가 적절하게 통제될 때에만 목표물에 도달한다. 여기에는 미사일의 비행 중에 목표물에서 오는 정보가 일부 관여한다. 이런 장치를 두고 종종 "자체 내에서 구축된 목적" 운운하지만 유도(사이버네틱스의 핵심)에 이용되는 피드백은 강화가 아니며 미사일은 지금 우리가 다루는 의미에서 아무런 목적도 없다. (피드백이 어떤 종류의 명시적인 목표 추구 행동에 쓰일 수는 있다. 이 문제는 8장에서 보자.)

모든 결과가 강화 작용을 하지는 않으며 결과가 미치는 효과의 상당 부분은 수반성에 좌우된다. 정신분석학자들은 곧잘 노름꾼의 진정한 목적이 돈을 잃음으로써 자신을 벌주는 것이라고 했다. 결국에는 노름꾼이 돈을 잃는 경우가 대부분이다. 따라서 행동이 그러한 결과를 낳기는 하지만, 그렇다고 해서 강화가 일어나지는 않

---

* 인도의 전통 놀이. 우리나라의 윷놀이처럼 말을 먼저 출발점으로 불러들이는 편이 이기는 게임이다.

는다. 도박은 인간 외의 여러 종에서 증명될 수 있고 그때그때 주목해야 할 특수한 강화 스케줄*로 설명된다. 궁극적인 손실('부정적 유용성')이 스케줄의 효과를 상쇄하지는 않는다.

공리주의자들은 쾌락과 고통을 양적으로 측정할 수도 있을 거라 가정했다. 그래서 사회적으로 지탄받을 만한 행동을 하더라도 거기서 발생하는 쾌락이 처벌이라는 형태로 주어지는 고통의 양으로 상쇄될 수도 있으리라 생각했다. 안타깝게도 강화물이 생성하는 조건이 쾌락으로 느껴지긴 하지만 강화 스케줄에 비하면 행동량의 결정에 별 의미가 없다.

"동기와 목적은 사람의 뇌와 마음에 있지만 결과는 사실의 세계에 있다."는 진술의 이면에는 타당한 구별이 있다. 쓸데없는 생리학 논의는 집어치우자. 동기와 목적은 사람에게 있고 강화 수반성은 환경에 있다. 이게 핵심이다. 그러나 동기와 목적은 기껏해야 강화의 효과일 뿐이다. 강화에서 야기된 변화를 '목적 혹은 의도가 획득한 것'으로 이야기하고 누군가에게 어떤 식으로 강화 작용을 한다는 이유로 그 사람에게 '목적을 부여한다'고 말할 때가 많다. 이런 표현들이 편리하긴 하지만 기본적인 사실은 다음과 같다. 어떤 이

---

* 강화 스케줄(reinforcement schedule, '강화 계획')은 어떤 행동을 어떻게 강화할 것인가에 관한 계획을 말한다. 이것은 곧 구체적인 강화물을 제공하는 방식을 의미하며, 크게 '연속 강화(continuous reinforcement)'와 '간헐적 강화(intermittent reinforcement)'가 있다. '간헐적 강화'는 '부분 강화(partial reinforcement)'라고도 한다.
'연속 강화'는 어떤 행동이 나타날 때마다 강화물을 제공하는 것이고, '간헐적 강화'는 강화물을 가끔 제공하는 것이다. 연구에 따르면, 연속 강화보다 간헐적 강화가 행동을 지속시키는 데 더 효과적이다. '간헐적 강화'는 시간 간격이나 반응(행동) 비율을 기준으로 삼아 계획을 세울 수 있다. 크게 '고정 간격 스케줄(예: 노동자가 받는 월급)' '변동 간격 스케줄(예: 낚시)' '고정 비율 스케줄(예: 판매원의 성과급, 노동자가 생산한 상품의 개수에 따라 일정한 보수를 받는 경우)' '변동 비율 스케줄(예: 도박)'이 있다.

가 '자신의 목적을 인식'한다는 것은 강화에 의해 생성된 조건을 느끼고 있거나 내적으로 관찰하고 있다는 것이다.

무엇인가를 찾거나 추구하는 것도 각별히 미래 지향적으로 보인다. 우리는 으레 발견이라는 결과를 낳는 행동을 습득할 때 무엇인가를 찾는 법을 배운다. 따라서 성냥 찾기는 이전에 성냥을 발견함으로써 강화된 태도를 보이는 것이다. 도움 구하기는 과거에 도움을 받을 수 있었던 방식대로 행하는 것이다. 과거의 결과가 그렇게 명백하지 않았다면 막연하고 비생산적인 방식을 취할 확률이 높다. 인간은 대개 자기가 무엇을 찾는지, 왜 특정 장소에서 그것을 찾는지 말할 수 있다. 그러나 인간도 다른 종들과 마찬가지로 말을 하지 못하는 경우가 있다.

인간 행동의 목적을 둘러싼 논쟁은 여러 면에서 진화에서의 목적 논쟁을 상기시킨다. 《컬럼비아 백과사전(Columbia Encyclopedia)》에는 이렇게 실려 있다.

진화에 관해서 아직까지도 가시지 않은 오해 하나가 바로 동물과 식물이 환경에 좀 더 잘 적응하기 위해서 변한다는 생각이다. 보기 위한 목적에서 눈을 발달시킨다는 생각이 그 한 예다. 변이는 무작위적 과정이고 대부분의 변이는 생물에게 이롭거나 아무렇지도 않은 것이 아니라 해롭기 때문에 변화 그 자체는 분명히 우연의 소관이다. 따라서 개체에게 유용한 것으로 밝혀질 법한 새로운 구조나 특징을 개발하려는 의지나 목적이 있는 것처럼 말할 수는 없다.

강화 스케줄과 결부된 감정

어떤 사람이 조작적 강화의 이력 때문에 특정한 방식으로 반응할 확률은 수반성이 변하면 함께 변한다. 이에 결부된 신체 상태는 느껴지거나 내적으로 관찰될 수 있다. 이 상태는 곧잘 어떤 상황이나 확률이 변한 원인으로 거론된다.

어떤 행위가 거의 항상 강화를 받을 때 그 사람은 자신감이 있다는 말을 듣는다. 테니스 선수는 '자신감이 생길 때까지' 어떤 샷을 연습한다고 말한다. 기본 사실은 이 선수가 샷의 적중 비율이 웬만큼 높아질 때까지 연습한다는 것이다. 빈번한 강화는 이렇게 믿음을 쌓아준다. 꼭 성공할 거라는 확신이 생기는 것이다. 그는 통달한 느낌, 힘, 능력 있다는 기분을 즐긴다. 유아에게는 유아적 전능감을 습득하는 시기가 있다고 한다. 또한 반복 강화는 그 사람이 하고 있는 일에 대한 흥미를 형성하고 유지시킨다. 이 모든 것에서 감정을 불러일으키는 수반성이 아니라 감정이 행동의 원인인 것처럼 잘못 생각되고 있다.

강화가 더 일어나지 않으면 행동은 '소거(extinction)'되고 완전히 사라지지는 않더라도 아주 드물게만 나타난다. 이때 그 사람은 자신감, 확실성, 힘 있는 느낌을 잃고 괴로워할 것이다. 대신 그의 감정은 실망, 낙심, 무능감에서 어쩌면 깊은 우울감에 이르기까지 자못 다양하다. 후에 이 감정들이 행동의 부재를 설명하는 것처럼 이야기되는데, 이건 잘못이다. 가령 어떤 사람이 낙심하고 우울한 까닭에 직장에 나가지 못한다고 하자. 직장에 가지 않음(행동의 부재), 그리고 그의 감정은 강화의 결여에서 비롯됐다. 직장에서든 생활의 다른 부분에서든 강화가 일어나지 못한 것이다.

　좌절은 오히려 좀 다른 조건이다. 여기에는 체제를 공격하는 경향, 강화를 받지 못할 때의 특징적인 경향이 포함된다. 담배가 나오지 않는다고 자판기를 발로 차고, 깜박 잊고 담배를 사오지 않은 아내에게 소리를 지르는 사람은 좌절감 때문에 그러는 거라고 한다. '좌절된 기대'라는 표현은 특히 습관화된 강화가 종료됨으로써 생성된 조건을 가리킨다.

　또 다른 종류의 감정이 적절한 행동 기회가 없는 경우와 결부된다. 이 감정의 원형적 패턴이 바로 향수병이다. 어떤 이가 집을 처음으로 떠나왔다면 집이라는 환경에 적합한 행동의 상당수는 이제 방출되지 못한다. 이때 느껴지는 조건은 우울감과 비슷할지 모른다. 먼 곳으로 이주한 사람들에게 우울감은 흔하다고 말들 한다. '노스탤지어(nostalgia)'는 말 그대로 집으로 돌아가고자 하는 강력한 경향이 집으로 돌아갈 수 없을 때 불러일으키는 고통이다. 단순히 길을 잃었을 때에도 비슷한 조건이 두드러지는데 이때 쓸 수 있는 말은 '쓸쓸한(forlorn)'일 것이다. '사랑에 상심한(lovelorn)' 사람은 사랑하는 이를 향해 행동을 방출할 수 없다. 혼자인 사람은 '허전한(lonesome)' 느낌이 들 것이다. 본질적 조건은 대화를 하거나 다른 식으로 행동할 상대가 없다는 것이다. 향수병에 걸린 사람, 쓸쓸한 사람, 사랑에 상심한 사람, 허전해하는 사람의 행동은 대개 친숙한 환경의 부재보다는 그들이 느끼는 감정이 원인인 것처럼 이야기된다.

　강화는 대부분 간헐적으로 일어난다. 또한 강화 스케줄은 상당히 광범위한 용어들로 기술될 수 있는 조건들을 생성한다. 이른바 비율 스케줄은 좋은 예를 많이 제공한다. 강화에 대한 반응 비율이 괜찮을 때 행동은 대체로 (1) 성실, 근면, 야망 (2) 결단력, 완강함, 지구력, 혹은 인내(결과 없이도 반응을 장기간 지속함) (3) 흥분이나 열성 (4) 헌신이나 강요 때문이라고 생각된다.

강화에 대한 반응 비율은 상당히 부정적인 수준까지 '늘어질' 수도 있다. 생산 개수에 따라 품삯을 지급했던 19세기 가내공업 임금제 같은 많은 유인 체제(incentive system)에서 이런 현상이 일어났다. 스케줄이 위험하리만치 활동 수준을 높게 끌고 가기 때문에 노동자 복지에 관심을 두는 사람들은 대개 반대하는 입장이다. 그러나 이러한 현상은 일상생활에도 알려져 있다. 기사나 이야기를 한 편 한 편 써서 먹고사는 작가는 일종의 고정 비율 스케줄을 따르는 셈이다. 그는 종종 하나의 결과를 인식한다. 한 편을 끝내고 나면 대개 다음 편을 바로 시작할 수 없는, 완전히 고갈된 것 같은 기간이 온다. 이 상태는 흔히 '무의지증(abulia)', 즉 의지의 결핍 혹은 신경증적 행위 불능으로 여겨진다. 이게 어떤 병의 원인이라도 되는 것처럼 얘기되곤 하지만 사실 강화 스케줄은 매우 다양한 종들에서 비슷한 효과를 나타낸다.

변동 비율 스케줄에서는 일정한 평균 횟수의 반응 다음에 강화가 일어나지만 강화를 받을 다음 반응은 예측할 수 없다. 변동 비율 스케줄은 이런 점에서 각별히 흥미롭다. 평균이 점차 확대되는 순조로운 역사는 의지력과 함께 상당한 정신적 에너지, 혹은 리비도를 발생시킨다고 한다. 히틀러는 "다른 독일인들에게는 없었던 놀라운 의지력을 행사하여 제2차 세계대전을 일 년 가까이 연장했다고" 하지만 그의 행동은(따라서 그의 '의지력'도) 각별히 유리한 프로그램(히

틀러에게는 유리했으나 전 세계에는 재앙이었던) 덕분이었다고 보는 편이 더 그럴싸하다. 그 프로그램에서 강화 작용을 했던 일련의 성공은 점점 더 큰 노력을 요구했다(이런 식의 역사 해석은 그럴듯한 이야기 이상이 될 수 없겠지만 그래도 의지력 때문이라는 설명보다는 낫다).

모든 도박 체계는 강화의 변동 비율 스케줄을 바탕으로 삼는다. 비록 이 체계들의 효과는 대개 감정 탓으로 돌려지지만 말이다. 가령, 짜릿한 흥분 때문에 도박을 하는 거라고들 한다. 그러나 흥분은 분명히 부차적 산물이다. 때로는 '장악했다는 느낌을 만족시키고 싶어서, 지배하기 위해서, 이기기 위해서' 도박을 하는 거라고들 한다. 실상은 노름꾼들이 항상 끝에 가서는 가진 것을 잃고 마는데 말이다. 이러한 비일관성은 자기 자신과 집안을 말아먹은 노름꾼을 '충동적', '병적'이라고 일컫고 그의 '비합리적인' 행동을 병 때문이라고 치부하는 태도로 설명된다. 모두가 우세한 수반성에 그렇게까지 충실하게 반응하지는 않는다는 의미에서 노름꾼의 행동은 '비정상적'이다. 그러나 사실은 모두가 그렇게 지독히 불리한 비율이 작용하는 프로그램에 노출되지 않았을 뿐이다. 마찬가지의 변동 비율 스케줄이 탐험하고, 전망하고, 발명하고, 과학적 연구를 이끌고, 음악이나 미술이나 문학 창작을 하는 사람에게 작용한다. 이러한 분야들에서 높은 활동 수준은 대개 열심히 한다는 소리를 듣지, 충동이나 비합리성의 탓으로 여겨지지 않는다.

소득이 별로 없는데도 오랜 기간 행동이 유지될 수도 있다는 것이 간헐적 강화의 특징이다. "인간은 희망의 생물이어서 체념하게끔 유전적으로 생겨먹지 않았다."는 말이 이를 잘 설명해준다. 그러나 효과에 본질적으로 인간적인 것 따위는 없다. 눈에 띄며 접근 가능한 원인은 희망이나 체념이 아니라 수반성이다.

혐오 자극과 처벌

느껴지거나 내적으로 관찰 가능한 다수의 신체 상태를 발생시키는 혐오 자극은 감소되거나 중지될 때 강화물로 작용하는 자극이다. 혐오 자극이 다른 방식으로 행동과 연결되면 효과도 달라진다. 반응적 조건화에서 벨소리처럼 예전에는 중립적 자극이었지만 여기에 전기 충격처럼 유해한 자극이 약간 간격을 두고 따라 나오는 경우가 반복된다면 벨소리가 반응을 끌어내게 된다. 불안으로 느껴지는 이 반응은 특히 자율신경계에서 일어난다. 벨소리는 조건화된 혐오 자극이 되고, 이 자극은 긍정적으로 강화된 행동이 일어날 확률을 변화시키는 효과가 있다. 따라서 활발하게 토론에 참여했던 사람이 자기를 불쾌하게 대했던 사람이 다가오는 것을 본다면 열의가 식든가, 중언부언하든가, 아예 입을 닫아버릴 것이다. 다른 한편으로는, 부정적 강화 행동이 두드러질 수도 있겠다. 그는 공격적이거나 충동적인 행동을 하거나 그 자리를 피할지도 모른다. 그가 불안을 느껴서 행동이 변한 것은 아니다. 불안으로 느껴지는 조건을 생성하는 혐오 수반성 때문에 행동이 변한 것이다. 감정의 변화나 행동의 변화나 원인은 공통적이다.

처벌은 부정적 강화와 혼동되기 쉬우며 때로 '혐오 통제'라고 불린다. 동일한 자극이 쓰이는 데다가 부정적 강화가 행동하지 않음에 대한 처벌로 정의될 수도 있겠다. 그렇지만 부정적 강화가 행동을 발생시키는 반면, 처벌은 행동을 레퍼토리에서 제거하고자 고안된 것이다.

처벌 수반성은 강화의 이면일 뿐이다. 아이가 잘못 행동했다는 이유로 볼기짝을 때리거나 그렇게 하겠다고 위협하는 사람은 부정적 강화물을 제거하기는커녕 '제시하는' 셈이다. 반면, 정부가 범죄자에게 벌금을 물리거나 그를 감옥에 집어넣는 조처는 부정적 강화를 제시한다기보다 긍정적 강화를 제거한다(혹은, 행동이 어쩌다 긍정적으로 강화되었던 상황을 제거하는 것이다). 그 효과가 단순히 강화 효과의 반대라면 수많은 행동이 쉽게 설명될 것이다. 그러나 행동이 처벌을 받으면 행동 혹은 정황에서 발생한 다양한 자극들이 반응 패턴으로 조건화된다. 이때 처벌받는 행동은 회피나 도피로 조건화된 어떤 행동, 동시에 수행할 수 없는 어떤 행동으로 대체될 것이다. 처벌받은 사람이 처벌받을 만하게 행동하는 '경향'은 그대로 남지만 그는 다른 무엇을 함으로써, 혹은 고집스럽게 아무것도 하지 않음으로써 처벌을 피한다.

과거에 처벌받았던 상황에 다시 놓였을 때, 혹은 이전에 처벌받았던 행동에 다시 착수했을 때 이 사람이 느끼는 감정은 처벌 유형에 따라 달라진다. 또한 처벌의 주체 혹은 기관에 따라 달라지는 경우도 많다. 만약 또래들에게 처벌을 받았다면 수치심을 느낄 것이고, 종교의 대리인에게 처벌받았다면 죄의식을 느낄 것이며, 정부의 대리인에게 처벌받았다면 범죄를 저질렀다는 느낌이 들 것이다. 그가 향후 처벌을 피하고자 한다면 수치심, 죄의식, 범죄 의식으로 느껴지는 조건을 완화하려 할 것이다. 그러나 이 사람은 감정 때문에, 혹은 감정이 나중에 바뀌었기 때문에 그러는 게 아니다. 자기가 노출되어 있는 처벌 수반성 때문에 그렇게 행동하는 것이다.

단순히 이전에 혐오 자극이 일어났다고 해서 수치심, 죄의식, 범죄 의식으로 느껴지는 조건이 발생하지는 않는다. 몰아치는 뇌우가 불안으로 느껴지는 조건을 설정할 수도 있다. 폭풍우가 기승을 부리는 동안 긍정적으로 강화된 행동은 약화되고 부정적으로 강화된 행동(가령 도주나 은폐)은 힘을 얻겠지만 그렇다고 범죄 의식을 느끼진 않을 것이다. "범죄 의식을 느낄 만한 대상 지향적 충동이 없다면 범죄 의식을 느끼지 않는다."가 요점이 되겠다. 좀 더 정확하게 말하자면, 사람은 처벌받을 만한 방식으로 행동하거나 그렇게 행동할 의도가 있을 때에만 죄책감을 느낀다.

어떤 작가가 "빅토리아 시대 초기와 중기의 글을 읽으면 읽을수록 불안과 걱정이 그들을 이해하는 가장 중요한 실마리라는 것을 알게 된다."라고 했다. 그는 행동을 처벌 정황이 발생시킨 감정으로 설명한 셈이다. 그러나 행동을 설명한다는 감정이 사실은 행동에서 추론된 것이다. 작가는 감정에 대한 직접적 정보가 있노라 주장하지 않으며, 아마 빅토리아 시대 사람들의 말과 행동을 이해한다는 뜻으로 이렇게 말했을 것이다. 그러나 불안과 걱정은 그것들 자체가 설명될 때에만 유용한 실마리가 된다. 작가는 다음과 같은 문장으로 설명을 시도한다. "그들은 양립할 수 없는 상반된 것들을 한데 묶고자 노력했고, 그렇게 해낼 수 없었기에 걱정했다. …… 그들은 불멸을 걱정했고, 성(性)을 걱정했고, 정치와 돈을 걱정했다." 그러나 이런 것들은 행동을 낳은 외부 정황, 걱정으로 느껴지는 조건을 낳은 외부 정황이었다.

처벌의 빈도, 엄격성, 스케줄은 자주 감정이나 성격 탓으로 치부되는 행동의 또 다른 측면들을 낳는다. 행동이 처벌하는 결과와 강화하는 결과를 다 갖는 경우는 우리에게 여러모로 익숙하다. 행동이 여전히 일어나되 약하게 일어난다면 억제, 수줍음, 당황, 두려움, 조심성을 나타낸다고 할 것이다. 과도한 처벌은 긍정적 강화의 결여를 한층 더 심각하게 하고 사람을 '극심한 우울과 체념에 빠지기 쉽게' 만든다. 우리가 느끼는 바는 감정을 바꿔서 처리할 수 있는 문제가 아니라 수반성을 바꿔야 할 문제다. 예를 들어, 특정 행동을 유발하되 그 행동을 처벌하지 않는다면 조건화된 혐오 자극이 소거될 수도 있겠다.

처벌적 결과를 무릅쓴 강력한 행동은 용맹, 용기, 혹은 대담성을 보여준다고 할 것이다. 우리는 강화하는 결과를 강조하고 처벌을 최소화함으로써 사람을 격려한다. 이 사람에게 좀 더 용감한 기분을 느끼게 해서 될 일이 아니라는 말이다. 어리석은 이가 위험한 상황에 달려드는 이유는 무모한 기분 때문이 아니라 강화하는 결과가 처벌을 완전히 상쇄하기 때문이다. 우리는 다른 처벌(아마도 언어적인 처벌)을 제공함으로써 그의 행동을 바로잡으려 할지도 모른다.

처벌이 특히 가혹하다면 2장에서 다루었던 자기 지식에 영향을 끼친다. 억눌린 행동에는 그와 결부된 신체적 상태를 아는 데 관여하는 행동이 포함될 수 있다. 그 결과가 프로이트가 말하는 '억압 (repression)'이다. 그렇지만 프로이트는 이 과정을 행동보다 감정과 관련된 것, 마음 깊숙이 자리 잡은 것으로 보았다. 감정은 다른 감정에 억압되고 검열에 시달렸다. 그러나 때로는 감정이 일탈적으로 검열을 피하기도 했다. 그렇지만 그러한 감정은 계속해서 골칫거리가 될 수 있으며 인간은 '자신의 억압된 열망에 시달린다고' 이야기되었다. 뒤에서 몇 가지 행동적인 측면을 논해보겠다.

구성주의

행동에 대한 초기 연구들은 곧잘 형태 혹은 구성에만 한정된다고 이야기되었다. 예를 들어 행동을 '근육의 경련' 이상으로 보지 않았다고 할까. 감정과 마음 상태를 원인으로 보기를 거부하고 '객관성'에만 집요하게 관심을 두었으니 이런 시각에도 일리가 있는 것 같다. 습관 형성은 구성주의의 원칙이었다. 여기서 습관을 얻게 된다는 것은 특정 방식의 행동에 익숙해진다는 것과 하나도 다르지 않았다. 행동을 발생시키는 강화 수반성, 이를테면 본능을 생성하는 생존 수반성 같은 것은 무시되었다.

학습의 빈도 이론들 또한 구성주의적이었다. 이 이론들은 그저 전에 일어났던 일이 또 일어날 것이요, 생물은 과거에 가장 자주 했던 행동을 하려는 경향이 있다고 주장했을 뿐이다. 내가 지적했듯이, 행동주의는 정치적 행동의 양상에만 한정되었고 인류학 내의 구성주의는 관습을 따르는 이유는 으레 그렇게 따르기 때문이라는 입장 이상으로 나아가지 못했다. 고대 그리스와 페르시아 법은 순전히 범죄 양상만을 기반으로 삼았기 때문에 단순하고 신속했다. 다른 사람을 살해한 사람은 정황이 어떻든 살인죄가 있다고 보았다. 구성주의적 입장의 근거는 현상학과 실존주의에서 나왔다. 이 두 사조 모두 지금과 여기의 본질적인 특징을 찾느라 과거와 미래를 등한시했다는 중요한 사실은 뒤에서 짚고 가겠다.

행동주의가 감정과 마음 상태를 행동에 대한 설명으로 적합지 않다고 보고 다른 것으로 대체하지 않았다면 사실상 일종의 구성주의라고 봐도 될 것이다. 그러나 행동주의는 환경에서 대체물을 찾았다. 강화 수반성의 역할에 관해 더 많이 알게 됨으로써 우리는 공식적으로 알려진 속성들 너머까지 나아가기가 한결 수월해진다. 이 상태는 모방 개념으로 설명될 수도 있다. 순전히 형식주의적인 정의에 따르면 유기체는 다른 유기체가 행동하는 대로 행동할 때 모방한다고 말한다. 그러나 3장에서 보았듯이 생존과 강화, 그 두 가지 모두의 수반성을 고려해야 한다. 손님들이 식당의 음식에 대해서 대략 같은 방식으로 행동한다고 해서 그들이 서로를 모방하는 것은 아니다. 그들은 비슷한 수반성에 노출되어 있기에 비슷하게 행동할 뿐이다. 도둑을 쫓는 사람은 도둑과 함께 뛰지만 도둑을 모방하는 것은 아니다.

구성주의는 학습 혹은 능력과 수행(performance)의 구분에 관여한다. 당시에는 수행의 변화가 불규칙하게 관찰되었기 때문에 이 구분은 학습의 초기 연구에 유용했다. 학습이 질서정연한 과정이라고 주장된 까닭에 유기체의 행동에서 학습이 아주 정확하게 드러나지는 않는다고 가정함으로써 이 문제는 해결됐다. 수행은 분명히 구성주의적 용어다. 수행은 유기체가 무엇을 하는가를 가리키지, 왜 그렇게 하는가를 가리키지 않는다. 기술이 발전하면서 수행과 수반성 사이의 질서정연한 관계가 밝혀졌고 내면에 따로 존재하는 학습 과정이나 능력에 호소할 필요는 사라졌다.

반응적 조건화와 조작적 조건화가 하나의 과정을 나타낸다는 주장에서도 동일한 혼란을 엿볼 수 있다. 이러한 주장은 반응적 조건화는 자율신경계에 해당하고 조작적 조건화는 골근계에 해당하는 식으로 두 종류의 조건화가 각기 다른 행동 체계에 영향을 준다는 시각에 반대된다. 자율신경계의 활동에는 쉽사리 조작적 수반성의 일부가 되는 자연적 결과가 따르지 않는 것들도 많지만, 어쨌든 결과를 내놓을 수 있다. (11장에서 팔뚝의 체적을 도구를 사용해 확장함으로써 팔의 혈관계에 조작적 통제를 가하는 실험 얘기를 할 것이다.) 그러나 기본적인 차이는 반응 체계의 양상이 아니라 수반성에 있다. 각각의 체계가 어떻든 간에, 조건 반사를 발생시키는 환경적 안배와 조작적 행동을 발생시키는 환경적 안배는 다르다. (주어진 어떤 상황에서 두 과정이 일어날 수 있다고 해서 그 두 과정이 같다는 뜻은 아니다. 조작적 행동을 습득한 아이는 틀림없이 조건 반사도 습득한다. 파블로프의 개도 비록 실험 장치의 제약을 받긴 했지만 시시때때로 음식이 주어지는 우발적 방식으로 조건적 강화를 받았다.) 우리는 생리학자가 추론을 통해서가 아니라 직접 관찰을 통해서 궁극적으로 어떤 학습 과정을 발견하게 될지 좀 더 기다려봐야 한다. 그러나 그때까지는 수반성에 힘입어 유용하고도 중요한 구분을 할 수 있다.

구성주의는 순수한 기술(記述, description)에서 더 나아갈 때가 많고 구성주의의 전략 중 하나는 아주 긴 역사를 지니고 있다. 기능적 관계라는 개념을 완전히 이해할 수 없었던 당시에는 구성을 보고 현상을 설명했다. 플라톤의 형상 이론은 사건을 동일한 사건 혹은 비슷한 사건에서 도출한 원리들로 설명하려고 했다. 플라톤에서 케플러(Johannes Kepler)에 이르기까지 수학은 천체의 운동을 기술한다기보다는 설명하는 학문으로 간주되었다. 형상/형태 혹은 구조에서 설명을 찾으려는 노력은 지금도 계속되고 있다. 게슈탈트 심리학은 습관 형성이라는 구성적 개념을 조직 원리들로 보완하려 했다. 수학적 속성들은 그 오래된 설명력을 유지하고 있다. 그렇지만 어느 인류학자의 말마따나 "친족 관계가 대수 관계를 드러내는 경향이 있을 만큼 발달하지는 않았다".

1장에서 보았듯이 순전히 구성적인 설명을 시간을 독립 변수로 적용함으로써 보완할 수 있다. 수정란에서 만삭에 이르는 태아가 되기까지 배아가 성장하는 과정은 발달의 좋은 예다. '기술, 예술, 개념이 마음속에서' 성장하는 데에도 그와 비슷한 연속적 배열이 중요할지 모른다. 어떤 사람 혹은 문화권의 행동은 다양한 단계를 거쳐 비로소 성숙에 이른다고 한다. 약물 중독자의 정신병리학은 '저지된 유아기의 심리 발달'에서 비롯된다고 한다. 이러한 예들이 암시하는 대로라면, 성장하는 것은 마음속의 그 무엇이거나(피아제의 입장) 인격의 그 무엇이다(프로이트). 그러나 아이가 일 년 전과 다르게 행동한다면 아이가 성장했다는 것도 이유가 되겠지만 그동안 새로운 강화 수반성에 노출됨으로서 행동 레퍼토리가 더 방대해졌다는 것도 이유가 된다. 그리고 특히, 아이의 연령대가 다르면 아이에게 영향을 끼치는 수반성도 다르다. 아이뿐만 아니라 아이의 세계도 '발달'하는 것이다.

행동 실험 분석에 비교해보면 발달심리학은 다윈 이전의 진화론이 취했던 입장에 있다. 19세기 초에는 종들이 적응에 유리한 형태로 점진적 변화를 겪는다는 사실이 알려져 있었다. 종들은 발달하거나 성숙해 가고 있었고, 환경에 더 잘 적응하게 된다는 점에서 어떤 목적이 암시되었다. 문제는 진화가 일어나느냐 아니냐가 아니라 왜 일어나느냐였다. 라마르크(Jean Baptiste Lamarck)와 뷔퐁(Georges Louis de Buffon)은 둘 다 개체의 환경 적응에서 드러난다고 가정되는 목적, 다소간 종에 전달되는 목적에 호소했다. 우리가 비로소 환경의 선택적 작용에 대한 분석으로 행동과학의 발달주의를 보완하듯이 다윈은 환경의 선택적 작용을 발견했던 것이다.

조작적 행동에서 마음

이 장에서 나는 감정이나 마음 상태에 관심을 두었다. 그런 것들은 행동을 발생시키는 수반성의 부산물로 해석될 수 있겠다. 이제 조작적 조건화가 일어나는 데 필요하다고 이야기되는 여타의 심성주의적 과정들만 살펴보면 되겠다.

'마음'이라는 말을 포함하는 영어 표현들이 행위 개연성을 암시하는 경우가 꽤 많다. 가령 "나는 갈 마음이 있다(I have a mind to go)." 같은 표현이 그렇다. 마음은 곧잘 어떤 행위 주체처럼 제시되고, 그 마음의 소유자와 좀체 구별되지도 않는다. "가야 한다는 생각이 내 '마음'에 스쳤다(It crossed my mind that I should go)." 는 "가야 한다는 생각이 '나에게' 일어났다(It occurred to me that I should go)."와 거의 다르지 않다. (자율신경계의 지배를 받는) 분비샘이나 민무늬근은 강화를 수반함으로써 조작적 통제를 가할 수 있다. 그리고 그 결과를 두고 '마음이 물질을 통제하는' 증거라고 말하기도 한다. 그렇지만 여기서 증명된 것은 사람의 분비샘이나 민무늬근이 조작적 수반성에 따라서도 반응할 수 있다는 사실이 전부다. 어떤 기계 팔이 원래는 신체의 다른 부분을 작동시키는 근육으로 작동 가능하도록 설계되었다 치자. 이 기계 팔은 '생각'이나 '마음'으로 조작 가능하다고 이야기될 것이다. 그러나 실상은 생각이나 마음이 아니라 사람이, 즉 원래는 신체의 다른 부분을 작동시켰을 사람이 작동한 것이다. 다른 사람을 총으로 쏘았는데 "총이 아니라 마음이 죽인 것이다."라는 말이 나온다. "케네디 대통령과 마틴 루서 킹 암살에 직접적 책임이 있는 흉기는 인간의 마음이었다."라고 하지만, 사람이 사람을 죽인 것이지 마음이 죽인 게 아니다.

심리 활동이 조작적 조건화에 필수적이라는 시각은 감정이나 내적으로 관찰 가능한 상태가 인과적으로 유효하다는 시각의 한 예일 뿐이다. "내일 가시겠습니까?"라는 질문에 "모르겠어요, 나도 어떤 기분이 들지 모르겠네요."라고 대답했다 치자. 여기서 불확실하다고 추정된 것은 행동이라기보다는 감정이다. '그가 간다면 가고 싶은 마음이 들어서일 것이다'라기보다는 '그가 가고 싶은 마음이 든다면 갈 것이다'에 가깝다. 물론 두 진술 모두 설명은 되지 못한다.

행동에 특히 요구된다고 이야기되는 심리 활동들을 가리키는 단어들은 이외에도 있다. 어떤 식으로 행동하거나 행동하지 않을 때에는 무슨 일이 일어나고 무슨 일이 일어나지 않을지 '판단'해야 한다. 파블로프의 개는 음식을 예측했기에, 혹은 음식을 '기대했기에' 침을 흘렸다. 조작적 실험에서 쥐는 음식이 나올 것으로 '예측했기에', 혹은 자기가 그렇게 하면 음식이 주어진다고 기대했기에 레버를 눌렀다. "사회 학습 이론에서 행동이 일어날 잠재성은 행동이 특정한 강화 혹은 다수의 강화로 이어지리라는 기대와 주어진 상황에서 이 강화들이 지니는 가치의 상관관계로 고려된다." 우리는 이 문장을 대략 이런 식으로 옮겨야 한다. "행동 확률은 과거 비슷한 상황에서의 강화 빈도가 좌우한다." 어떤 사람은 '판단', '예측', '기대'와 결부된 조건들을 느낄지도 모르겠다. 그러나 그가 꼭 그럴 필요는 없는 것이다.

조작적 행동이 관념들의 '연합'을 요한다는 얘기도 있다. 아기가 뜨거운 난로를 피하는 법을 배운다는 사실이 "아기에게 자기 행위를 …… 화상과 연합하는 능력이 있다."는 뜻이라고 한다. 그러나 조건 반사에서 그렇듯 만지기와 불에 데는 것은 수반성으로 연결된다. 이때 강화가 '정보를 공급한다고' 이야기된다. "아주 어린 아이들의 경우만 아니면, 강화의 주요한 효과가 정보원 외의 어떤 것이라고 말할 수 없다. 아이는 이 정보를 사용하여 자신의 기대를 확증하거나 바꾸고 새로운 잠정적 해결책을 개발한다." 사람들이 특정 방식대로 반응할 확률을 높인다는 것이 어떨 때는 '의식 고취'의 문제처럼 이야기된다. 쥐가 미로에서 얼마나 빨리 달릴 것인지는 쥐가 '미로 끝 상자에 먹을 것이 있느냐 없느냐를 아는가'에 달렸다고도 말한다. 이러한 지식, 정보, 의식의 문제는 뒤에서 또 살펴보겠다.

이해(understanding)은 조작적 조건화에 필요하다고 가정되는 또 하나의 심리 과정이다. 사람들은 '그들이 계산하는 것의 규칙성을 이해해야' 한다고 한다. 그들의 행위는 '사정이 어떻게 돌아가는가에 대한 이해에 바탕을 두어야' 한다. 필요하다고 이야기되는 또 하나의 상태는 믿음이다. 사람들은 자신들의 행동으로 원하는 것을 얻거나 싫어하는 것을 피하는 기회를 얻는다고 믿어야 한다. 그러나 기회는 수반성에 있다. 믿음이 그 밖의 조건, 가령 욕구나 필요와 맺는 관계는 쉽게 말해 이렇다. "욕망이 믿음의 인과 관계에 개입한다."는 말은 어떤 믿음과 결부된 행동의 확률은 강화뿐만 아니라 박탈 상태나 혐오 자극에도 좌우된다는 뜻이다.

때로는 조작적 조건화가 행복 추구의 일면일 뿐이라고도 한다. 이 표현은 이 장의 몇 가지 핵심 사항을 요약적으로 보여준다. 행복은 감정이요, 조작적 강화의 부산물이다. 우리를 행복하게 하는 것들은 우리에게 강화로 작용하는 것들이지만 이것들 자체는 감정이 아니다. 그런 것들은 확인되고 예측, 통제, 해석에 쓰여야 한다. '추구'라는 단어는 목적을 암시한다. 우리는 행복에 도달하려는 목적에서 행위하는 것이다. 그러나 추구는 탐구와 마찬가지로 무엇인가를 달성함으로써 강화된 행동일 뿐이다. 행동은 강화를 받은 후에 비로소 추구된다. '근대 사회를 살았던 인간이 현대 사회를 살아가는 인간보다 더 행복했다는 증거는 없기' 때문에 행복 추구가 행동을 설명하지 못한다는 주장이 있다. 그러나 도박의 부정적 유용성이 충분히 보여주듯이 조작적 강화는 궁극적 이득과는 별개로 효과를 발휘한다.

5장

지각

Perceiving

행동주의는 아마도 의식의 내용을 다루는 문제에서 가장 큰 어려움에 직면한다고 할 수 있겠다. 물리적 세계에 대응하는 바가 없는 색채, 소리, 맛, 냄새에는 우리 모두 익숙하지 않은가? 행동주의적 설명에서 이런 것들은 어떤 위치를 차지하는가? 나는 그 답이 조작적 분석에서 자극이 담당하는 특별한 역할에 있다고 본다. 이것은 기술적으로 상당히 세세하게 들어가야 하는 얘기인데, 나도 어느 정도 깊이 있게 다루어보겠다.

지각자인가, 수용자인가?

전통적으로 사람이 주위 세계에 반응한다는 것은 어떤 영향을 끼친다는 의미로 통했다. 어원적으로 볼 때 세계를 경험한다는 것은 세계를 시험한다는 것이요, 세계를 지각한다는 것은 포착한다는 것 — 취하고 소유한다는 것 — 이다. 그리스인들에게 안다는 것은 친밀해진다는 것이었다. 물론 인간은 진짜 세계를 포착하고 소유할 수 없다. 그러나 인간은 세계를 모사할 수 있고 바로 이 모사들이 이른바 자료(data), 소여(所與, given)에 해당한다. 인간은 진짜 세계 대신에 이 자료들을 바탕으로 작동한다. 이 자료들을 기억에 저장 했다가 나중에 끄집어내어, 이 자료들이 처음 주어졌을 때와 다소 간 비슷하게 여기에 따라 행동할 수도 있다.

이에 반대되는 시각은 지각자보다 환경 쪽에 초기 행위(initiating action)가 있다고 본다. 내 생각에 이 시각은 행동주의의 모든 버전 에 공통적이다. 반사가 그 뚜렷한 예이고, 자극-반응 행동주의 입장 도 정보 이론이나 일부 컴퓨터 모델들과 마찬가지로 동일한 패턴을 유지한다. 환경의 어느 한 부분이 신체에 들어와 변화되고, 어쩌면 저장되었다가, 결국 반응으로 나오게 된다는 것이다. 흥미롭게도 이 입장이 심성주의적 기술과 다른 점이라곤 행위를 개시하는 사람 에 관한 것뿐이다. 양쪽 이론 모두 환경이 신체에 파고든다고 보는 것은 마찬가지이다. 심성주의 이론은 지각하는 사람이 환경을 취한 다고 보고, 자극-반응 이론은 환경이 치고 들어오는 거라고 본다. 이 두 입장을 합칠 수도 있다. "이미지가 우리 눈의 망막에 부딪히 면서 시작되는 대단히 복잡한 과정의 결과로 우리는 앞을 보게 된 다. 망막 이미지가 지각으로 변환되는 것이다." 두 입장 모두 다양 한 형태로 나타나는 현실의 내적 표상에 초점을 맞추고 있다. 기본 적인 물음은 이렇게 제기될 수 있겠다. 자극은 어떻게 되는가?

조작적 분석과 이를 바탕으로 하는 급진적 행동주의에서 환경은 늘 있는 곳, 언제나 그것이 있었던 곳, 다시 말해 신체 밖에 있을 뿐 이다.

조작적 행동의 자극 통제*

환경은 유기체가 반응하기 전은 물론이고 반응 후에도 영향을 끼친다. 우리는 자극과 반응에 결과를 덧붙이지만 사실 결과는 시간적 순서상 세 번째로 오는 항이 아니다. 행동이 일어나는 계기, 행동 그 자체, 행동의 결과 이 셋은 우리가 이미 살펴보았던 강화 수반성에 상호 연결되어 있다. 자극은 이러한 수반성 내에 있기 때문에 반응이 강화될 때 현존하는 자극은 반응에 대한 통제력을 어느 정도 획득한다. 그렇다고 해서 반사에서처럼 이 자극이 반응을 끌어내는 것은 아니다. 이 자극은 그저 재발 확률을 높여줄 뿐이며, 앞 장에서 살펴보았던 확률에 영향을 끼치는 다른 조건들과 결합할 수 있다. 주어진 어떤 계기로 강화된 반응이 그 비슷한 계기를 만나면 다시 발생하기 쉽지만 일반화라는 과정 때문에 동일한 속성들을 얼마간 공유하는 계기에서만 그렇게 될 것이다. 그렇지만 만약 특정한 어느 한 속성이 있을 때에만 강화를 받는다면 그 속성은 변별(discrimination)이라는 과정을 통하여 독점적인 통제력을 지닌다.

자극의 역할은 조작적 행동에 특수한 성격을 부여한다. 행동은 자극-반응 심리학에서처럼 현재 설정의 지배를 받지 않는다. 행동

---

* 스키너의 '조작적 조건화' 이론에서는 반응의 결과가 조작 반응을 통제한다. 하지만 반응에 선행하는 자극(상황, 환경)도 조작 반응에 영향을 끼칠 수 있다. 특정 자극이 있을 때만 반응에 강화물이 제공된다고 가정해보자. 예를 들어, 쥐가 레버를 누를 때마다 먹이를 주지 않고 불이 켜질 때 레버를 누르면 먹이를 준다고 해보자. 쥐는 불이 켜지면 레버를 누르고 불이 꺼지면 레버를 누르지 않는 것을 학습하게 된다. 이때 불빛은 강화물을 예상하게 해준다. 이처럼 반응의 결과를 예상하게 해주어 행동에 영향을 주는 단서를 '변별 자극'이라고 한다. 그리고 변별 훈련을 통해 행동이 변별 자극의 영향 아래 있게 될 때, 그 행동은 자극 통제(stimulus control) 아래 있다고 말한다.

은 '자극 구속적이지(stimulus-bound)' 않다. 그럼에도 불구하고 환경의 역사는 여전히 통제 안에 있다. 종의 유전적 자질과 개체가 여전히 노출되어 있는 수반성이 함께 개체의 지각을 결정한다.

보이는 바에 영향을 끼치는 조건들

앞 장에서 논의한 쟁점들 중 상당수는 조작적 행동의 자극 통제에까지 범위를 넓혀 적용할 수 있다. 가령, 지각은 어떤 면에서 목적을 띤다고, 혹은 의도가 있다고 할 수 있다. 인간은 스펀지처럼 세계를 빨아들이듯 흡수하는 무관심한 구경꾼이 아니다. 인간의 이해에 대한 존 로크(John Locke)의 이론은 자극이 마음의 '빈 서판'에 냉담하게 그대로 새겨지는 것은 아니라는 반박에 일찌감치 부딪쳤다. 인간은 '사물을 호와 불호, 용인과 거부, 쾌와 불쾌에 따라서 본다'든가, 인간이 세계를 자기가 지각하는 대로 '판단한다'는 말은 그러한 이론을 보완하기 위한 노력이었다. 그러나 이런 유의 표현은 마땅히 유전적 자질이나 개인의 역사에서 찾아야 할 것을 공상 같은 내적 과정에 떠맡겼을 뿐이다. 우리는 주위 세계를 순전히 '의식만 하지' 않는다. 우리는 이전에 세계와 접촉했을 때 일어났던 일 때문에 각기 특유한 방식으로 반응한다. 조작적 조건화가 사람이 '행동하면서 무슨 일이 일어날지를 추론한다'는 뜻은 아닌 것처럼 자극이 통제를 가한다 해서 사람이 '주위 세계에 무엇이 존재하는지를 추론한다'는 뜻은 아니다.

남이 운전하는 차를 타고 가는 사람은 똑같은 길을 똑같은 횟수로 다녀도 직접 운전한 사람만큼 길을 잘 알지 못한다고 한다. 어떤 설정된 환경으로 옮겨 온 동물은 이미 그 안에서 돌아다니던 동물만큼 잘 돌아다니지 못한다. 전부터 있던 동물이나 옮겨 온 동물이나 똑같은 시각적 자극을 받지만 수반성이 다르다. 운전을 하지 않는 사람과 옮겨 온 동물이 왜 '그 설정된 환경에 대한 지식을 습득하지 못했는지' 묻는다면 진짜 핵심을 놓치는 셈이다. 그들은 어차피 그 환경의 통제 하에서 행동을 습득하지도 않았으니까.

자극이 모호하거나 약하면 다른 조건들이 사람이 특정 방식으로 사물을 보게 될 확률에 분명히 영향을 끼친다. 사랑에 빠진 이는 군중 속에서 사랑하는 이를 '보았다고 생각하나' 그건 어디까지나 시각적 자극이 스치듯 지나가거나 불분명할 때나 가능한 얘기다. (이러한 효과는 피험자를 자극에 아주 짧게 노출시키거나 희미한 빛에서, 혹은 시야에 겨우 들어올 정도로만 이미지를 보여주는 방법으로 실험 연구된 바 있다.) 도둑이나 쥐에게 극성스럽게 반응하는 사람은 한밤중에 일어난 가벼운 소음에도 도둑이나 쥐를 먼저 떠올릴 것이다. 차이는 박탈의 수준에서 나온다. 중요한 전화를 받아야 할 때에는 울리지도 않은 '전화벨 소리가 들리고', 성적으로 굶주린 사람은 사물 모양에 조금만 비슷한 데가 있어도 성기를 연상한다. 달리 말해, B를 보게 될 확률이 높고 A가 행사하는 통제는 약할 때 A를 B로 보기가 쉽다.

체스 명인이 자기가 체스를 두는 판을 볼 때에는 지각하는 사람의 개인사가 확실히 중요하다. 그가 보는 바는 체스를 둘 줄 모르는 사람, 오랫동안 체스를 두지 않았던 사람이 보는 바와 완전히 다르다. 체스 명인에게는 그 판이 이미 익숙한 묘수 혹은 악수의 기회다. 이제 막 체스를 배운 사람에게도 그 판은 말을 이리저리 운용할 기회겠지만 그러한 운용은 이전의 결과에 크게 영향받은 것이 아니다. 한편, 완벽한 문외한은 체스판과 말을 체스와 무관한, 자기 역사에서 어떤 상황들과의 유사성으로만 기술할 것이다.

어떤 이가 특정한 것을 볼 확률을 높이고자 할 때, 바꾸어 말해 그 사람이 특정 종류의 시각을 얻게 될 확률을 높이고자 할 때, 우리는 강화의 이력(history)이 얼마나 중요한지 절감한다. 우리는 어떤 것을 급작스럽거나 확 두드러지게, 혹은 새롭기 때문에 놀라운 방식으로 제시할 수 있다. 피험자가 어느 지점까지 따라온다면, 즉 그가 우리가 제시한 것이 중요한 역할을 하는 수반성에 따라 실질적으로 행동하게 된다면 그 점을 지목해줄 수 있다. 그러나 반응으로만 충족되는 수반성을 수립하는 방법으로도 특정 대상이 시야에 들어오게끔 할 수가 있다. 교통 신호는 원래 눈에 잘 띄게 고안되기도 했지만 우리가 교통 신호를 보느냐 무시하느냐는 주로 수반하는 결과들에 달렸다. 이런 유의 조치들은 인식을 높인다든가 마음 혹은 의식을 확장한다고 이야기된다. 그러나 이것들은 단순히 사람을 좀 더 효과적인 환경의 통제 아래 두었을 뿐이다.

구성주의자들은 지각을 형태나 모습, 지각되는 바를 통해서 설명하고자 했다. 게슈탈트 심리학자들은 어떤 유의 패턴들은 유기체가 특정 방식으로 지각하게끔 한다고 주장했을지도 모른다. 가령 어떤 환각은 불가항력적이다. 우리도 우리 눈에 보이는 것이 실제로 존재하지 않는다는 것을 아는데 말이다. 어떤 예들은 자연 선택으로 충분히 납득할 만하게 설명된다. 새가 나무둥치 뒤로 날아가는 것을 보았을 뿐이지만 우리는 당연히 그 새가 우리 시야를 벗어난 후에도 계속 존재하는 것처럼 행동한다. 심지어 신호등 불빛이 빨간색에서 파란색으로 넘어가듯 새가 이쪽에서 저쪽으로 움직인 것으로 본다. 질서정연한 패턴 안의 사소한 차이들은 무시하는 것이 이롭다면 우리 눈의 맹점을 '무시하듯' 무시하게 마련이다. 이러한 특성들을 설명하기 위해서 구성적 원리를 상정할 필요는 없다. 강화 수반성은 불가항력적인 지각에도 기여한다. 가령 제자리에서 빙글빙글 돌아가는 사다리꼴은 좀체 돌아가는 것처럼 보이지 않는다. 이 사다리꼴을 창틀 형태로 제시한다면 더욱더 그럴 것이다.*

경험 대 현실

설정이 동일하더라도 보는 때에 따라서 큰 차이가 있다. 이는 자극이 순전히 물리적인 면에서만 기술될 수 없음을 암시한다. 행동주의의 패착은 '상황이 사람에게 어떻게 보이느냐' 혹은 '사람이 어떻게 상황을 해석하느냐' 혹은 '상황이 사람에게 어떤 의미를 지니는가'의 중요성을 인식하지 못한 데 있다고들 한다. 그러나 상황이 어떻게 보이느냐, 상황을 어떻게 해석하느냐, 상황이 어떤 의미를 지니느냐를 연구하려면 그 사람의 상황에 관한 행동을—행동에 관한 그 자신의 기술까지 포함해서—살펴봐야만 한다. 그리고 이 일은 그 사람의 유전적이고 환경적인 이력들을 다룸으로써만 가능하다. 어느 권위 있는 학자는 현실 세계가 어떻게 내면의 시각적 표상으로 바뀌는가를 이렇게 설명했다. "지각이 자명하게 다가오는 감각 이상으로 나아가기 위해서는 뇌가 정보를 저장해야 한다. 이로

---

* 회전하는 사다리꼴 창문은 우리 눈에 회전하는 것처럼 보이지 않고 앞뒤로 흔들리는 것처럼 보인다.

써 뇌는 가용적인 감각 소여를 이용하여 과거 상황에서 유래한 가능성들 사이에서 선택을 할 수 있다. 자극으로 행동이 직접 통제될 수는 없으며…… 외부 공간과 즉각적인 미래에 있을 법한 것을 뇌가 가정함으로써 통제되는 것이다." (그런데 이 말은 '마음'을 '뇌'로 대체함으로써 심신이원론을 회피하는 작금의 실태를 보여주는 사례일 뿐이다. 과거에 마음이 감각 소여를 이용하고, 가설을 만들고, 선택을 한다고 보았듯이 이제 그런 일들을 뇌가 한다고 말하는 것이다. 행동주의적 시각에서는 그냥 사람이 이런 일들을 한다.) 그러나 우리는 현재 설정이 일부를 차지하는 수반성에 노출된 사람이 바로 그 노출 때문에 현재 설정에 반응하는 모습을 관찰할 뿐이다. 그가 정보를 저장했다가 자명한 감각을 해석하기 위해서 지금 다시 끌어 쓴다고 볼 이유가 없다.

지각과 관련된 이력의 일부는 종의 진화 과정에서 일어났을지도 모른다. 가령 앞에서 언급했던 환각처럼 '객관적 세계에서 출발한' 듯 보이는 것 중 일부는 마음이 '불완전한 자료에서 현실을 추론하고 예측한' 것이라고들 한다. 그러나 그렇게 말하기보다는 사람은 유전적 자질 때문에 파편적 자극으로 보이는 것에 효과적으로 반응할 수 있다고 해야 할 것이다.

정신물리학자들은 경험과 현실의 상응 관계를 아주 엄격하게 탐구해 왔다. 분트나 티치너 같은 초기 심리학자들은 어떤 사람이 이전 자극의 효과에서 벗어나 순수한 현재 자극의 통제 하에서 무엇을 보는지(혹은 무엇을 듣는지, 무엇을 느끼는지 등등) 알아내려고 했다. 훈련받은 관찰자는 '자극 오류' 없이 자기가 보는 것을 기술해야 했다. 다시 말해, 그는 자기가 보는 것을 전에 한 번도 본 적 없는 것처럼, 또는 그것을 전혀 배운 바 없는 것처럼 기술해야 했다.

그는 어떤 사물을 본다기보다는 '어떤 색깔 덩어리'를 본다고 해야 했다. 소금 맛을 본다기보다는 짠맛이 난다고 해야 했다. 피부에 와 닿는 햇살의 온기를 느낀다기보다는 그냥 따뜻한 느낌이 난다고 해야 했다.

관찰자는 이런 식으로 심리 생활의 환원 불가능한 요소들을 보아야 했다. 하지만 그래봤자 감각과 현실은 자못 다른 듯했다. 자극 변화가 그에 맞먹는 변화를, 관찰자가 보는 바에 일으키지 못했기 때문이다. 정신물리학의 기능은 두 세계의 관계를 나타내는 것이라고 한다. 그러나 우리는 오히려 정신물리학이 자극의 변별적 통제에 관한 사실들을 나타낸다고 말해야 할 것이다. 방법론적 행동주의가 조작주의, 논리실증주의와 힘을 합쳐 감각이 과학적 자료로서 유용한가를 의문시함으로써 의식의 내용은 점점 더 그 입지가 약해졌고, 그 후 정신물리학자들은 우리가 보았던 것처럼 변별 과정으로 눈을 돌렸다. 그러나 경험적 세계의 존재를 믿으면서 변별을 연구하는 것도 가능했다.

변별에 관해 더 나아간 연구, 특히 동물의 감각 과정을 다룬 연구는 그 후의 발전에 기여했다. 1865년에 클로드 베르나르(Claude Bernard)는 "감각 기관에 대한 실험 연구가 사람에게도 이루어져야 한다. 동물은 자기가 경험하는 감각을 우리에게 직접 설명할 수 없기 때문이다."라고 했다. 그러나 지금은 자극 통제를 대단히 정밀하게 분석할 수 있는 고도의 '동물정신물리학'이 수립되어 있다. 실험자가 '동물이 자기가 보는 바를 보고하게끔 가르쳤다'는 말이 아직도 나올 수 있겠지만, 특정한 강화 수반성으로 설정된 통제라는 면에서 실험 결과는 훨씬 더 일관성 있게 진술된다. 주요한 심성주의적 설명 가운데 특히 영국 경험론자들의 '이해(understanding)' 혹은 '지식(knowledge)'은 몹시 치욕적인 운명을 겪었다. 그들의 이론은 눈 혹은 귀의 생리학으로 전락하고 말았던 것이다.

서양 문화에서 아주 빈번하게 볼 수 있는, 물리적 세계와 심리적 세계의 구별은 플라톤의 이른바 마음의 발견이 그렇듯 아마 심리 생활 차원의 문제를 해결하려는 노력에서 나왔을 것이다. 신체에는 인간이 세계의 모사(模寫, copy)를 소유하는 것처럼 보일 여지가 충분치 않다. 나중에 과학이 들고일어나면서 또 다른 불일치가 나타난다. 이미지와 관념의 성질은 전부 자연에서 발견되었는가? 잘 알려진 예를 들어보자. 듣는 사람이 아무도 없다면 바닥에 쓰러지는 나무는 소리를 낸 것인가, 내지 않은 것인가? 빛은 입자와 파장의 문제일 뿐, 색채의 문제는 아닌 것처럼 보였을지 모른다. 초록색은 특정 길이의 빛의 파장이 아니었다. 초기 철학자들에게 이런 문제는 중요하지 않았다. 그 철학자들은 자기가 색, 소리, 그 외 여러 가지 것들의 세계에서 살아간다는 사실에 의문을 제기할 이유가 없었다. 또한 마찬가지로 믿고 살아가는 오늘날의 수백만 인구에게도 문제는 되지 않는다. 행동주의자에게도 문제가 되지 않기는 마찬가지다.

일반인과 과학자가 동일한 것의 서로 다른 두 면(aspect)을 본다는 주장은 핵심을 놓친 셈이다. 문제를 일으키는 것이 바로 그 '면'이기 때문이다. 사람들은 서로 다른 강화 수반성에 노출될 때 서로 다른 것을 본다. 과학자도 일반인들과 마찬가지로 초록색을 보지만 동일한 설정에 다른 식으로 반응한다. 그렇지만 과학의 개념들이 개인적 감각 경험에서 구성됐다는 말은 틀렸다. 일반인과 과학자는 모두—수반성에 따라서 비슷한 방식으로든, 상이한 방식으로든—주어진 설정의 특성에 반응을 한다. (과학자 개인의 지식에 관해서는 9장에서 다시 보겠다.)

행동에 대한 자극 통제는 심각한 제한을 받는다. 인간은 유전적으로 타고난 바에 따라서 가시거리 안에서 전자기파에 대한 통제, 음파에 대한 통제를 제한받는다. 게다가 이러한 시각과 청각 범위 안에서조차 오류를 범한다. 그러나 이러한 오류는 잘못된 간섭의 문제다. 불일치는 경험과 현실의 상응에 있는 게 아니라 자극 통제에 있다.

현실이 더 복잡할 때 그렇게 말하기는 쉽다. 어떤 불행한 전쟁을 '잘못된 지각' 탓으로 돌릴 때, 어떤 세미나가 '기술 변화의 현실과 그에 대한 지각의 불일치'를 다루었다고 말할 때, 이런 말은 반드시 번역을 해야만 한다. 전쟁의 현실 혹은 기술 변화의 현실이 실제로 잘못 지각되었음을 발견하려면 어떻게 현실을 지각해야 하나? 우리는 언제나 '현실을 다루고 있다'. 비록 현실이라는 용어에는 현재의 제시(current presentation) 이상의 것이 포함되어야 하지만 말이다. 중요한 차이는 행동에 있다. 그리고 이 차이는 다시 과거 수반성의 차이로 설명된다.

모사론

우리가 보는 것이 세계의 모사라고 믿는 자들은 우리가 세계 그 자체를 결코 보지 못한다고 주장한다. 이 주장은 우리가 세계 외의 그 어떤 것도 보지 않는다는 주장만큼이나 그럴듯하다. 지각 모사론은 시각적 자극에서 가장 설득력을 발휘한다. 시각적 자극은 미술 작품에서, 또한 거울, 렌즈 따위의 광학적 도구를 통해서 빈번하게 모사되었다. 따라서 어떤 저장 체계를 상상하기가 어렵지 않다. 우리가 오케스트라가 빚어내는 소리를 듣는 게 아니라 우리 내면의 산물을 듣는 거라는 주장은 그렇게까지 설득력 있게 들리지 않는다. 음악은 시간적 패턴이기 때문에 아주 최근에야 음악적 모사들이 심리적 은유에 쓰일 수 있게 되었다. 미각이나 후각까지 가면 그러한 주장은 완전히 설득력을 잃는다. 이 분야에서는 실제의 것과 분별되는 모사를 상상하기가 쉽지 않다. 촉각에는 그렇게 상상 가능한 경우가 있을지 모르지만 극히 드물다. 우리는 종이의 질감을 느낄 때 종이를 느끼는 것이지 우리 내면의 어떤 표상을 느끼는 것이 아니다. 맛, 냄새, 촉감은 이미 우리와 물리적으로 밀접한 것이기 때문에 모사를 필요로 하지 않는지도 모른다. 그리고 어쩌면 같은 이유에서 우리는 모사가 아니라 배고픔이나 화 같은 내적 상태를 느낀다고 하는지도 모른다.

문제는 내적 모사 개념이 감각 통제나 지각의 심리학 혹은 생리학을 설명하는 데 아무 진전도 가져다주지 않는다는 것이다. 2000년도 더 된 그 옛날, 테오프라스토스는 이 근본적인 어려움을 진술한 바 있다.

청각에 대해서라면, 그(엠페도클레스)가 동물이 어떻게 소리를 듣는가라는 문제를 자기가 정말로 설명했다고 믿은 게 이상하다. 그는 그 과정을 내면의 소리 탓으로 돌리고 귀가 무슨 종처럼 자기 안에서 소리를 만들어낸다고 하지 않았는가. 이 내면의 소리에 힘입어 우리는 귀 없이도 들을 수 있을지 모른다. 그러나 이 내면의 소리 자체는 어떻게 들어야 하는가? 이 오래된 문제는 아직도 풀리지 않았다.

마찬가지로 근대의 어느 권위자가 지적했듯이 어떻게 대뇌피질 후두부를 통해서 그림을 보는지를 설명하기란 어떻게 외부 세계를 보느냐, 다시 말해 표상을 설명하는 것만큼 어렵다. 그런데 이 모든 진술에서 본다는 '행동'은 간과되고 있다. 자극 통제를 낳는 수반성의 다른 항들에도 주의를 쏟을 때에만 행동은 제자리를 찾을 수 있다.

보이는 것이 없는데도 본다는 것

전에 한 번 보았던 것을 회상할 때, 혹은 공상에 빠지거나 꿈을 꿀 때, 그 사람은 분명 현재의 자극 통제를 받는 것이 아니다. 그렇다면 그는 모사를 보는 게 아닐까? 대답을 하려면 다시 한 번 이 사람의 환경적인 이력으로 눈을 돌려야 한다. 같은 곡을 여러 번 들은 사람은 그 곡이 연주되지 않을 때조차, 실제처럼 뚜렷하고 풍부한 소리로 들리지는 않을지언정 그 곡을 듣는다. 우리가 아는 한, 이 사람은 음악이 들렸을 때 했던 행동 중 일부를 음악이 들리지 않는데 하고 있을 뿐이다. 마찬가지로, 어떤 사람이 상상 속의 인물이나 장소를 본다는 것은 그러한 인물 혹은 장소가 존재할 때 하는 행동을 한다는 의미밖에 없다. 옛날에는 '상기'와 '기억' 둘 다 '다시 마음에 둔다', '다시 마음에 가져온다'는 뜻으로만 쓰였다. 다시 말해 예전에 본 것을 다시 본다는 뜻이다. 7장에서 보겠지만 '마음으로 불러들이기'의 뚜렷한 기법들은 지각적 행동을 보강하는 기법들과 다르지 않다.

　행동주의는 "초기 심리학자들의 중대한 관심사 중 하나, 즉 이미지에 대한 연구를 그저 무시한 정도가 아니라 불명예스러운 것으로 격하했다"고 비난받는다. 그러나 나는 되레 행동주의야말로 심상 혹은 상상이라는 주제를 제대로 정리할 유일한 길을 제시한다고 믿는다.

　보이는 것이 없는 상태에서 보는 현상은 누구에게나 익숙하다. 그러나 전통적인 진술은 일종의 은유에 지나지 않는다. 우리는 대상이 보일 때 강화 작용을 하는 자극을 생성하려는 경향이 있다. 베네치아가 강화 작용을 한다는 것을 발견했다면(베네치아가 참 아름답다고 말했으니 강화 효과를 추론할 수 있다) 우리는 강화를 받기 위해서 베네치아에 갈지도 모른다. 그곳에 갈 수 없다면 베네치아의 그림, 그냥 흑백 스케치만으로도 충분하겠지만 그 도시의 가장 아름다운 면모를 생생하게 보여주는 컬러 그림을 살 수도 있겠다. 글을 읽으면서 시각화하는 능력을 습득했다면 베네치아에 대한 글을 읽음으로써 그 도시를 볼지도 모른다.(기술의 발전으로 강화 작용을 하는 것들을 눈앞에 두고 보기가 훨씬 더 쉬워졌고, 따라서 부재하는 것들을 보는 기회는 크게 줄었다. 2, 3세대 전 아이는 삽화가 거의 없거나 아예 글만 있는 책을 스스로 읽든가 어른들이 읽어줬다. 요즘 아이는 텔레비전을 보든가 페이지마다 알록달록한 그림이 들어간 책을 읽는다. 그래서 예전에 비해 언어 자극의 통제 안에서 보는 것의 레퍼토리를 습득하기가 어렵다.) 외부에서 받쳐주는 것이 전혀 없이 그냥 '베네치아를 볼' 수도 있는데, 그 이유는 그렇게 볼 때 우리가 강화를 받기 때문이다. 베네치아에 대해서 백일몽을 꾼다고 치자. 우리가 베네치아에 가거나 그림을 구매함으로써 더 효과적으로 베네치아를 보게 하는 물리적 자극을 만들어낸다는 이유로 기억 속에 떠오르는 '심리적' 자극도 우리가 만든 것이라는 가정은 잘못되었다. 단지 우리는 베네치아를 봄으로써 강화를 받는다면 베네치아와 비슷한 구석이 거의 없는 당면 상황에서도 그러한 행동— 베네치아를 보는 행동—을 반복할 확률이 높다고 말해야 할 것이다. 어떤 사전에는 공상의 정의가 "직접적인 지각이나 기억에서 이미지나 표상을 형성하는 행위 혹은 기능"이라고 되어 있다. 그러나 공상은 직접적 지각이나 기억을 통해서 보는 행위나 기능이라고 말할 수도 있다.

보는 행위로 직접적인 강화를 받기 때문이 아니라, 나중에 강화를 받는 행동에 참여할 수 있기 때문에 부재하는 것을 보는 경우도 있다. 가령 우리는 친구에게 베네치아의 특정 장소에 가는 법을 가르쳐주느라 베네치아를 볼지도 모른다. 그 친구와 함께 베네치아에 간다면 그를 어떤 길로 안내하면 될 것이다. 그러나 베네치아에 동행하지 않은 채 친구에게 묘사를 한다면 '그 길을 시각적으로 따라갈' 수 있다. 지도나 약도를 짚어 가면서 더 효과적으로 설명할 수도 있지만 우리가 '그 도시를 마음에 불러들여' 우리가 보는 것을 묘사할 때 '인지 지도(cognitive map)'를 참고하는 것은 아니다. 어떤 도시를 안다는 것은 그 도시에서 돌아다니는 행동을 소유한다는 뜻이지, 돌아다니면서 참고해야 할 지도를 소유한다는 뜻은 아니다. 실제 도시에서, 혹은 그 도시에서 벗어난 곳에서 그 도시를 보면서 지도를 구성할 수도 있다. 그러나 친구에게 설명하기 위해서 그 도시의 길을 시각화한다는 것은 마치 자기가 길을 걸어가면서 보는 것처럼(보는 대상 자체가 아니라) 본다는 뜻이다.

클로드 베르나르는 동물이 자기가 상상하는 것을 보고하기란 불가능하다고 하겠지만 사람이 무엇을 보게 되는 수반성이 다른 종들에게는 효과가 없다고 말할 근거는 없다. 동물이 잔상(殘像)에 반응하게 만들 수도 있고, 박탈의 강도를 높여서 비둘기가 사각형에 대해 '마치 삼각형을 대하듯' 반응하게 만들 수도 있다. 이런 방법들을 동원한다면 비둘기가 이전에는 벽면에 삼각형이 비칠 때만 강화를 받았더라도 이제 아무것도 없는 벽면에 반응하게 만들지 못할 이유가 없다. 비둘기가 삼각형을 '본다고' 우리에게 말할 수 있게 하는 '언어적' 수반성 설계는 매우 흥미로운 작업일 것이다.

강화 수반성이 바뀌면 그 수반성에 따라서 행동하는 사람도 바뀐다. 사람은 수반성을 저장해 두지 않는다. 특히 수반성에서 한 부분을 담당했던 자극의 모사를 저장해 두지 않는다. 그의 마음 안에 '시각적 표상' 따위가 있는 게 아니다. '기억에 저장된 자료 구성' 따위는 없다. 그에겐 자기가 살아가는 세계의 '인지 지도'가 없다. 그는 그저 자극이 특정 유형의 지각 행동을 통제하는 지금의 방식에 맞게 변했을 뿐이다.

부재하는 것을 보는 가장 극적인 예는 수면 중에 꾸는 꿈일 것이다. 이때 현재 자극에 미치는 통제는 최소화되고 개인의 역사, 거기에서 비롯된 박탈 상태, 정서는 기회를 얻는다. 프로이트는 꿈에서 그럴듯하게 추론할 수 있는 소망과 공포의 의미를 강조했다. 그러나 안타깝게도 그럼으로써 보는 것과 보이는 것의 구별을 강조한 셈이 되었다. 꿈꾸는 사람은 꿈 작업에 참여한다. 연극 제작자가 작품을 무대에 올리듯 그는 꿈을 무대에 올린 후에 관객의 입장에서 그 꿈을 지켜본다는 것이다. 그렇지만 꿈은 지각 '행동'이다. 관련 설정 안에서나 밖에서나, 잠들었을 때와 깨어 있을 때 행동 차이는 그저 통제 조건의 차이에 불과하다.

수면 중의 빠른 안구 운동(REM)은 이러한 해석을 확증해주는 듯하다. 사람들이 가장 생생하게 꿈을 꾸는 동안 그들의 눈은 마치 실제로 뭔가를 보듯 빠르게 움직인다.(게다가 꿈을 꾸는 동안에는 중이근도 마치 소리를 듣는 것처럼 움직인다.) 안구 운동과 귀의 근육 운동은 '생리적 투입(input)'이 꿈에 영향을 준다는 증거로 이용되어 왔지만 그러한 행동은 분명히 생리적 산출(output)이다. 꿈에서 관찰되는 시각적 표상이 눈꺼풀이나 외이(外耳) 안에 있다고 생각할 수는 없지 않은가.

보이지 않는 것을 보게 하는 방법에는 여러 가지가 있다. 이 방법들은 모두 지각 행동을 키우는 수반성의 배열로 분석할 수 있다. 환자에게 다양한 상황이나 사건을 상상해보게 하는 일부 행동 치료 요법은 이미지를 이용할 뿐 진짜로 행동을 다루지는 않는다고 비난받았다. 그러나 사적 모사라는 의미에서 이미지는 없으며 지각 행동만이 있다. 심리치료사들이 취하는 조치들은 지각 행동을 보강하기 위해서 설계된 것이다. 환자가 보는 것(듣는 것, 느끼는 것 기타 등등)이 진짜 사물을 보는 것과 동일한 강화 효과를 낸다면 그의 행동에는 변화가 일어난다. 행동 변화는 환자에게 그저 감정을 지시하는 것만으로, 성적으로 흥분된 느낌이나 토할 것 같은 느낌을 주문하는 것만으로 일어나지 않는다. 그러나 그에게 포르노그래피나 구역질 날 만한 자료를 제시한다면, 혹은 섹스와 관련되거나 구역질 나는 일화를 '최대한 분명하게 눈앞에 그려보라고' 요청한다면 행동 변화가 일어날 수도 있다.

보이는 것이 없는데도 무엇을 본다는 현상이야말로 마음이라는 세계가 고안된 강력한 이유일 것이다. 현재 환경의 모사가 어떻게 머릿속에 들어오고 우리가 '알게' 되는지 상상하기는 힘들지만 최소한 이를 설명할 외부 세계는 존재했으니까. 그러나 순수한 이미지란 순수한 마음의 것을 가리키는 듯하다. 세계 혹은 세계의 모사가 어떻게 보이느냐에 의문을 제기할 때 우리는 비로소 모사에 대한 관심을 잃는다. 보는 행동에는 보이는 것이 꼭 필요하지만도 않다.

마음과 자극 통제

4장에서 '마음(mind)'이라는 단어가 때로는 순전히 행위하는 사람이라는 뜻으로 쓰인다고 말한 바 있다. 이 단어는 지각하는 사람에 대해서도 마찬가지이다. 어떤 이가 현실에서 벗어나 있을 때면 그의 마음이 방황한다, 그의 마음이 딴 데 가 있다고 말한다. 동사로 쓰이는 'mind(마음에 두다, 꺼리다)'는 곧잘 '반응하다'라는 뜻으로 통한다. 낮은 천장을 마음에 두라는/조심하라는(mind) 경고는 그냥 낮은 천장을 보고 반응하라는 뜻이다. 우리가 이런 의미로 누군가에게 아이들을 마음에 두라고/돌보라고(mind) 한다면 그 사람은 아이들이 자기를 마음에 두지 않는다고/자기 말을 듣지 않는다고(mind) 불평할지 모른다.

때때로 마음은 그저 사물이 보이는 장소처럼 여겨진다. '마음에 와 닿거나' '마음에 불려오는' 것이 있다고 한다. 망상에 시달리는 사람을 두고는 현실 세계에 존재하는 것과는 별개라는 듯 "모든 것이 자네 마음에 있네."라고 말한다. 사물이 지각되는 장소로서 마음은 모사론과 밀접한 관계가 있으며 내용심리학*에서 중요한 부분을 차지했다. 조작주의가 감각 과정보다는 분별 과정에 대한 연구로 나아가면서 인간은 실제 세계를 보거나 듣는 것으로 간주되었다. 이제 인간이 자신의 지각이나 감각을 보고하는 것이 아니라 자극을 보고한다고 보았다. 세계가 제자리로 돌아온 것이다.

사물을 보는 행위와 누가 사물을 보는 것을 보는 행위의 차이를 주목할 때 이 문제는 아주 중요해진다. 아무 때고 신체 안에 사물의 모사가 없다면 내적 관찰로 볼 수 있는 모든 것이 본다는 행위다. "저거 보여?"라고 물어봤을 때의 대답과 마찬가지인 것이다. 그렇지만 사물이 실제로 거기에 보이느냐 보이지 않느냐를 분별할 수는 있다. 내가 펜을 들고 종이에 글을 썼으니 나는 이 종이가 실제로 거기 있다는 것을 안다고 하겠다. 반면, 나를 괴롭히는 밝은 잔상은 내가 지워버리려 애쓴다는 이유로 거기 있는 것이 아니다. 나는 본다는 것의 두 종류를 배웠다. 목마른 사람은 자기가 상상하는 물 한 잔을 향해 손을 뻗지 않는다. 그러나 꿈을 꾸는 사람은 자기가 보는 것이 '실제로 거기 있지' 않다는 것을 모르고, 잠든 사람이 반응할 수 있는 한에서 온전히 반응한다. (꿈에 관한 내적 지식은 자기 관찰에 필요한 조건이 충족되지 못한 탓에 아예 성립하지 못하거나 매우 약하다. 그러한 지식은 우리가 잠에서 깰 때까지 지속되더라도 대개 우리가 꿈을 금세 잊어버림에 따라 바로 사라진다.) 예전에 무엇을 보았다는 것을 알 수도 있다. 과거에 인지했던 것을 재인지한(re-cognize) 것이

---

* 내용심리학(content psychology)은 의식 내용의 분석과 기술을 목적으로 하는 심리학이다. 구성주의가 내용심리학에 속한다. 연구 대상을 의식에 한정하고 감각, 감정 분석에 치중하는 경향이 있어서 행동주의자들에게 비난을 받았다.

다. '데자뷔' 현상에서는 이러한 자기 지식의 특징이 불완전하다.

자극 통제에 대한 다른 종류의 자기 지식은 우리가 우리의 행동을 통제하는 수반성을 분석할 때 이용 가능하다.

6장

언어 행동
Verbal Behavior

　인간이라는 종은 역사상 비교적 뒤늦게 놀라운 변화를 겪었다. 인간의 발성 근육계가 조작적 통제를 받게 된 것이 그 변화다. 인간도 그때까지 다른 종들처럼 경고의 외침, 위협적인 고함, 그 밖의 선천적 반응을 구사할 수 있었으나 조작적 언어 행동은 사회 환경의 범위를 확장했다는 점에서 엄청난 차이를 몰고 왔다. 언어가 탄생했고, 그리하여 인간 행동의 중요한 여러 가지 성격들이 나타났으며, 이에 대한 심성주의적인 설명들이 허다하게 만들어졌다.

　'언어'와 '언어 행동'의 차이 자체가 하나의 예다. 언어는 사람이 습득하고 소유하는 어떤 것으로서 특성을 지닌다. 심리학자들은 아동의 '언어 습득'을 이야기한다. 언어를 구성하는 단어와 문장이 의미, 생각, 관념, 제안, 정서, 필요, 욕망, 그 외 화자의 마음에 있는 여러 가지를 표현하는 데 쓰이는 도구라고 말한다. 이보다는 언어 행동도 어쨌든 행동이라고 보는 시각이 훨씬 더 생산적이다. 언어 행동은 사람에게 —일단은 타자에게, 그러나 궁극적으로는 화자 자신에게—미치는 효과를 통해서 강화를 받을 때에만 특수한 성격을 띤다. 그 결과 언어 행동은 조작적 행동과 사회와 무관한 결과 사이에 팽배한 공간적, 시간적, 기계적 관계들에 얽매이지 않는다. 문을 여는 것이 강화 작용을 한다면 손수 문고리를 잡고, 돌리고, 주어진 방식대로 밀거나 당길 것이다. 그러나 그 사람이 "문을 여세요."라고 말만 하고 이 말을 듣는 이가 적절하게 반응하는 경우에도 동일한 강화적 결과가 일어난다. 수반성이 다르면 행동에서 중대한 차이가 여러 가지 생긴다. 이 점을 심성주의적 설명은 오랫동안 모호하게 취급했다.

사람이 어떻게 말하느냐는 그가 속한 언어 공동체의 관행에 달렸다. 언어적 레퍼토리는 초보적일 수도 있고, 미묘한 자극 통제를 다수 받아서 몹시 정교한 양상을 띨 수도 있다. 이 레퍼토리를 형성하는 수반성은 관대할 수도 있고(아이가 대충 비슷하게만 말해도 부모가 잘 반응할 때처럼) 까다로울 수도 있다(발음을 가르칠 때처럼). 다양한 언어 공동체가 동일한 화자에게서 다양한 언어를 형성하고 유지시킨다. 언어 반응은 청자가 반응하는 이유에 따라서 요구, 명령, 허락 따위로 분류되는데, 이러한 이유는 종종 화자의 의도 혹은 기분 탓으로 돌려진다. 반응의 에너지가 결과의 크기에 비례하지 않는다는 사실은 언어적 마법에 대한 믿음 때문이라고 설명된다.(마법사가 "자, 어서 변하라!"라고 외치면 손수건이 토끼로 변한다.) 적절한 청중이 없는데도 강한 반응이 나타날 수 있다. 리처드 3세는 자기 말을 들어줄 사람이 아무도 없는데도 "말! 말! 내 왕국을 내어줄 테니 말 한 마리를 다오!"라고 외치지 않았는가.

어쩌다 적절한 청중이 있는 경우를 제외하면 언어 행동은 환경의 지지를 요구하지 않는다. 자전거를 타려면 자전거가 필요하지만 '자전거'라는 말을 하는 데에는 자전거가 필요 없다. 결과적으로 언어 행동은 거의 어느 때고 일어날 수 있다. 대부분의 사람들에게 '자전거를 소리 없이 타는 것'보다 소리 없이 "자전거"라고 말하는 것이 더 쉽다는 것은 중요한 결과다. 또 다른 중요한 결과는, 화자가 청자가 되어서 자기 행동을 풍부하게 강화할지도 모른다는 것이다.

의미와 지시

'의미(meaning)'라는 용어는 언어 행동과 밀접한 관계가 있지만 이미 앞에서 논의된 몇 가지 분별에 이용된다. 형태와 양상을 강조한다는 이유로 행동주의와 구성주의를 혼동한 사람들은 행동주의가 의미를 무시한다고 불만스러워했다. 이 사람들은 무엇을 하느냐가 중요한 게 아니라 그 사람에게 행동이 무엇을 의미하느냐가 중요하다고 주장했다. 그 사람의 행동에는 4장에서 다루었던 목적, 의도, 기대와 무관하지 않은 더 심층적인 속성이 있다는 것이다. 그러나 반응의 의미는 형태나 양상에 있지 않다(이건 행동주의자가 아니라 구성주의자가 잘못 생각한 것이다). 행동주의자는 환경 설정을 물리적 측면으로만 기술하고, 반응하는 사람에게 그러한 설정이 어떤 의미인지를 간과했다고 비난받는다. 그러나 이때에도 현재 설정이 아니라 비슷한 설정들이 관여한 수반성에 대한 노출 이력에서 의미를 찾아야 한다.

달리 말해, 의미는 반응이나 상황의 속성으로 볼 수 없으며 오히려 행동 양상과 자극이 행사하는 통제를 낳은 수반성의 속성으로 봐야 한다. 단순한 예를 들어, 어떤 쥐가 배가 고플 때 음식을 얻기 위해서 레버를 누르고 다른 쥐는 목이 마를 때 물을 얻기 위해서 레버를 누른다 치자. 두 쥐의 행동 양상은 구분되지 않지만 그 의미는 다르다고 할 수 있을 것이다. 한 쥐에게 레버 누르기는 음식을 '의미하지만' 다른 쥐에게는 물을 '의미한다'. 그러나 이것들은 현재 상황의 통제 안에서 행동을 발생시킨 수반성의 측면들이다. 같은 맥락에서 어떤 쥐가 불빛이 깜박거릴 때 레버를 누르면 음식으로 강화를 받고 불빛이 계속 켜져 있을 때 레버를 누르면 물로 강화를 받는다 치자. 이때 깜박이는 불빛은 음식을, 계속 켜져 있는 불빛은 물을 의미한다고 말할 수 있겠다. 그러나 이런 것들도 불빛의 속성을 언급한다기보다는 불빛이 어떤 역할을 하는 수반성을 말하는 것이다.

언어 행동의 의미를 말할 때에도 동일한 지적을 할 수 있겠으나 이때에는 훨씬 더 많은 것이 함축적으로 따라온다. 행동의 전반적 기능이 중요하다. 원형적 패턴에서 화자가 접촉하고 있는 상황은, 청자가 반응할 수 있으나 접촉하고 있지 않은 상황이다. 화자 쪽의 언어 반응이 청자가 적절하게 반응할 수 있게 만든다. 가령, 어떤 사람이 약속이 있다 치자. 그는 시계를 참조해서 약속 시각을 지킬 것이다. 시계를 참조할 수 없다면 누군가에게 시각을 물어볼 것이고, 상대의 응답에 힘입어 효과적으로 반응할 것이다. 화자가 시계를 보고 시각을 말해준다. 청자는 그 말을 듣고 약속 시각을 지킨다. 조작을 발생시키는 강화 수반성에서 나타나는 세 항이 두 사람 사이에 나뉜다. 화자는 설정에 반응한다. 청자는 행동에 나서고 그 결과에 영향을 받는다. 화자와 청자의 행동이 언어 공동체가 마련한 부가적인 수반성으로 뒷받침될 때에만 이렇게 될 수 있다.

　화자의 말에 대한 청자의 믿음은 어떤 자극으로 어떤 반응("난 이게 통하리라 믿어.") 혹은 어떤 통제("제대로 찾았다고 믿어.")가 일어날 확률의 기저에 있는 믿음이다. 이 믿음은 과거의 수반성에 달려 있는데, 과거의 수반성을 내면화해봤자 아무 소득이 없다. 사람과 사람 사이의 신뢰를 "개인이나 집단이 다른 개인이나 집단의 말, 약속, 구어 혹은 문어로 이루어진 진술에 걸 수 있는 기대"라고 정의해봤자 쓸데없이 일만 복잡해진다.

　화자에게 반응이 지니는 의미는 반응을 통제하는 자극(위의 예에서 시계에 나타난 상황), 그리고 경우에 따라서는 반응을 낳는 질문의 불쾌한 측면들을 포함한다. 청자에게 지니는 의미는 만약 시계가 그에게 보인다면 얻게 될 의미와 가깝지만, 약속을 중요 요소로 연결시키는 수반성도 포함한다. 그러한 수반성이 그 시각에 시계 표면에 대한 반응 혹은 언어적 반응에 대한 반응을 가능케 한 것이다. 시계 바늘의 위치를 보고 약속을 지키기 위해 자리를 떠나는 사람은 과거에 시계 바늘의 위치에 반응이 통제되었고, 지금도 그러한 이유에서 강하게 반응을 통제하는 사람의 대답을 듣고 그렇게 할 것이다.

　의사소통 이론은 의미가 화자에게나 청자에게나 동일하고 그 둘 사이에 공통적인 그 무엇이 만들어진다고 암시한다는 점에서 안타까운 데가 있다. 화자는 어떤 관념이나 의미를 전달하고, 정보를 옮기며, 지식을 준다. 마치 화자의 심리적 소유가 청자의 심리적 소유가 되기라도 하는 것처럼 말이다. 그러나 화자와 청자 사이에 공통적인 의미는 없다. 의미는 독립적인 실체가 아니다. 우리는 사전에서 어떤 단어의 의미를 찾지만 사전은 의미를 제공하지 않는다. 사전은 기껏해야 같은 의미를 지닌 다른 단어들을 알려줄 뿐이다. 우리는 '이미 의미들이 공급된' 사전을 찾아야 한다.

지시 대상은 반응에 통제력을 지니는 환경적 측면으로 정의될 수 있다. 이 환경적 측면을 그 반응의 지시 대상이라고 하는 것이다. 전통적인 용법상 의미와 지시 대상은 단어들 자체에서 발견되는 것이 아니라 화자가 단어를 구사하고 청자가 이해하는 상황 속에서 발견된다. 그러나 '구사'와 '이해'는 더 깊은 분석을 필요로 한다.

언어 반응은 청자에게 그 반응이 기술하는 상황의 신호나 상징으로 받아들여진다고 한다. 상징적 과정은 아주 많은 것을 이루었고, 우리는 다음 장에서 그 예를 몇 가지 살펴볼 것이다. 어떤 분위기를 나타내는 조건은 '비가 온다는 신호'일 수 있고 우리는 비를 피하는 방향으로 여기에 반응한다. 미리 비가 올 거라는 신호를 받지 못했다면 우리는 비 자체를 피하는 데 대개 조금 다른 방식으로 반응할 것이다. 기상 예보관의 언어 반응에 대해서도 마찬가지 얘기를 할 수 있다. 그러나 이 언어 반응도 분위기의 변화와 마찬가지로 비가 올 거라는 신호나 상징 이상은 아니다.

은유 우리가 살펴보았듯이, 반응이 강화를 받을 때 현존하는 자극은 반응이 다시 일어날 확률에 어느 정도 통제력을 지닌다. 그리고 이 효과는 다음과 같은 일반화(generalization)를 낳는다. 그 자극의 속성을 어느 정도 공유하는 자극들도 어느 정도 통제력을 지니는 것이다. 언어 행동에서 순전히 비슷한 자극이 불러오는 반응의

한 종류를 은유라고 한다. 이 단어의 어원상* 반응이 한 상황에서 다른 상황으로 이전되는 것처럼 생각할 수도 있겠으나 그렇지는 않다. 은유는 단순히 자극의 유사성 때문에 일어난다. 폭죽이나 폭탄과 관련해서 '폭발'이라는 말을 쓰게 된 사람은 갑자기 과격하게 행동하는 친구를 "분노가 폭발했다."고 묘사할 수도 있을 것이다. 그 밖의 비유적 표현들은 그 밖의 행동 과정들을 설명해준다.

추상 특정한 강화 수반성에서 원인을 직접 찾을 수 있는 언어 행동의 특징적인 면이 바로 추상(abstraction)이다. 언어 반응을 통제하는 자극에 대한 실질적 행위자는 화자가 아니라 청자다. 그 결과, 화자의 행동은 사실상 어떤 반응도 적절치 않은 자극의 속성들에 좌우된다. 어떤 사람이 환경의 비사회적 수반성에 따라 빨간색에 반응하는 법을 배웠다 하자. 그는 각각의 빨간색 사물들에 실제로 반응함으로써만 그렇게 될 수 있다. 빨강이라는 한 가지 속성의 통제만으로 수반성이 단일 반응을 낳는 게 아니다. 그러나 청자에게는 하나의 속성이 중요할 것이다. 청자는 그 하나의 속성 때문에 다양한 계기에 다양한 실질적 행위를 취한다. 따라서 주어진 사물이 빨간색이라고 할 때 청자는 적절하게 강화를 받는다. 빨강의 지시 대상은 어느 한 설정에서 확인될 수 없다. 우리가 빨간 연필을 보여주고 "이게 뭐야?"라고 물었더니 상대가 "빨간색"이라고 대답했다 치자. 우리는 어떤 속성이 그의 대답을 불러왔는지 알 수 없다. 그러나 빨간색 물건을 여러 개 보여주고 "빨간색"이라는 대답을 듣는

---

* '은유(metaphor)'라는 단어가 어원상 meta(over) + phora(carrying)로 나누어지며 전이 혹은 이동(transfer)을 암시하기 때문에 이렇게 부연한 것이다.

다면, 어떤 속성이 이 대답을 불러왔는지 알 수 있고, 사례의 수가 많으면 많을수록 정확도는 높아질 것이다. 화자는 항상 '붉음'이라는 추상적 실체가 아니라 물리적 사물에 반응한다. 또한 그는 붉음이라는 개념을 소유하기 때문이 아니라 그 자극 속성의 통제 하에서 반응을 일으키는 특정한 수반성 때문에 "빨간색"이라고 대답하는 것이다.

어떻게 "붉음이라는 추상적 실체를 알 수 있는가?"라는 물음은 의미가 없다. 수반성이 행동을 설명하고, 어느 하나의 경우에서 지시 대상을 발견할 수 없기 때문에 괜히 그런 물음에 교란당할 필요가 없다. 윌리엄 오컴(William Occam)과 유명론자들처럼 추상적 실체의 존재를 부정하고 그러한 반응들은 다 한낱 말에 지나지 않는다고 주장할 필요도 없다. 존재하는 것은 수반성이다. 수반성이 속성, 혹은 속성으로 정의되는 사물 항목의 통제 하에서 행동을 불러온다.(우리는 명명命名을 통해서 하나의 반응이 어느 한 속성의 통제를 받게끔 결정할 수 있다. 가령 연필을 보여주고 "이게 무슨 색깔이니?"라고 묻는다면 상대는 색깔로 명시된 속성에 맞게 대답할 것이다. 상대가 적절한 강화의 역사를 거쳤다면 말이다.)

개념 어떤 부류가 하나 이상의 속성으로 정의된다면 지시 대상을 어떤 추상적 실체라기보다는 개념(concept)이라고 부른다. "개념은 발명이라기보다는 발견이다. 개념은 실재를 나타낸다."는 말은 개념에 실제 지시 대상이 있음을 가리킨다. 달리 말해, 개념은 누군가가 확인하기 전부터도 세상에 존재한다는 얘기다. 그러나 발견도(발명과 마찬가지로) 개념 생성에 심리적 작용이 있음을 상정한다. 개념은 단지 세상에 존재하는 수반성들의 한 집합의 특징일 뿐이다. 그 수반성들이 통제를 가함으로써 행동을 낳는다는 의미에서만 개념은 발견된다고 할 수 있다. "과학적 개념들은 한없이 복잡한 세계의 어떤 면들을 사람의 마음이 다룰 수 있게 한다."는 진술은 '사람의 마음' 대신 '인간'을 넣을 때 훨씬 더 좋아진다.

문장과 명제

좀 더 복잡한 환경의 통제를 받는 광범위한 언어 반응을 분석하고자 할 때부터 의미와 지시 대상의 전통적인 개념은 난관에 봉착한다. 문장의 지시 대상은 무엇인가? 문단, 장, 책은 둘째치더라도 말이다. 하나의 문장은 분명 그 문장 속의 각 단어들이 의미하는 것 이상을 의미한다. 문장은 사물을 지시하는 데서 그치지 않는다. 문장은 사물을 '말한다(say)'. 그러나 문장이 말하는 사물들은 무엇인가? 이 물음에 대한 전통적인 답은 '명제'다. 그러나 명제는 의미만큼이나 규정하기 어렵다. 버트런드 러셀의 시각은 다음과 같이 이야기할 수 있다. "문장의 의미는 어느 한 언어의 문장이 다른 언어로 번역될 때에도 공통적으로 남는 것이다. 가령 영어 'I am hungry'와 프랑스어 'J'ai faim'이 지니는 공통 요소는 문장의 의미를 이룬다. 이 공통 요소가 바로 명제다." 그러나 이 공통 요소는 무엇인가? 어디서 그 요소를 찾을 수 있는가? 문장의 의미를 알려주는 사전도 그저 의미가 같은 다른 문장들을 수록하고 있을 것이다.

번역은 서로 다른 언어 공동체에서 원문과 같은 효과를(최대한 같은 효과를) 발휘하는 언어 자극으로 정의되는 것이 최선이다. 영어 책의 프랑스어 번역본은 명제들의 집합으로 이루어진 또 하나의 진술이 아니다. 이 번역본은 영어 책이 영어권 독자에게 미치는 것과 비슷한 효과를 프랑스어권 독자에게 미치는 언어 행동의 또 다른 표본(sample)이다. 어느 한 매체에서 다른 매체로의 옮김도 마찬가지로 해석할 수 있겠다. 〈트리스탄과 이졸데〉 서곡은 "한 쌍의 결합에 따르는 감정을 놀랍도록 충실하고 강렬하게 음악으로 옮겼다."는 평을 들었다. 명제는 고사하고, 감정이 과연 옮겨진 것인지 확인하려 애쓰기보다는 그냥 음악이 신체적 결합과 동일한 효과를 일부 나타냈다고 말하면 되겠다.

표현과 소통 개념도 비슷하게 취급할 수 있겠다. 화자 혹은 청자는 자기 신체의 조건들에 반응한다. 그는 그러한 조건들을 감정이라고 부르게끔 배웠다. 그러나 그가 말하거나 듣는 것은 행동이다. 행동은 수반성에서 비롯되며, 여기서 느껴지는 조건들은 부산물에 지나지 않는다. 음악이 "인지적으로, 특히 과학이나 언어로 표현할 수 없는 것"을 표현한다는 말은 언어 행동에는 없는 효과가 음악에 있다는 뜻이다. 언어 행동은 결과적으로는 비슷한 조건을 느끼게 할지언정, 감정을 주고받는 것은 아니다. 언어 행동은 명제 혹은 지시(instruction)를 전달하지 않는다. 어미 고양이의 뇌 한 부분에 전기 충격을 가하여 새끼를 버리도록 '지시한다고' 해도 처음부터 과학자의 마음에 있었던 지시를 전달하는 것은 아니다. 그냥 충격이 효과를 나타낸 것이다(찬물을 확 끼얹어도 동일한 효과가 나타날 수 있다). 카를 폰 프리슈(Karl von Frisch)가 꿀벌의 언어를 설명했다지만(이 설명이 점점 더 의심을 사고 있기도 하거니와) 그가 로제타석을 읽어내는 샹폴리옹(Jean François Champollion)이 된 것은 아니다.

자극 통제 개념은 지시 대상 개념을 대체한다. 고립적으로 일어나는 반응(명사나 형용사 같은 단어들)뿐만 아니라 문장이라 부르는 복잡한 반응에 대해서도 그렇다. '사실'은 문장의 지시 대상을 기술해준다고 말할 수 있지만 진위 여부까지 암시하기는 어렵다. 아이는 환경 안에서 하나 이상의 사물 혹은 속성, 혹은 사물들 간의 관계, 행위자와 행위를 당하는 자의 관계 등을 끌어들이는 사건에 문장으로 반응한다. 아이의 반응에는 단독으로 방출할 기회가 없는 요소들이 들어 있다. 언어학자는 이 요소들을 구문 혹은 문법에 맡긴다. 그는 이 작업을 특정 언어 공동체의 관행 분석의 일환으로 삼는다. 8장에서 보겠지만 이 과정을 거쳐 언어학자는 새로운 문장 구성에 쓰일 수 있는 규칙들을 도출한다.

단어와 문장의 조작

언어 행동은 독립적인 지위가 있는 것처럼 보일 때가 많기 때문에 구성주의는 언어학에서 큰 힘을 얻었다. 우리는 언어 행동의 형태에 주목하는 경향이 있는데 그 이유는 직접 인용처럼 단순히 본뜨기만 해도 비교적 쉽고 정확하게 보고할 수 있기 때문이다. "그는 '망치'라고 말했다."라는 보고는 "그는 망치질을 하고 있었다."보다 행동 양상을 좀 더 완전하게 기술한다. 아이에게 말을 가르치거나 어른에게 어려운 단어의 발음을 가르칠 때 우리는 어떤 모델을 만들어낸다. 즉, 우리가 그 단어를 말해주고 비슷한 속성을 지니는 반응이 강화를 받을 수 있는 수반성을 배열하는 것이다. 모델 제시가 딱히 언어에만 있지는 않지만(운동이나 춤을 가르치는 사람도 스스로 시범을 보임으로써 '무엇을 하는지 보여준다') 문자 체계가 등장하면서 언어 행동을 기록할 수 있게 되었고, 환경의 지지를 꼭 필요로 하지 않는 기록들은 마치 독자적으로 존재하는 것처럼 보였다. 화자는 어떤 시나 서약문이나 기도문을 '안다고' 말할 수 있다. 고대 중국과 그리스의 초기 교육은 주로 문학 작품을 외우게 하는 것이었다. 학생은 그렇게 암기를 하면 그 작품에 나타난 지혜를 안다고 간주되었다. 학생의 행동이 원저자 혹은 원래 화자, 혹은 정통한 청자가 특정 방식의 반응을 유도하는 조건에 반드시 통제를 받지 않더라도 말이다.

언어 행동은 화자와 청자 사이에서 전달될 때 이런 유의 독자적 지위를 차지한다. 가령 전화로 전달되거나 작가와 독자 사이에서 텍스트의 형태로 전달되는 '정보'의 경우가 그렇다. 언어학과 문학 비평은 아주 최근까지도 문자 기록의 분석에만 거의 전적으로 매달려 왔다. 이런 기록들에 어떤 의미가 있었다면 그것은 독자에게 있는 의미였다. 저자가 행동을 발생시킨 정황은 한때 알려졌으나 이미 잊혀졌기 때문이다.

이처럼 객관적으로 보이는 형태의 언어 행동이 가용적이기 때문에 많은 문제가 일어났다. 행동 방출의 조건을 고려하지 않고 기록을 단어와 문장으로 나누어버리면 의미가 화자에 대한 것인지 청자에 대한 것인지를 간과하게 된다. 즉 언어 행동의 장에서 거의 절반이 관심 밖으로 밀려나는 셈이다. 더 큰 문제는, 구어(口語) 기록의 파편들이 새로운 '문장' 구성으로 옮겨지고, 그러한 문장은 화자에게서 발생한 것이 아닌데도 (독자 혹은 청자에게 미치는 효과로써) 진위 여부를 분석당한다. 논리학자와 언어학자 모두 이런 식으로 새로운 문장을 마치 그 문장이 방출된 언어 행동의 기록인 양 창조하는 경향이 있다. "태양은 별이다."라는 문장을 취해서 부정어를 적당한 위치에 집어넣으면 "태양은 별이 아니다."로 바꿀 수 있다. 그러나 아무도 언어 반응의 이러한 예를 내놓은 적이 없었고, 이 문장은 사실을 기술하거나 명제를 나타내는 것도 아니다. 그냥 기계적인 과정의 결과로 나온 새로운 문장일 뿐이다.

이런 식으로 문장을 가지고 놀아도 아무런 해가 되지 않을지 모른다. 또는 일반 독자가 받아들일 만한 문장을 만드는 변형, 그렇게 만들지 못하는 변형을 분석한다고 해서 해가 될 리는 없다. 그러나 이것은 시간 낭비요, 특히 이런 식으로 나온 문장들이 언어 행동으로 방출되지 못했을 때에는 더욱더 그렇다. "이 문장은 거짓이다." 같은 역설(paradox)은 그 전형적인 예다. 이 문장이 거짓이라면 참인 것 같고, 참이라면 거짓인 것 같다. 우리가 중요하게 고려할 사항은 아무도 이 문장을 언어 행동으로서 방출한 적이 없다는 점이다. 한 문장이 화자가 "이 문장은 거짓이다."라고 말할 수 있기 전부터 존재해야 하다. 그런데 이 문장은 나오기 전까지는 존재하지 않았기 때문에 반응 자체가 통하지 않는다. 논리학자나 언어학자가 문장이라 부르는 것이 반드시 언어 행동은 아니다. 즉, 행동 분석을 요한다는 의미의 언어 행동은 아니라는 얘기다.

청자가 받아들일 만한 문장들을 발생시키는 변형 규칙들은 흥미로울 수 있다. 그러나 이런 규칙들이 언어 행동을 발생시킨다고 생각하면 오산이다. 그래서 우리는 어린아이의 행동을 분석하고 아이가 하는 말의 일부는 작은 '한정사'군과 커다란 '명사'군으로 이루어진다는 점을 발견할 수도 있다.(이 언어 행동적 사실은 언어 공동체들 대부분이 마련하는 강화 수반성에서 기인한다.) 그렇다고 해서 아이가 "작은 한정사군에서 한 단어를 선택하고 큰 명사군에서 한 단어를 선택하는" 식으로 '주어진 유형의 명사구를 형성하는' 것은 아니다. 이건 언어학자의 사후 재구성이다.

언어 행동 분석, 특히 이른바 문법의 발견은 대단히 늦게 이루어졌다. 수천 년 전의 인간은 자기가 규칙에 따라 말한다는 것조차 몰랐다. 규칙이 발견되고 일어난 일에 대해서는 8장에서 살펴보자.

발달 언어 행동의 구성에 관한 지나친 관심 때문에 발달 혹은 성장이라는 은유가 힘을 얻었다. 발화(utterance)의 길이는 연령과 상관관계가 있고, 의미론적·문법적 특징들도 '발달'하는 것으로 관찰된다. 아이에게 언어적 성장은 흔히 배아의 성장에 비유되고, 문법은 아이가 태어날 때부터 지니고 있었던 규칙들에서 비롯된다고 이야기된다. 유전자 코드 형태의 프로그램이 "초기 학습을 착수시키고 이끌어줌에 따라 …… 아이는 언어를 습득한다."는 것이다. 그러나 인간 종은 내장된 설계에 따라서 발달하지 않는다. 인간은 생존 수반성에 따라 선택을 통해 발달한다. 아이의 언어 행동도 강화 수반성의 선택 작용에 따라 발달하는 것이다. 앞에서 지적했듯이 아이뿐만 아니라 아이의 세계도 발달한다.

아이가 놀라운 속도로 언어적 레퍼토리를 습득하는 듯 보이긴 하지만 이러한 성취를 과대 평가하거나 허구의 언어적 능력 따위로 설명해서는 안 된다. 아이는 개별 강화의 효과로 '새 단어를 쓰는 법을 배울' 수 있지만 비언어적인 것들도 그에 못지않게 빨리 배운다.

언어 행동은 눈에 띄는 양상과 쉽게 확인 가능하다는 이유에서, 또한 숨겨진 의미들을 암시한다는 이유에서 더 인상적이다.

구성주의자들과 발달주의자들이 강화 수반성의 다른 부분들을 희생하면서까지 행동의 양상에만 매달리지 않았다면 우리는 아이의 언어 학습에 대해서 더 많은 것을 알게 되었을 것이다. 우리는 아이가 처음으로 쓰는 단어들이라든가, 그 단어들이 주로 쓰이는 순서의 특징을 안다. 연령대에 따른 발화의 길이나 그 밖의 것들도 안다. 구성만으로 충분하다면 이걸로 얘기는 끝날 것이다. 그러나 양상에 대한 기록은 양상이 습득되는 조건에 대한 치밀한 기록으로 보완되어야 한다. 아이가 무슨 말을 들었는가? 어떤 정황에서 그 말을 들었는가? 아이가 비슷한 반응을 입 밖으로 내어서 어떤 효과를 거두었는가? 이런 유의 정보를 확보할 때까지는 어떠한 언어 행동 분석도 그 성패를 판단할 수 없다.

창조적 언어 행동

모든 조작적 행동에서와 마찬가지로, 언어 행동에서도 반응의 본래 형태는 그 사람이 이전에 노출된 적 없는 상황이 불러일으키는 것이다. 행동의 기원은 종의 기원과 그리 다르지 않다. 자극들의 새로운 조합은 새로운 설정에서 나타난다. 이를 기술하는 반응을 화자는 이전에 드러낸 적이 없거나, 다른 사람의 말을 듣거나 읽어서 접한 적이 없을 것이다. '변이'를 낳는 행동 과정들은 다수 있는데, 이 과정들은 강화 수반성의 선택에 종속된다. 우리는 모두 새로운 형태를 만든다. 이를테면 신조어, 합성어, 혼성어, 왜곡을 포함하는 재치 있는 지적, 서둘러 말하느라 범하는 실수 따위가 그렇다.

　아이가 불규칙 변화 동사를 규칙 변화 과거 시제로 '만들어내는' 경우를 두고—가령 "그는 갔다."라는 말을 하면서 go의 과거형으로 went 대신에 goed를 쓰는 경우를 두고—많은 논의가 오갔다. 만약 아이가 'goed'를 한 번도 들어보지 못했다면(즉, 그런 말을 쓰지 않는 어른들하고만 교류하는 아이라면) 그 아이는 분명 새로운 형태를 만들어낸 것이다. 그러나 색깔을 나타내는 단어들과 사물을 나타내는 단어들을 웬만큼 습득한 아이가 난생 처음 "보라색 자동차"라는 말을 했다고 해서 '창조'라고 보지는 않는다. '-ed'라는 동사 어미가 문법을 시사한다는 사실은 쓸데없이 우리의 흥미를 자극할 뿐이다. 이건 영어가 아닌 다른 언어에 과거 시제나 행위 완료를 가르쳐주는 별도의 지표가 있는 것처럼 별도의 조작일 수도 있고, '보라색'과 '자동차'를 합쳤듯이 어떤 새로운 계기를 만나 'go'와 어미 '-ed'를 합친 것일 수도 있다. 언어 행동의 이른바 창조적인 측면은 나중에 또 언급할 것이다.

7장

생각
Thinking

심성주의는 물리적 환경이 마음으로 들어와 경험이 된다는 식으로 말한다. 행동은 목적, 의도, 관념, 의지 행위로서 마음에 들어온다고 한다. 세계를 지각하고 경험을 이롭게 활용하는 것이 '일반 목적의 인지 활동'이 되고, 추상적이고 개념적인 사고는 곧잘 아무런 외부의 지시 대상이 없는 것처럼 이야기된다. 이런 생각이 확고히 수립되어 있으니 일부 남은 행동 기능들도 내면으로 들어가야 하는 것은 당연하다. 최근 세 명의 인지심리학자가 전적인 내면화를 선언했는데 그들은 저서를 마무리하면서 자신들을 '주관적 행동주의자'로 천명했다고 이야기되고 있다.

나는 이 장에서 흔히 고등 정신 과정(higher mental process)이라는 것을 만들어내는 행동 과정을 다수 살펴보겠다. 그 과정들은 생각의 영역에서 큰 부분을 이룬다. 워낙 어려운 영역이기도 하고, 내가 아는 한 아무도 이 영역을 완전히 설명했노라 주장할 수 없다. 지금의 분석이 완전할 수 없는 데에는 또 하나의 이유가 있다. 이 분석은 간략할 것이다. 그러나 생각(thinking)에 대한 행동주의의 해석이 우리가 얻어야 할 전부는 아닐지언정, 심리적 혹은 인지적 설명은 전혀 설명이 아니라는 것을 반드시 기억해야 한다.

'생각'은 곧잘 '약하게 행동함'을 뜻한다. 여기서 말하는 약함은 이를테면 불완전한 자극 통제에서 비롯할지도 모른다. 별로 친숙하지 않은 물건을 보게 됐을 때 우리는 "렌치의 한 종류라고 생각해."라고 말할 수 있다. 여기서 '(나는) ~생각해'는 분명히 '(나는) ~알아'와 상반된다. "나는 갈 거야(I shall go)." "내가 갈 거라는 걸 알아(I know I shall go)."라고 말하기보다 "나는 갈 것 같아(I think I shall go)."라고 말할 때 우리는 다른 이유에서 확률이 낮다는 점을 보고하는 셈이다.

'생각(하다)'이라는 말은 좀 더 중요하게 사용할 수 있다. 체스 게임을 지켜보는 사람은 체스를 두는 사람이 '무슨 생각을 하면서' 이러저러하게 말을 옮기는지 궁금할 것이다. 이 말은 그 사람이 다음에 무엇을 할지가 궁금하다는 뜻이다. 다시 말해, 그가 이제 막 개시한 시작 단계의 행동을 궁금하게 여기는 것이다. 가령 "그는 루크(한국 장기의 차車에 해당하는 체스의 말)를 옮길 생각이었다."는 "그는 루크를 옮기려는 찰나였다."와 다르지 않다. 그러나 보통 '생각'이라는 말은 다른 사람이 감지할 수 없을 만큼 아주 작은 규모로 일어나는 완결된 행동을 가리킨다. 그러한 행동을 내현적(covert)이라고 한다. 가장 흔한 예는 언어적 행동들이다. 언어 행동은 환경의 뒷받침이 필요하지 않기 때문에, 또한 인간은 화자로서나 청자로서나 실제로 자기 자신에게 말을 할 수 있기 때문에 그렇다. 따라서 체스를 두는 사람이 마음에 품은 바는 그가 결과를 시험하기 위해서 내재적으로 게임을 하면서 두었던 다른 수(手)들일 것이다.

내현적 행동에는 우리 자신을 끌어들이지 않고도 행할 수 있다는 장점이 있다. 개인적 결과가 강화 작용을 하지 않는다면 우리는 그 행동을 철회할 수도 있고 다시 시도할 수도 있다.(그런데 보통은 행동이 방출되었을 때에만 의지 행위라는 말을 쓴다. 의지 행위라는 용어는 어떤 입장을 취하고 돌이킬 수 없는 결과를 받아들이는 것을 암시한다.) 내현적 행동은 거의 항상 외현적(overt) 형태로 습득된다. 외현적인 것으로 달성하지 못하는 어떤 것을 내현적으로 달성할 수 있다고 증명한 사람은 지금까지 아무도 없다. 내현적 행동 또한 쉽게 관찰되거니와, 결코 중요하지 않은 것은 아니다. 방법론적 행동주의와 일부 논리실증주의 및 구성주의 유파가 내현적 행동을 '객관적이지' 않다는 이유로 등한시한 것은 분명한 과오였다. 그러한 입장의 한계를 인식하지 못한다면 그 또한 과오가 되겠다. 그러한 입장은 생각에 대한 전통적인 시각들의 적절한 대용물도 아니요, 내현적 행동을 설명하지도 않는다. 내현적 행동은 그저 설명되어야 하는 또 다른 행동일 뿐이다.

여기서의 논증은 이렇다. 심리 생활과 그 생활이 이루어지는 세계는 허구다. 외부 수반성에 따라 일어나는 외부 행동에서 유추하여 지어낸 것들에 불과하다는 말이다. 생각은 행동이다. 행동을 마음에 할당한 데 과오가 있다. 어떻게 이런 과오가 일어났는지 보여주는 몇 가지 예를 생각해보자.

자극의 '인지적' 통제

지각(perception)을 세계에 대한 일종의 포착이나 소유로 보는 옛 시각은 보이는 것과 보는 것, 들리는 것과 귀 기울여 듣는 것, 냄새 가 나는 것과 냄새를 맡는 것, 맛이 나는 것과 맛을 음미하는 것, 느 껴지는 것과 느끼는 것을 구분함으로써 더욱더 힘을 얻었다. 이러 한 각 쌍에서 두 번째 항은 실제로 어떤 행위를 지시한다. 자극을 더 유효하게 만드는 것은 행위다. 가령 킁킁대며 냄새를 맡는 것은 후각 기관 쪽에 공기를 닿게 함으로써 자칫 놓칠 수도 있었을 어떤 냄새를 감지하는 것이다. 또한 우리는 자극을 줄이기 위해서도 행 동한다. 눈을 가늘게 뜨거나 질끈 감고, 귀를 틀어막고, 숨을 참고, 통증을 입히는 사물로부터 손을 멀리 치운다든가 하는 식으로 말이 다. 이러한 '이전에 현재적이었던(precurrent)' 행동 혹은 '준비' 행동 가운데 일부는 유전적 자질의 몫이다. 나머지 것들은 강화 수반성 에 의해 발생한다.

비교적 유사한 과정이 다음과 같이 증명될 수 있다. 배고픈 비둘 기가 실험실 벽면의 동그란 판을 부리로 쫄 때마다 음식으로 강화 를 받는다 치자. 만약 원반이 빨간색일 때만 강화를 받고 초록색일 때는 강화를 받지 않는다면 결과적으로 비둘기가 초록색 원반은 부 리로 쪼지 않게 될 것이다. 그런데 비둘기에게는 안됐지만 원반의 색깔이 흐려져서 식별이 거의 불가능하게 됐다. 그러나 비둘기는 다 른 원반을 쪼아댐으로써 색깔을 보강할 수 있고, 색깔이 중요한 동 안은 계속 그렇게 할 것이다. 변별적인 반응에 이롭게 작용하는 부 가적 자극 생성은 과학에서 아주 익숙한 부분이다. 가령 어떤 용액의 산도를 측정하려면 다른 용액을 넣는다. 이때 용액의 색깔이 특정 방식으로 변하면 산도를 파악할 수 있다.

이와 비슷하게 만들어진 심리적 혹은 인지적 활동들이 있다. 우리는 아무런 물리적 조건을 바꾸지 않고도 어떤 자극을 주시하거나 무시할 수 있는데(가령 녹음된 음악을 들으면서 다른 악기들에 대한 반응을 제거함으로써 특정 악기 소리만 듣는다든가), 이때 다양한 심리적 기제들을 통해서 그렇게 한다고 한다. "세계에 주파수를 맞추느냐 돌려버리느냐"라는 오늘날의 은유적 표현은 아마 라디오와 텔레비전에서 나왔을 것이다. 제2열역학법칙에 대한 '맥스웰(James Maxwell)의 도깨비'와 비슷한 오래된 비유로, 어떤 문지기를 가정해볼 수 있다. 이 문지기는 원하는 자극은 받아들이고 원치 않는 자극은 방어함으로써 주인을 보필하는 충성스러운 종이다. "이쪽 귀로 듣기 위해서 다른 쪽 귀를 꺼버리는 신경계를 상상할 수 있다"는 이야기도 있었다. 물론 문지기의 행동을 설명하기 전까지는 아무것도 설명한 게 아니다. 문지기의 행동을 설명하려는 노력만 있더라도 변화를 자극 통제로 설명하기에는 충분할 것이다.

주의(注意)에 관여하는 것은 자극 혹은 수신자의 변화가 아니라 변별 과정의 기저에 있는 수반성이다. 과거 비슷한 상황에서 일어났던 일에 따라 우리는 강의하는 사람이나 교통 신호기에 주의를 쏟을 수도 있고 주의가 흐트러질 수도 있다. 변별은 행동 과정이다. 마음이 아니라 수반성이 변별을 가능케 한다. 짙은 안개 속에서나 아주 먼 거리에서 사물을 식별하거나 '알아본다'는 것은 그 사물에 올바르게 반응한다는 뜻이다. 식별이 변별과 마찬가지로 반응에 유리한 행위를 의미할 수도 있겠으나('보인다'보다는 '본다'에 더 가깝겠

다) 꼭 그럴 필요는 없다. 우리가 어떤 주어진 설정에서 중요한 것들을 알아보는 이유는 과거의 수반성에서 그것들이 중요했기 때문이다.

개념의 추상과 형성은 인지적이라고 할 수 있을 법하지만 여기에도 강화 수반성이 관여한다. 어떤 추상적 본체(entity)나 개념이 마음속에 있다고 가정할 필요는 없다. 미묘하고도 복잡한 강화의 역사가 특수한 종류의 자극 통제를 발생시킨다. 보통은 개념이 "우리의 생각을 통합한다"고 하지만 다양하게 모아놓은 예들에서 공통적인 세계의 특징들을 말할 수 있게 해줄 뿐이다. 어느 과학자는 "화학 전체가 전자(電子)와 그것들의 위치를 기술하는 파동 함수로 설명될 수 있다고 믿을 만한 충분한 이유가 있다. 그럼으로써 사유는 엄청나게 단순해진다."라고 했다. 이건 확실히 엄청난 단순화다. 아니, 실현 가능하다면 그럴 것이다. 그러나 사유의 단순화라기보다는 실질적 언어 행동의 단순화라고 하겠다. 이 과학자는 개념들은 "발명인 만큼 발견이기도 하다고, 아니 실제로는 발명보다 발견에 더 가깝다고 했으며" "인간의 마음이 실재를 표상하는 연습"이라고 했지만 그 관계의 성격은 밝혀지지 않은 미스터리라고 했다. 이는 가용적 사실보다는 추상적 본체의 미스터리이다. 개념의 지시 대상은 현실 세계에 있다. 개념은 과학자의 마음속에 있는 관념이 아니다. 개념은 단지 자연의 모호한 속성들이 인간 행동의 통제 안으로 들어오게끔 언어 환경이 진화했다는 의미에서만 발명 혹은 발견이다. 과학사가의 도움을 받는다 해도 질량, 에너지, 온도 같은 개념들의 등장을 추적하기에는 이제 너무 늦었을 것이다. 그리고 현재 이 개념들의 용법을 분석하는 것도 그 못지않게 어려울 것이다. 그러나 개념이 과학자의 마음에 있다고 보아서 얻을 것은 하나도 없다.

장소 학습(place learning)을 다룬 대중적인 기사에서 인용한 한 예는 수반성을 추적하는 대신 개념을 만들어내면, 행동을 설명하기가 얼마나 곤란해지는지 잘 보여준다. 3+6이 9라는 것을 배운 아이들에게 6+3을 물어봤다. "한 아이는 당황해서 쩔쩔매고 다른 아이는 쉽게 '9'라고 답한다. 분명히 이 두 아이는 서로 다른 것을 배웠다. 대답 못한 아이는 특정 물음에 대한 특정 답을 배웠고 대답을 잘한 아이는 연산 개념을 배운 것이다." 그러나 이 문장은 우리에게 무엇을 말해주는가? 대답을 잘한 아이가 6+3을 물어보면 9라고 대답하는 법을 다른 때에 배우지 않았다고 확신할 수 있는가? 그 아이가 '1+2=2+1'과 '1+3=3+1' 같은 다수의 예들을 이미 접해 본 것은 아닐까? 덧셈의 교환 법칙을 진술하는 법을 배워서 그 한 예를 들어 보인 것은 아닐까? 연산 개념을 말하는 것으로 만족한다면 그 아이가 실제로 무엇을 배웠는가에 대해서 결코 알아낼 수 없을 것이다.

탐색과 회상

어떤 사람이 통제적 자극을 접할 때 영향을 준다는 또 하나의 이른바 인지적 활동이 바로 탐색(search)이다. 뭔가를 찾는다는 것은 찾는 것이 나타났을 때 강화되었던 방식대로 행동한다는 뜻이다. 우리는 배고픈 동물이 먹을 것을 찾아 나선다고 말한다. 동물이 활동한다는 사실, 그리고 특정 방식으로 활동한다는 사실조차 유전적 자질에서 비롯됐을 수 있다. 그리고 이 유전적 자질은 그러한 행동의 생존적 가치로 설명될 것이다. 하지만 유기체가 익숙한 환경에서 먹을 것을 찾는 방식은 순전히 과거의 성공들이 좌우한다. 아이에게 신발을 찾으라고 하면 아이는 전에 신발을 찾았던 곳부터 살펴볼 것이다.

그렇지만 사물을 찾는 데 좀 더 특화된 전략들이 있다. 쓰레기통('꼼꼼하게 살피다scrutinize'라는 단어는 쓰레기 분류와 관련 있는 표현에서 유래했다)이나 창고 벽장에서 물건을 찾을 때 어떻게 하는가? 어느 페이지에서 특정 단어를 찾거나 인쇄물의 세로줄에서 a를 전부 찾아서 지워야 할 때 우리는 어떻게 하는가? 노련한 사람이라면 원하는 것을 찾을 확률은 최대화하고 놓칠 확률은 최소화하는 방향으로 행동에 나서고, 자료를 분류하고, 시선을 옮길 것이다. 그가 이렇게 하는 이유는 과거의 수반성에 있다. 이런 행동을 인지적이라고 일컬을 이유는 없다. 그런데도 그 비슷한 과정이 마음의 세계에서 일어난다는 식으로 얘기되고 있다.

'비망록', '기념품', '기념', '기념비' 같은 단어들이 암시하는 다양한 이유에서 사람들은 세계의 모사를 만들고, 그 세계에서 일어났던 일을 기록하고, 나중에 쓸 생각으로 저장했다. 점토판에 새겨 넣은 글이나 서명, 기념비에 새겨진 전설, 책, 그림, 사진, 녹음, 컴퓨터의 자기 디스크 기억 장치 따위가 그 흔한 예이다. 이러한 기록은 미래에 과거의 적절한 행동을 환기시킴으로써 좀 더 효과적으로 반응할 수 있게 할 것이다. 이러한 관행은 분명히 그 어떤 심리학적 체계 구성보다 수 세기는 족히 앞서서 인지적 은유를 정교하게 만들어냈다. 이렇게 경험을 기억에 저장했다가 나중에 끌어내거나 재생

해서 현재 설정에 효과적으로 반응하기 위해 사용한다는 것이다.

저장되는 것은 자극의 모사들―얼굴, 이름, 날짜, 글, 장소 등등―로서 이것들은 나중에 다시 끌어내도 웬만큼 원본의 효과를 지닌다고 여겨졌다. 모사가 원본만큼 중요성을 지닐 수는 없다. 모사는 변환되고―가능하면 기억 심상(engram), 반향회로, 전기장 등으로―코드화되어야 한다. 악곡이나 스토리처럼 시간적 속성을 지니는 것에 대한 기억은 특히 저장을 상상하기가 어렵다. 그럼에도 불구하고 이 모든 것들은 기억 속에 '있다고' 이야기된다.

그러나 물리적 탐색에 병행하는 심리적인 것은 무엇인가? 우리는 어떤 아이템을 기억의 창고에서 어떻게 찾아내는가? 플라톤은 근본적인 질문을 제기한다. "사람은 자기가 아는 것에 대해서든 알지 못하는 것에 대해서든 물어볼 수 없다. 자기가 아는 것이라면 물어볼 필요가 없다. 알지 못하는 것이라면 무엇을 물어야 하는지 아예 주제를 모르는 셈이니 역시 물어볼 수가 없다." 여기서 '물어보다, 조사하다(inquire)'는 '탐색하다(search)'로 읽어도 된다. 기억하지도 못하는 것을 어떻게 찾아 나선단 말인가? 인지심리학자는 도서관, 컴퓨터, 창고, 우편 제도 따위의 서류철 작성 체계에서 빌려 온 여러 가지 접근 체계들을 이야기한다. 따라서 어떤 종류의 아이템을 탁월하게 검색해내는 이유는 "아이템에 직접 접근할 수 있게 하는 주소 지정 체계" 덕분이라는 것이다. ― 당연히 그래야 한다!

행동 분석에서는 접근성이라는 말 대신에 확률이라는 말을 쓴다. 유기체에 영향을 끼치는 수반성이 그 유기체에 저장되는 것은 아니다. 수반성은 결코 유기체 안에 있지 않다. 단지 유기체를 변화시킬 뿐이다. 그 결과 유기체는 특정 종류의 자극 통제를 받아 특정 방식으로 행동한다. 미래의 자극이 이전의 수반성에 일조했던 자극과 비슷하다면 효과를 보일 것이다. 어쩌다 일어난 자극이 어떤 사람, 장소, 사건 따위와 왠지 비슷한 데가 있다면 우리는 그 사람, 장소, 사건을 '상기할' 것이다. 상기한다는 것은 지각적으로 반응할 확률이 높다는 것이다. 어떤 이름이 우리에게 어떤 사람을 상기시킬 수 있다. 이것은 우리가 지금 그 사람을 본다는 의미다. 그 사람의 모사를 (마술로 끌어내듯) 떠올리고 나서 그 다음에 바라본다는 뜻이 아니다. 또한 이는 우리가 전에 그 사람이 있을 때 행동했던 것처럼 행동한다는 뜻일 뿐이다. 지금 우리 안에 그 사람의 시각적 모습의 모사 따위는 없으며 과거에도 없었다. 우리는 우연히 자극을 받고서 이미 저장되어 있는 모사를 찾아 나서는 게 아니다. 그러한 모사를 찾아내서 다시 지각하는 것이 아니다.

접근성에 대한 인지심리학자들의 집중 실험들은 모두 확률이라는 면에서 재해석될 수 있다. 친숙한 단어가 생경한 단어보다 빨리 떠오르는 이유는 '친숙한'이라는 말 자체가 암시하듯 개인적 이력 때문에 그런 단어의 초기 확률값이 더 크기 때문이다. "단어의 저장에는 조직 형태가 있어서 자주 찾지 않는 아이템보다 흔히 요청되는 아이템에 대한 접근이 더 빠르다."라고 결론 내릴 필요가 없다.

회상(recell)의 기법들은 기억의 창고를 탐색하는 것과 상관없으며 단지 반응 확률을 높이는 쪽에만 관심이 있다. 기억술은 회상해야 하는 행동을 촉진하거나 증강하는 행동을 미리 학습하거나 쉽게 학습하는 것으로 보아야 한다. 어떤 곡을 연주하는 중에, 혹은 시를 암송하는 중에 다음에 올 부분을 잊어버렸다 치자. 이때 우리가 처음부터 다시 시작하는 이유는 음악이나 시가 하나의 기억 단위로 저장되어 있어서 한 부분이 다른 부분을 찾는 것을 도와주기 때문이 아니라, 처음부터 시작할 때 발생하는 추가 자극이 잊었던 부분을 환기시키기에 충분하기 때문이다. 이름을 떠올릴 때 알파벳을 하나하나 짚어보는 것이 도움이 되는 이유는 우리가 모든 이름을 알파벳순으로 저장해 두어서가 아니라 어떤 문자를 발음해본다는 것은 이름의 일부를 발음해보는 것이기 때문이다. 다른 사람이 이름을 떠올리게 옆에서 도와줄 때처럼 스스로 반응을 유도한다고 할까. 이름을 회상하는데 엉뚱한 이름이 뚜렷이 떠오른다면 그 엉뚱한 이름이 우리 기억의 창고 안에서 '표적을 가리고 있기' 때문이 아니라 워낙 반복적으로 방출되기 때문에 우리가 찾는 진짜 이름이 차단된 것이다. 좀 더 쉽게 기억하기 위한 기법은 저장 기법이 아니라 오히려 효과적인 지각 발생의 기법이다. 나중에 스케치할 광경을 바라보는 화가는 어느 정도 그가 보는 대로 스케치를 할 것이다. 따라서 화가가 그 광경을 바라본다는 것은 나중에 자신에게 중요성을 띠게 될 행동을 키우는 것이다.

컴퓨터의 등장은 기억 저장이라는 은유를 극적으로 굳혀주었고, 이 은유는 상당한 문제를 야기했다. 컴퓨터는 이러한 은유가 처음 근거로 삼았을 점토판만큼이나 좋지 않은 보기다. 우리는 강화 수반성의 불완전성을 보완하기 위해서 나중에 쓰려고 외적 기록을 남긴다. 그러나 그에 해당하는 내면의 기록 과정을 추정해봤자 이런 유의 사고를 이해하는 데에는 아무 도움이 안 된다.(그건 그렇고 마음을 컴퓨터 모델로 상정하여 인간을 기계처럼 표상하는 사람은 행동주의자가 아니라 인지심리학자이다.)

문제 해결

그 외의 이른바 인지적 과정들은 문제 해결과 관련이 있다. 이 분야는 특히 미스터리에 싸여 있는데, 부분적으로는 이 분야의 진술 방식에 그 이유가 있다. 우리는 "한없이 복잡한 현실 속에서 방향을 잡기 위해서, 경험의 끝없는 개별성을 다스리기 위해서, 사실 너머의 본질을 찾기 위해서, 세계-내-존재에 의미를 부여하기 위해서" 문제를 해결해야 할 필요가 있다고 한다. 다행히 이보다 훨씬 간단한 진술이 가능하다. 어떤 조건이 강화 작용을 할 수 있는데, 그 조건을 생성할 반응이 없을 때 그 사람은 문제가 있는 것이다. 그러한 반응을 방출할 때 그의 문제는 해결될 것이다. 예를 들어, 누구를 소개하면서 그 사람의 이름을 깜박 잊었다면 그건 문제다. 이 문제는 이름을 회상하거나 다시 배워서 해결된다. 대수 방정식은 x의 값을 찾으면 해결된다. 차가 멈춰 선 것이 문제라면 차가 다시 출발함으로써 해결된다. 질병이 문제라면 효과적인 치료법을 찾음으로써 해결된다. 그렇지만 문제 해결은 해답이라는 반응의 '방출' 그 이상이다. 문제 해결이란 그 반응이 좀 더 일어날 법하게끔, 보통은 환경을 바꿈으로써 차근차근 단계를 밟아 가는 것이다. 두 사물이 서로 다른 것인지 같은 것인지 아는 것이 문제라면 우리는 비교가 용이하게끔 그 둘을 나란히 놓고 볼 것이다. 그 둘을 반드시 서로 다른 것으로 대해야 하는 것이 문제라면 그 둘을 따로 떼어놓을 것이다. 우리는 비슷비슷한 것들을 동일한 방식으로 취급하기 위해서 한 부류로 묶는다. 해결에 일련의 단계가 필요하다면 순서별로 정리할 것이다. 우리는 언어 반응을 말에서 상징으로 번역하여 재진술한다. 삼단 논법의 전제들을 중첩하는 원들로 나타낸다. 양은 헤아리거나 측정하여 분명히 밝힌다. 답이 나왔어도 한 번 더 풀어보고, 가능하다면 다른 방법으로 풀어서 확인한다.

우리는 이러한 전략 가운데 일부를 우리가 접하는 문제 수반성에서 배우지만 단 한 번의 생애에서 그리 많은 것을 배우지는 못한다. 문화의 중요한 기능이 바로 남들이 배운 것을 전달하는 데 있다. 문제 해결은 가공되지 않은 수반성에서 비롯되든 다른 사람들의 가르침에서 비롯되든 외현적 형태로 습득되고(내재적 수준에서 사적 결과로부터 습득한 전략은 예외일 수 있겠다) 항상 외현적 수준에서 이루어진다. '사유/생각'이라는 단어가 적용되기 쉬운 내재적 경우는 속도와 비밀 유지에 장점이 있을 뿐 그 밖에는 아무 특별한 장점을 누리지 못한다.

선택 둘 이상의 반응이 나타날 수 있는 경우 그중에서 선택을 할 때 발생하는 문제가 상당한 주목을 받았다. 이때는 효과적 반응을 발견하는 것이 문제라기보다는, 미결(未決)에서 벗어나는 것이 문제다. 우리는 다양한 방법으로, 가령 '사실들을 재검토함으로써' 선택이나 의사 결정을 용이하게 한다. 우리가 언어적인 것이든 그렇지 않든 외적 자료를 다루고 있다면 그것을 다시 본다는 의미에서 실제로 재검토(re-view)할 수 있겠다. 그러나 우리가 내적으로 작용을 한다면 파일에서 서류를 꺼내듯 사실들을 회수하지는 못한다. 우리는 그저 사실들을 다시 보는 것이다. 어떤 논증을 재검토한다는 것은 그냥 다시 논증을 펴는 것이다. 사용되어야 할 모든 사실은 가용적이기 때문에 다시 봄(re-viewing)이 곧 다시 불러옴(re-calling)은 아니다.

어떤 사람이 가능해 보이는 둘 이상의 행위 과정 중 하나를 취하면 그 사람은 선택을 했다고 말한다. 문제는 '가능'이라는 말에 있다. 다수의 '가능한' 반응 중 하나를 한다는 것은—마치 하릴없이 공원을 거닐 때가 그렇듯—진지한 결정까지 요하지 않는다. 그러나 중대한 결과가 달려 있고 둘 이상의 반응들이 확률적으로 거의 비슷하다면 문제는 반드시 해결되어야 한다. 보통은 설정을 바꿈으로써 문제를 풀고 미결에서 벗어난다.

"인간은 선택할 수 있고 그러기를 욕망한다."는 말은 둘 이상의 반응이 확률적으로 거의 비슷한 상황은 피하고 싶을 것이라는 뜻이다. "인간은 자기가 할 수 있는 선택을 행할 자유를 요구한다."는 말은 더 이해하기 어렵다. 선택을 행한다는 것은 그냥 행위한다는 뜻이고, 자기가 할 수 있는 선택도 행위 그 자체일 뿐이다. 인간이 선택을 할 자유를 요구한다는 말은 물리적 상황이나 그 밖에 행동에 영향을 주는 조건의 제약이 없어야만 그렇게 할 수 있다는 뜻이다.

실제로 문제를 해결하는 것은 행동인데 이를 간과하기가 쉽다. 어느 고전적인 설명에 따르면 우리에 갇힌 침팬지가 자기 손이 닿지 않는 곳에 있는 바나나를 끌어오기 위해서 막대기 두 개를 연결할 수 있었던 모양이다. 침팬지가 "거리라는 장애물을 극복하는 방법의 문제를 해결하는 데 무엇이 필요한지 지각하고 이를 기반으로 삼아 지능적인 행동을 보여주었다."라고 말해버리면 과연 무슨 일이 일어났는지 파악할 수가 없다. 침팬지는 이런 문제를 풀기까지 적어도 다음과 같은 것들을 배웠을 것이다. 긴 막대로 바나나를 끌어온 걸 보면 긴 막대와 짧은 막대의 구별을 배웠고, 두 개의 막대를 각기 다른 손으로 잡는 법을 배웠으며, 막대를 구멍 사이로 집어넣는 법을 배웠다. 이러한 준비를 거쳤다면 침팬지가 (확인되지 않은) 이 드문 경우에 한쪽 막대에 나 있는 구멍에 다른 막대를 끼워서 길이를 연장하여 바나나를 끌어오지 못하리란 법도 없다.

문제 해결에 관련된 작업을 수행할 때마다 행동 분석의 중요성은 아주 명백하다. 예를 들어 아이에게 비슷한 행동을 가르치려면 수시로 이 모든 구성 요소들을 강조해야만 한다. 아이에게 '거리라는 장애물을 극복할 필요'를 강하게 촉구한다고 해서 아이가 큰 진전을 보이지는 않을 것이다.

창조적 행동

플라톤의 《메논》에 나타난 대화가 암시하듯이 창조적인 마음에도 문제가 없지는 않았다. 자극-반응 심리학은 이 문제를 해결할 수 없었다. 만약 행동이 자극에 대한 반응에 지나지 않는다면 자극은 새로울 수 있겠으나 행동은 그렇지 않을 것이기 때문이다. 조작적 조건화는 자연 선택설이 진화론에서 비슷한 문제를 해결했던 것과 다소 비슷하게 이 문제를 해결한다. 돌연변이에서 발생한 우발적 특징들이 생존에 기여함에 따라서 선택을 받듯이, 행동의 우연한 변형들은 강화를 하는 결과에 따라서 선택되는 것이다.

수학, 과학, 예술처럼 중요한 것의 생산에 우연이 중요한 역할을 담당할 수 있는가라는 질문은 곧잘 제기되었다. 게다가 언뜻 보기에 완전히 결정론적인 체계에는 우연의 여지가 있을 것 같지 않다.

교회는 자기들의 신앙과 기본 설계에 입각해서 몽테뉴가 운이나 자연 같은 용어를 쓴다는 이유로 검열을 가했다. 성 아우구스티누스(Saint Augustinus)가 하늘의 권고를 얻고자 성경을 펴고 맨 처음 눈에 들어오는 단어들을 읽었던 이유는 오로지 그 단어들이 결코 우연히 그의 눈에 띈 것이 아니라는 이유에서였다. 정신분석은 또 하나의 결정론적 체계로서 우연이 터부시되는 또 하나의 시대를 열었다. 엄격한 프로이트주의자는 우연히 약속을 깜박 잊는다든가, 사람 이름을 잘못 부른다든가, 말이 잘못 나올 수 있다고 생각하지 않는다. 그러나 작가, 작곡가, 화가, 과학자, 수학자, 발명가의 전기를 쓴 사람들은 누구나 행복한 우연이 독창적 행동을 낳는 데 매우 중요하다는 것을 보여주었다.

여기서도 선택 개념이 핵심이다. 유전자 변이와 진화론은 임의적이고, 강화에 의해 선택되는 반응 양상은 임의적이진 않지만 적어도 그것들이 선택되는 수반성과 반드시 연결되어 있으란 법은 없다. 그리고 창조적인 생각은 '변이' 생산과 크게 관련이 있다. '변이'를 도입함으로써 독창적인 행동이 일어날 확률을 높이는 명시적 방법들은 작가, 화가, 작곡가, 수학자, 과학자, 발명가들에게 친숙하다. 우리는 의도적으로 설정이나 행동 양상에 변화를 줄 수 있다. 화가는 물감, 붓, 화폭의 표면 따위를 바꿈으로써 새로운 질감과 형태를 만들어낸다. 작곡가는 새로운 리듬, 스케일, 선율, 화음열을 만들어내는데 때때로 수학적 혹은 기계적 도구를 이용하여 옛 형식의 배열을 치환하는 방법을 쓴다. 수학자는 공리들의 집합에 변화를 가했을 때의 결과를 탐구한다. 이 결과들은 아름답다든가 대부분의 수학, 과학, 발명에서 성공적이라는 의미에서 강화적일 수 있다.

새로운 언어 반응은 논의를 통해서 나올 확률이 높다. 강화의 한 이력 그 이상이 작용하기 때문이기도 하지만, 다양한 이력들이 우발적으로, 혹은 설계에 의해 새로운 설정으로 이어질 수 있기 때문이기도 하다. 이른바 사상사(思想史)는 아주 많은 예를 제시한다. 18세기 프랑스의 계몽사상가들은 영국 작가들, 특히 베이컨(Francis Bacon), 로크, 뉴턴(Isaac Newton)에게서 많은 부분을 차용했다. 어느 저자가 주장했듯이 "영국의 사유는 프랑스인들의 두뇌에서 장기적으로 놀랍고도 파급력 있는 결과를 만들어냈다". 이 문장은 물론 의도적인 은유로서, 심리적인 것(사유)과 해부학적인 것(두뇌)을 한데 섞고 있다. 그러나 영어 원문의 프랑스어 번역본이 언어 이력이 다른 사람들에게 읽힘으로써 새로운 반응을 발생시킬 수 있다는 지적은 분명 타당하다.

마음의 구성

생각의 구성과 마음의 발달은 수 세기 동안 당연히 인기 있는 주제들이었다. 이후 두 장에서 보게 되겠지만 지식에는 어떤 객관적 상태들이 있다. 그러나 사유 과정은 행동적이다. 구성주의의 설명은 유전적·개인적 이력을 등한시하는 한 불완전할 수밖에 없다. 사유의 발달은 곧잘 원예와 관련된 은유로 기술되어 왔다. 마음의 성장이 주인공이다. 교사는 농부가 밭을 경작하듯 마음을 경작해야 하고 지식인은 포도밭의 포도가 특정한 방향으로 여물어 가듯 잘 여물어야 한다. 그렇지만 사유하는 사람이 노출되어 있는 세계의 발달은 심히 간과되고 있다.

아동의 '언어 발달'을 연구하는 사람은 어휘, 문법, 문장의 길이에 관해서 많은 것을 말해주지만 아이가 단어나 문장을 듣는 수많은 기회들, 아이 스스로 그런 말을 하고 결과를 얻는 수많은 기회들에 관해서는 별로 말하지 않으며 '언어 발달'에 관한 적절한 설명이 불가능하다는 것도 말하지 않는다. 마음의 성장도 사정은 마찬가지다. 가령 관성(慣性) 개념을 갖게 되었음을 가리키는 행동, 그런 행동이 일반적으로 나타나는 연령은 분명 중요한 사실들이지만 우리는 그러한 개념 '발달'에서 아이가 사물을 밀고, 당기고, 비틀어보고, 돌려보고 했던 수많은 기회들에 관해서도 알아야만 한다.

한 인간의 환경에 대한 노출이 어떻게 발달하고 혹은 성장하는지 적절하게 설명하지 못하는 이상, 사유의 중요한 측면이 유전적 자질로 떠넘겨지는 것은 거의 불가피한 결과다. 언어 행동은 문법의 선천적 규칙의 작용을 보여준다는 소리를 들을 뿐 아니라 "크기, 모양, 움직임, 위치, 수, 지속성 같은 선천적 관념들"이 "우리가 일상생활에서 경험하는 혼란스럽고 파편적인 자료에 형상과 의미를 부여한다"고까지 이야기된다. 크기, 모양, 움직임, 위치, 수, 지속성은 환경의 특징들이다. 이 특징들은 충분히 오랫동안 만연했고 이 특징들에 관한 행동은 적절한 행동의 진화를 가능하게 할 만큼 결정적이었지만 개인의 일상생활에 작용하는 강화 수반성은 동일한 특징들의 통제 안에서 보완적인 행동을 낳는다. 인간 종의 가장 위대한 성취는 (인간의 마음의 성취가 아니라) 아주 최근에 일어났기 때문에 아직 옹호할 만한 유전적 설명을 내놓지 못한다. 그러나 생존 수반성 혹은 강화 수반성에 호소한다면 적어도 선천적 관념에 대한 호소는 피할 수 있겠다. 구성 없는 구조는 있을 수 없겠으나 우리는 구성하는 마음이 아니라 구성하는 환경을 주시해야 한다.

생각하는 마음

마음이 생각에서 중요한 역할을 한다고 한다. 때로는 마음이 생각이 일어나는 장소, '의식의 흐름' 속에서 어떤 이미지, 기억, 관념이 또 다른 것들로 나아가는 장소처럼 이야기된다. 마음은 텅 비어 있거나 사실들로 가득 차 있다. 마음은 정리될 수도 있고 아수라장일 수도 있다. 어느 통신 회사의 유명 광고는 "수학은 마음속에서 일어납니다. …… 수학은 개념, 상징, 관계를 통해 작용하기 때문에 본질적으로 마음의 것입니다."라고 말한다. 때로는 마음이 생각의 도구처럼 보인다. 마음은 예리할 수도 있고 둔할 수도 있다. 마음이 술 때문에 어지러울 수도 있고 상쾌한 산책 덕분에 말끔해질 수도 있다. 그러나 일반적으로 마음은 생각의 대리자다. 감각 자료를 살피고, 외부 세계를 추론하며, 기록을 저장하고 끄집어내며, 도착하는 정보를 여과하고, 정보를 분류하며, 결정을 내리고, 행위하고자 하는 것이 다 마음의 소관으로 이야기된다.

'마음' 대신 '뇌'라는 단어를 사용함으로써 이 모든 역할들에서 심신이원론 문제를 피해 갈 수 있었다. 뇌는 사유가 일어나는 장소로 이야기된다. 뇌는 생각의 도구다. 뇌는 예리할 수도 있고 둔할 수도 있다. 도착하는 자료를 처리하고 데이터 구조 형태로 저장하는 것도 뇌다. 마음과 뇌, 이 둘은 고대의 호문쿨루스(homunculus, 작은 인간) 개념과 크게 다르지 않다. 어떤 내적 인간이 자기 속에 깃들어 사는, 외적 인간의 행동을 설명하는 데 필요한 바로 그 방식대로 행동한다는 것이다.

마음과 사람을 동일시하면 훨씬 간단하게 해결이 된다. 사람의 생각은 사람의 행동이다. 인간의 사상사는 사람들이 무슨 말을 하고 무엇을 했느냐다. 수학의 기호들은 문어적·구어적 언어 행동의 산물이다. 그 기호들이 나타내는 개념과 관계는 환경 속에 있다. 생각은 행동으로 표현되는 가공의 내적 과정이 아니라 행동의 측면을 지닌다.

우리는 이제 겨우 복잡한 강화 수반성의 효과를 이해하기 시작했다. 그러나 생각이라고 부르는 행동에 대한 우리의 분석이 아직 미흡할지언정, 다루어야 할 사실들은 비교적 분명하고 접근 가능하다. 반면에 마음의 세계는 플라톤에게 처음으로 발견되었다는 그때나 지금이나 요원하기만 하다. 심성주의자들, 인지심리학자들은 인간 행동을 비물리적인 차원의 세계로 옮기려고 함으로써 기본적인 쟁점들을 불가해한 형식에 쑤셔 넣었다. 그들은 또한 대단히 유용한 증명을 놓치게 했다. (생각이 무엇인지 아마도 알 법한) 위대한 사상가들조차 활동을 주관적 형식으로만 말하게 되었기 때문이다. 그 결과, 그들은 자신들의 이전 역사에서 중요한 사실들을 말하지 못했다.

8장

원인과 이유

Causes and Reasons

사유의 몇 가지 종류를 더 고려해보아야 한다. 앞 장에서 다룬 행동은 강화 수반성의 산물이다. 강화 수반성이란 어느 주어진 환경 설정에서 행동이 어떤 유의 결과를 지닐 때 일어나는 일이라는 뜻이다. 이른바 마음의 지적 생활은 언어 행동의 등장과 함께 크게 변했다. 사람들은 자기가 무슨 행동을 하는지, 왜 그런 행동을 하는지 말하기 시작했다. 자신의 행동, 그 행동이 일어나게 된 상황, 행동의 결과를 기술하게 된 것이다. 달리 말하면, 사람들은 강화 수반성에 영향을 받는 데서 한 걸음 더 나아가 그러한 수반성을 분석하기 시작했다.

명령, 충고, 경고

이런 유의 첫 번째 언어 관행 중 하나가 명령이나 지시를 내리는 것이다. "움직여!"는 어떤 행동을 기술하고 결과를 함축한다. 이 말을 듣는 사람은 움직여야 하고, 그렇게 하지 않았다간 어떻게 된다! 화자는 청자가 무엇을 해야 하는지 말하고 지시가 되풀이될 때마다 청자가 행동을 되풀이하는 법을 배울 수 있게끔 혐오스러운 결과를 마련한다. 경고는 혐오스러운 결과가 대개 경고하는 사람이 마련한 것은 아니라는 점에서 지시나 명령과 다르다. "잘 봐!"는 낙석을 조심한다든가 하는 행동을 기술하고 결과를 함축한다. 그러나 이때 결과는 화자가 작위적으로 만들어낸 결과라기보다는 행동의 자연스러운 결과로 봐야 한다. 충고("젊은이여, 서부로 가라!")는 행동을 특화하고 긍정적으로 강화하는 결과를 함축하는데, 이 결과 역시 충고하는 사람이 만들어낸 것은 아니다.("……그러면 떼돈을 벌 것이다.") 사람은 과거의 비슷한 상황에서 어떤 일이 일어났느냐에 따라 경고를 새겨듣거나 충고를 따른다. 5장과 6장에서 보았듯이 그가 반응할 확률은 화자 혹은 화자가 말하는 내용에 대한 신뢰나 믿음의 척도가 될 수 있다.

지시와 교습

한 사람은 다른 사람에게 강화적 결과를 지적하거나 나타냄으로써, 강화적 결과가 있는 행동을 기술함으로써, 특히 통제 효과가 있는 환경을 기술함으로써 지시(direction)를 내린다. "보스턴으로 가려면 495번 도로 분기점까지 93번 도로를 쭉 타고 가다가 90번 도로에서 좌회전하세요." 자동 판매기 조작에 관한 지시는 순서대로 수행해야 하는 연속적인 행동들을 기술한다. "자판기를 사용하려면 투입구에 동전을 넣고 원하는 상품 아래 손잡이를 잡아당기세요."

지시는 지식을 주거나 정보를 전달하지 않는다. 지시는 실행되어야 하는 행동을 기술하고 결과를 진술하거나 나타낼 뿐이다.

교습(instruction)은 지시가 더는 필요없게 하고자 고안된다. 운전을 배우는 사람은 자기 옆에 앉아 있는 교관의 언어 행동에 반응한다. 그는 옆에서 하라는 대로 차를 출발시키고, 세우고, 이동하고, 신호를 작동한다. 이러한 언어 자극들이 처음에는 지시일 수 있으나, 언어적 도움이 꼭 필요할 때에만 주어진다면 그때는 교습이 된다. 그때부터는 운전자의 행동이 결과적으로 운전의 자연스럽고 비언어적인 수반성에 좌우된다. 그러나 이 수반성에 노출되는 방법으로만 운전을 배운다면 굉장히 오랜 시간이 걸릴 것이다. 운전자가 되려는 사람은 기어를 넣을 때나 핸들을 돌릴 때, 액셀러레이터를 밟거나 브레이크를 넣을 때, 그 밖의 상황에서 어떤 일이 일어나는가를 스스로 엄청난 위험을 감수하면서 알아내야 할 것이다. 그러나 교습을 받으면 이러한 수반성 가운데 상당수에 직접 노출되지 않아도 되고, 결과적으로 교관이 행동하는 대로 행동하게 된다.

교관은 자신의 지식이나 경험을 학습자와 '소통하는' 것이 아니다. 최종 행동은 교습받지 않은 것으로서, 자동차와 공공 도로의 자연스러운 수반성에 따라서 형성되고 유지된다. 교관은 학습자가 위험을 무릅쓰지 않고 그러한 수반성의 통제를 빨리 받게 할 뿐이다.

교육의 상당 부분은 언어 행동으로 이루어지는 교습이다. 학생은 어떻게 브레이크와 액셀러레이터를 쓰는지 배우기보다는 '말을 구사하는' 법을 배운다고 하겠다. 그러나 이 경우에도 학생에게 지식을 주는 것이 아니라 행동하는 법을 말해주는 것이다. 표가 붙어 있는 그림을 제시하는 교습은 종종 매우 빠르게 작용한다. 그림을 보는 사람은 어떤 사물을 어떻게 부르는지, 그 꼬리표가 무엇을 의미하는지 단박에 안다. 정의(definition)는 교습의 좀 더 내면적인 형태로 보일 수 있으나 정의의 효과는 어떤 언어 반응이 다른 언어 반응과 교환될 수 있게 하는 것뿐이다.

민간 전승, 격언, 속담

교습의 일부 형태는 그것이 기술하는 수반성이 오랫동안 지속되기 때문에 세대를 넘어서까지 전달된다. 가령 "친구를 잃고 싶거든 돈을 빌려주어라." 같은 격언은 행동(돈을 빌려줌)과 결과(친구를 잃음)를 기술한다. 우리는 라 로슈푸코(François de la Rochefoucauld)의 "자존심은 최고의 아첨꾼이다."라는 말을 "우리는 다른 사람들보다 우리 자신에 대해서 좋게 말하기 십상이고, 사실을 전한다기보다는 듣는 이를 기분 좋게 하려고 말하기 십상이다."라고 번역할 수 있겠다. 장인(匠人)들의 경험에서 우러난 법칙도 민간 전승의 한 부분으로서, 그러한 법칙이 기술하는 행동을 더 쉽게 익히거나 기억하게 한다면 문화의 영속적인 특징이 될 수 있다. 민간 전승, 격언, 속담은 그것들이 증강하는 행동의 이점들이 장기간 뒤로 미루어지는 데다가 강화물로는 잘 작용하지 못하기 때문에 효과적이다.

서서히 변화하는 작은 공동체 특유의 사회적 수반성이 흔들릴 때, 과거에는 필요하지 않았던 형식적 교습을 적용할 필요가 발생한다. 어느 작가는 수십 년 전만 해도 "모국어의 리듬에 대한 본능이 원리들을 대신했다. 지금은 본능의 자리를 메꾸기 위해 명시적인 원리들이 필요하다."(여기서 본능은 아마도 언어 공동체에 의해 직접 형성되는 행동을 뜻하는 듯하다)라고 지적한 바 있다.

정부의 법과 종교의 법

사람들이 집단 생활을 하면서부터 사회 환경이 발생했고, 이러한 환경의 특징은 몇 가지 관행으로 나타났다. 가령 남에게 상해를 입히는 행동을 하는 사람은 상해를 입은 자들에게 처벌을 받았다. 구체적인 상해를 입지 않은 사람들까지 그러한 행동을 나쁘게 보고 처벌함에 따라서 표준적인 경고가 수립될 수 있었다. 수반성은 우리가 법이라 부르는 종교와 정부의 경고, 지시, 교습 따위로 규범화됨으로써 더욱더 강력해졌다.

정부의 법과 종교의 법을 집행하기 위해서 특수한 수반성이 마련되지만, 일부러 만들지 않았는데 유지되어 온 사회적 수반성도 동일한 효과를 발휘할 수 있다. 도둑질에 대한 기존의 사회적 제재를 법으로 규범화한 사회에서, 어떤 사람이 처음에는 "도둑질하지 말라."는 계명을 따랐을 뿐이더라도 결과적으로는 친구들의 비판과 질책을 면하기 위해서 도둑질을 삼갈지도 모른다. 그는 이렇게 행동함으로써 규범화되지 않은 사회적 제재의 통제를 받는다. 법은 원래 그러한 사회적 제재에서 파생된 것이다.

과학 법칙

법률가이기도 했던 프랜시스 베이컨은 처음으로 과학의 법칙을 논한 인물로 보인다. 법에 따라 통치가 잘된 국가가 그렇듯, 물리적 세계의 질서를 책임지는 법칙들을 발견할 수 있을지도 모른다. 과학 법칙은 아마도 장인들의 구전(口傳) 지식에서 처음 발생했을 것이다. 간단한 예 하나로 자연적 수반성에서 빚어진 행동과 법칙에서 발생한 행동이 어떻게 다른지 알 수 있다. 중세 대장간에는 바람을 불어 넣어 불을 뜨겁게 지피는 커다란 풀무가 있었다. 풀무가 효과를 톡톡히 발휘하려면 완전히 열었다가 닫아야 하고 열 때는 빨리, 닫을 때는 천천히 해야 한다. 대장장이는 뜨겁게 지속되는 불이라는 강화적 효과 때문에 이런 식으로 풀무 사용법을 익혔다. 대장장이는 자신의 행동을 기술하지 않고도 이러한 노하우를 익혔지만 풀무 작동에 효과적이거나 어느 정도 시간이 지난 후에 그 방법을 기억하는 데 도움이 되는 묘사는 있었을 것이다. 다음과 같은 짧은 구절이 그 역할을 담당했다.

위로 높이
아래로 낮게
위로 빨리
아래로 천천히
　　풀무질은 이렇게 해야 한다.

대장장이가 도제를 고용한 경우라면 이 운문이 다른 이유로 도움이 된다. 이 운문을 하나의 규칙으로 가르칠 수 있기 때문이다. 도제는 불이 오랫동안 뜨겁게 유지되기 때문에 규칙을 따르는 게 아니라 돈을 받으니까 그렇게 하는 것이다. 그는 불에 어떤 효과가 미치는지 이전에 봤어야 할 필요가 없다. 도제의 행동은 전적으로 규칙의 지배를 받은 것이다. 반면, 그러한 규칙을 발견한 대장장이의 행동은 수반성에 따라 형성된 것인 동시에 어느 정도는 규칙의 지배를 받은 것이다.

초기의 과학 법칙들은 물리적 세계의 자연적 수반성으로 보완되었다. 가래로 밭의 흙을 갈아엎는 농부나 장대로 돌을 움직이는 석공은 지렛대와 연루된 수반성의 통제를 받는다. 지렛대로 흙을 엎거나 돌을 움직이려면 받침점에서 가급적 먼 곳에 힘을 가해야 한다. 가래와 장대는 이러한 이유에서 길쭉하게 만들어졌고, 새로운 일꾼에게 가래나 장대를 어떻게 고르고 손잡이 어디를 잡아야 하는지 가르치기 위해서 대장장이의 규칙 비슷한 어떤 구전 지식이 쓰였을지도 모른다. 지렛대의 법칙을 좀 더 형식을 갖춰 진술할 경우, 수반성에 따라 형성되는 행동(contingency-shaped behavior)이 불가능하거나 있을 법하지 않은 상황에도 이 원리가 이용될 수 있다.

정부 및 종교의 법과 과학 법칙에는 차이가 있어 보이며 이 차이는 사유 과정의 차이에서 비롯되는 것처럼 이야기되었다. 전자의 법은 '만들어진' 것이고 후자는 순전히 발견된 것이라고들 한다. 그러나 차이는 법(법칙)이 아니라 법(법칙)이 기술하는 수반성에 있다. 종교의 법과 정부의 법은 사회적 환경이 유지한 강화 수반성을 코드화한다. 반면, 과학 법칙은 의도적인 인간의 행위와는 완전히 별개인, 환경에 만연해 있는 수반성을 기술한다.

인간은 과학 법칙을 배움으로써 각별히 복잡한 세계의 우발 사태에도 효과적으로 행동할 수 있다. 과학은 단 한 번의 생으로는 어쩔 수 없이 불완전한 자연의 표본 추출과 개인의 경험을 넘어서게 한다. 또한 과학은 개인이 그의 행동을 형성하고 유지하는 데 전혀 관여할 수 없었던 조건들의 통제를 받게 한다. 가령 개인이 금연 결과에 관한 통계 연구에서 도출된 규칙을 이유로 담배를 끊을 수도 있다. 금연의 결과 자체는 시간적으로 너무나 뒤늦게 오기 때문에 어떤 강화 효과를 거두기가 어려운데도 말이다.

수반성이 형성하는 행동 대 규칙이 지배하는 행동

규칙(rule)은 수반성에 따라서 형성되는 행동보다 훨씬 빠르게 습득할 수 있다. 대부분 기어 변속 그 자체보다 "기어를 살짝 누르고서 반대 위치로 돌려라."라는 가르침을 더 빨리 익힌다. 특히 기어가 잘 움직이지 않는다든가, 그 사람에게 익숙한 다른 차종에서는 기어를 누르면서 움직일 필요가 없었다든가 하면 더욱더 그렇다. 규칙은 수반성들의 유사성을 잘 이용하는 데 도움이 된다. "이 기어는 BMW의 기어처럼 작동합니다." 수반성이 복잡하거나 불분명하거나 그 밖의 어떤 이유에서 그리 효과적이지 못할 때 규칙은 특히 가치를 발휘한다.

어떤 사람이 자기가 적절히 노출되지 않았던 어느 언어 공동체에서 말을 올바르게 하려면 언어 규칙을 활용해야 할 것이다. 가령 외국어를 배울 때 그 사람은 두 언어를 다루는 사전에서 적절한 반응들을 찾을 수 있고 문법에서 적절한 규칙들을 찾을 수 있다. 이러한 도움이 적절하다면 아마 틀리지 않고 말을 할 수 있겠지만 사전과 문법이 없으면 꼼짝 못할 것이다. 설령 이 사람이 사전과 문법을 다 외운다 해도 다음 장에서 논의되는 의미에서 언어는 여전히 '알지' 못할 것이다.

지시를 따르고, 충고를 듣고, 경고를 새기고, 규칙이나 법을 따르는 사람이 수반성에 직접 노출되었던 사람과 똑같이 행동해야 한다는 법은 없다. 수반성의 기술은 결코 완전하거나 정확할 수 없거니와(쉽게 가르치고 쉽게 이해해야 하니까 대체로 단순화된다) 지원 수반성(supporting contingencies)이 완전히 유지되는 경우도 드물기 때문이다. 단지 급료를 받는다는 이유로 풀무를 다루는 대장간 도제는 그가 불의 조건에 직접 영향을 받는 것처럼 행동하지 않는다. 교습을 받으면서 하는 운전은 공공 도로에서 직접 차를 몰면서 형성된 운전 행동과 다르다. 사전과 문법의 도움을 받아서 하는 외국어는 그 언어 공동체에 노출됨으로써 구사하게 되는 외국어와 같지 않다. 두 종류의 행동과 결부된 감정들도 다르긴 하지만, 그러한 감정들이 행동의 차이를 설명하지는 않는다.

지시, 충고, 규칙, 법칙이 행사하는 통제는 수반성 자체가 행사하는 통제보다 눈에 더 잘 띈다. 부분적으로는 전자의 통제가 덜 미묘하기 때문이고, 따라서 후자의 통제는 개인적인 기여와 내적 가치를 의미하는 것처럼 보인다. 법이 명령하기 때문에 선행을 하는 것보다는 타자의 선행에 강화를 받은 선행이 훨씬 더 명예롭게 여겨진다. 타자의 선행에 강화를 받아 선행을 하면 스스로 좋은 뜻을 품은 기분이 든다. 반면 법을 의식해서 선행을 했다면 처벌에 대한 두려움 그 이상은 느끼지 못할 것이다. 시민적 덕과 경건함은 순전히 규칙을 따르기만 하는 사람들의 몫이 아니다. 그런 것은 반드시 수반성이 결코 분석되지 않았던 경우에 해당한다. 시나 신비주의에서처럼, 수반성이 표현할 수 없는 것으로 여겨지는 경우 말이다.

규칙을 따르는 행동이 문명의 허식처럼 얘기되는 반면, 자연적 수반성에 따라 형성된 행동은 인격 혹은 마음 깊은 곳에서 우러난 것처럼 여겨진다. 화가, 작곡가, 시인도 때때로 규칙을 따르지만 (가령 타인의 작품을 모방하는 것도 규칙 따르기의 한 형태다) 환경에 개인적으로 노출됨으로써 빚어진 행동에 훨씬 더 가치를 부여한다. 법칙을 따르기 위해서 마련되어 있는 수반성에 굴복하는 사람들과 달리, '타고난' 화가, 작곡가, 시인은 특이하게 행동할 뿐만 아니라 흥분이나 즐거움처럼, '자연스러운' 강화물과 결부된 신체적 상태를 느낄 확률이 높다.

계획된 작품이나 잘 만들어진 작품은 의심에 시달리며 어떤 계산된 행동과 결부되기 쉽다. 직관적인 수학자는 단계를 차근차근 밟아 가는 수학자보다 우수해 보인다. 어떻게 친구를 사귀고 어떻게 사람들에게 영향력을 행사하는지 배웠다는 계산적인 친구에게는 자연스레 반감이 생긴다. 수반성이 때때로 검토되거나 보고되지 않는 이유가 어쩌면 여기에 있는지도 모르겠다. 수반성을 기술하면 수반성의 효과가 일부 파괴될 것이기 때문이다. "음악을 즐길 뿐, 그 이유는 알고 싶어 하지 않는" 이들이 있다. 스탕달(Stendhal)은 《일기(Journal)》에서 그가 보냈던 "가장 사랑스러운 저녁 시간"을 이야기하면서 "내가 만끽했던 즐거움의 비밀을 잘 알지만 그 즐거움을 흐리지 않기 위해서 여기에 그 비밀을 적지 않는다."라고 덧붙였다.

5장에서 지적했듯이, 과학이 기술하는 세계가 웬만큼 "실제로 존재하는 바"와 가깝다고 말하는 것은 잘못이지만 화가, 작곡가, 시인의 개인적 경험이 "실제로 존재하는 바"와 가깝다고 말하는 것 또한 잘못이다. 모든 행동은 직접적으로든 간접적으로든 결과가 결정한다. 그리고 과학자의 행동이든 비과학자의 행동이든 형성 방식이 다를 뿐, 실제로 존재하는 바에 따라 형성된다.

수반성에 규칙이 있는가?

나는 여러 가지 이유에서 규칙을 따르는 행동과 수반성이 형성하는 행동에 많은 지면을 할애했다. 다음 장에서 논의할 지식의 문제와 관련이 있지만 지금 얘기해 두어야 할 것이 있다. 우리는 강화 수반성에 영향을 받기 위해서 굳이 그 수반성을 기술할 필요가 없다. 하등 생물도 그렇게 하지 않을뿐더러, 인간 종도 언어 행동을 습득하기 전에는 그렇게 하지 않았다. 조작적 강화를 받고 변화된 사람은 '확률을 배운 것'이 아니다. 그는 일정한 강화 빈도에 따라 일정 비율로 반응하는 법을 배웠을 뿐이다. "지식 획득 과정에서 마음이 규칙을 구성한다."라고 말할 필요도 없다. 석공은 법칙을 몰라도 지렛대를 잘만 쓰고 어린아이와 개는 '궤도를 좌우하는 규칙을 도출하지 않아도' 공을 잘 잡을 수 있다.

문법 규칙이라는 것이 최근 엄청난 논쟁의 주제가 되었다. 우리가 의식하지 못한 채 따르는 언어 사용의 규칙과 지시가 있다고 한다. 수천 년 동안 사람들은 문법 규칙을 모르고도 문법에 맞게 말을 했다. 문법 행동은 언어 공동체 내에서 어떤 행동이 다른 행동보다 효과적이었기에 그러한 강화 작용을 하는 관행에 따라 형성되었다. 그리고 문장은 과거의 강화와 현재의 설정이 공동 작용을 함으로써 발생했다. 그러나 규칙이 도출된 것이든 그렇지 않은 간에 '언어 사용을 지배하는 것'은 규칙이 아니라 수반성이다.

이성과 이유들

인지적 혹은 심리적 과정에서 가장 떠받드는 것이 아마 이성일 것이다. 인간과 짐승이 구별되는 것도 이성 때문이라고 한다. 이성은 한때 어떤 소유처럼, "경험 이전에 갖추어진 선천적 관념의 본질로서, 이에 힘입어 사물의 절대적인 존재가 우리에게 드러난다."라고 이야기되었다. 그러나 에른스트 카시러(Ernst Cassirer)에 따르면 18세기까지 이성은 "소유라기보다는 습득 양태에 가까운 것이었다. 이성은 진리를 마치 주조된 화폐처럼 잘 보호해놓은 마음의 금고, 특정 영역이 아니다. 이성은 오히려 원리이자 마음 본연의 힘으로서 우리로 하여금 진리를 발견하고, 정의하고, 확인하게끔 밀어붙인다." 밀어붙이는 힘 운운한 것만 봐도 아직도 행동에 관한 정의까지 갈 길이 너무 멀다.

우리는 자주 행동의 결과를 '이유들'처럼 말한다. 행동을 설명하면서 결과를 들먹이는 것이다. "내가 은행에 갔던 이유는 돈을 좀 찾으려고 그랬던 거야." 여기서 '이유'는 '원인'보다 적합해 보인다. 선택 과정을 우리가 충분히 이해하지 못했다면 더욱더 그렇다. 행동 다음에 오는 것은 뭐가 됐든 행동의 원인으로 보기가 어렵기 때문이다. 그럼에도 불구하고 미래 시제로 나타난 이유는 미래의 어느 사건 이상의 효력이 없다. 미래의 어떤 사건을 단순히 '염두에 두기 때문에', 혹은 '생각하기 때문에', 혹은 〔그렇게 될〕 '확률을 안다고' 해서 실제로 그 일이 일어나는 것은 아니다. 우리는 그저 이런 유의 표현들에서 미래의 결과를 앞서 나타내는 것을 찾으려는 노력을 엿볼 뿐이다.

충고, 경고, 가르침, 법으로 기술되거나 암시된 결과들이 충고를 받아들이고, 경고를 새겨듣고, 가르침을 따르고, 법에 복종하는 '이유들'이다. 사람이 충고를 쉬이 따르고 경고를 쉬이 명심하게끔 타고나지는 않았다. 어떤 사람이 주어진 이유들에 따라서 행동하기까지는 분명 충고와 경고의 지위를 지닌 자극들이 오랜 조건화의 역사에 중요한 역할을 담당했을 것이다. 어떤 것이 배울 만한지 그 이유를 학생에게 제공한다는 것은 강화적일 수 있는 결과를 지적해주는 것이다. 그러나 그 결과는 아주 오랜 시간이 흐른 뒤에 나타날지도 모른다. 교사가 과거에 효과를 나타냈던 수반성의 일부일 때에만 학생의 행동은 그러한 지적으로 변화될 수 있겠다. 어느 치료사가 환자가 자꾸 친구를 떠나게 하는 행동을 하는 이유를 지적했다면 그는 '행동과 혐오스러운 결과의 관계를 규명한' 셈이지만 치료사가 그러한 지적을 다른 방법들로 ― '신뢰나 믿음을 구축함으로써가' 아니라 그의 행동이 환자가 강화를 받는 수반성의 일부가 됨으로써 ― 효력 있게 할 때에만 환자는 변화될 수 있을 것이다.(이상의 예에서 교사나 치료사는 '인지적 투입cognitive input'에 의존하는 것이 아니다.)

추론

1. 귀납

귀납은 부분에서 전체로, 개별에서 일반으로 나아가는 추론으로 정의되었다. 이 말을, 사례 분석을 거쳐 사건 집합에 적용되는 규칙들을 도출할 수 있다는 말로 옮길 수 있을지도 모르겠다. 이미 보았듯이, 조작적 조건화가 바로 그러한 과정을 가리킨다고 이야기 된다. 한 번 혹은 그 이상의 기회에 강화를 받은 유기체는 '다른 기회에도 비슷한 결과가 일어나리라고 추리하거나 판단한다'. 다행히 조작적 조건화는 귀납이 일어나지 않을 때에도 효력을 발휘하지만, 사람이 자기가 살아가는 상황을 분석해본다면 귀납 비슷한 것이 발생할 수 있을 것이다. 귀납은 행동이 강화를 받아 증강되는 과정이 아니다. 귀납은 행동이 강화를 받는 조건에 대한 분석이다. 분석은 기술로 이어지고, 우리가 보았듯이 기술은 수반성에 직접 노출되지 않고도 수반성에 대한 적절한 행동을 불러올 수 있다.

문제가 나타난 환경을 바꿈으로써 문제를 해결할 수도 있다. 몇몇 문제 해결 전략은 앞 장에서 지적한 바 있다. 그러한 전략은 어떤 행동을 습득하든지 간에 습득할 수 있으나 보통 사회적인 교습 환경에서 나온다. 현재의 감각으로 문제를 분석해서 해결할 수도 있다. 그렇게 분석을 함으로써 잘만 따르면 문제를 해결하는 규칙에 이르게 되기 때문이다. 행동에 대한 추론은 행동의 이유를 분석하는 것이고, 문제에 대한 추론은 문제가 되는 수반성을 이미 수립되어 있는 문제 해결 과정에 집어넣어 고친다기보다는 그러한 수반성을 살펴보는 것이다. 이런 의미에서 추론은 판에 박힌 문제 해결 방법들에서 벗어날 때 끼어든다. 하지만 그렇다고 해서 창조적이지 못한 방법에서 창조적인 방법으로 넘어갔다고 볼 수는 없다. 환경의 실제 조작과 환경에 대한 분석은 구분해야 한다. 추론은 어째서 표준적인 문제 해결 방식이 먹히는지 — 강화 수반성에 대한 진술이 왜 어떤 사람이 그렇게 행동하는지 가르쳐주는 것처럼 — 가르쳐준다.

정신분석학자들은 글을 쓰면서 합리적인 것, 비합리적인 것을 의식적인 것, 무의식적인 것과 혼동할 때가 종종 있다.(비합리적인 것은 납득할 수 없는 것unreasonable이 그렇듯 유감스럽다는 어감을 준다. 비합리적인 행동은 현재의 정황에 적합하지 않은 행동이다. 그러한 행동은 잘못된 이유들 때문에 나오는 것처럼 보인다. 그러나 이 얘기는 지금 하려는 구분과는 별 상관이 없다.) 모든 행동은 효력이 있든 없든 일단은 비합리적이다. 그 행동을 낳는 수반성이 분석되지 않았다는 뜻에서 비합리적이라는 것이다. 모든 행동은 일단 무의식적이다. 그러나 행동은 이성적이지 않고도 의식적일 수 있다. 자기가 왜 그렇게 행동하는지는 몰라도 자기가 뭘 하는지는 알 수 있기 때문이다.

사람들이 문제가 되는 변수들을 다 인식하지 못해서 비합리적으로 행동하는 것은 아니다. 우리가 나쁜 소식을 전한 이유가 부분적으로는 친구들의 실패에 강화를 받았기 때문임을 깨닫는다면, 우리가 '보는' 지경까지 가지 않았지만 같은 방 안에 비슷한 사람이 있어서 누군가의 이름을 언급했다는 것을 깨닫는다면 그것으로 진일보한 셈이다. 이런 얘기를 대놓고 들으면 우리는 이의를 표할지도 모른다. 어느 저자가 말했듯이 "즉각적인 의식이 우리에게 알려주는 것보다 더 많은 것이 사람의 인격에 있다고" 믿고 싶지 않아서인지도 모르겠다. 그러나 남겨진 부분을 '이성을 초월하는 마음의 영역'에서 찾을 수 있는 것은 아니다. 물론 관찰하지 않은 수반성을 분석할 수는 없다. 그러나 분석하지 않으면서 수반성을 관찰하는 것은 얼마든지 가능하다. 행위의 이유를 고려하고 그에 비추어 행동을 교정한다는 것은 단순히 자기 행동을 인식하는 것 이상이다.

이성적인 삶이 지니는 몇몇 측면을 짚고 넘어가는 것이 좋겠다.

어리석음과 이성 에라스뮈스(Desiderius Erasmus)는 《우신예찬》에서 인간이 이성에서 출발할 수 없다고 지적했다. 이성적인 삶은 분명 찬탄할 만하나 음식, 섹스, 그 밖의 기본적인 강화물들의 효과가 없다면 이성으로 납득할 만한 것도 없으리라. 에라스뮈스는 그 기본적인 강화물들을 '어리석음(folly)'이라고 불렀다. 이성으로 "계몽하려는 영웅적인 노력의 면모에도 불구하고 질기디 질긴 인간의 어리석음"은 우리 시대의 비극일지도 모른다. 그러나 우리가 실효성 있는 행위에 나서야 한다면 이성은 어리석음으로 표상되는 수반성들의 분석, 그 수반성들로 이루어진 용법이 될 것이다. 비합리성이 "인간의 가능성을 끌어올리는 생의 풍요한 스펙트럼"이라는 말은 강화물들을 직접적으로 가리킨다. 강화물들을 이성으로 짓누를 필요는 없다. 오히려 강화물들이 훨씬 더 실효적인 것이 될 수도 있다.

직관과 이성 "행동주의는 언어도 행동이라고 상정하기 때문에 직관 같은 개념은 유령이나 꿈 따위처럼 과학적 연구에는 걸맞지 않는다고 간주한다."고들 말한다. 하지만 직관적으로 행동한다는 것이야말로 ─ 이 행동은 분석되지 않은 수반성의 효과라는 의미에서 ─ 행동주의적 분석의 출발점이다. 어떤 사람이 이성을 사용하지 않고 행동할 때 흔히 직관적으로 행동한다고 말한다. 때로는 본능이 직관의 동의어 같다. "맹목적 본능의 결과가 논리적 설계에서 비롯됐다고 보는 것"은 잘못이라는데, 이 말은 그저 분석되지 않은 강화 수반성에서 빚어진 행동을 가리킬 뿐이다. 예술가의 맹목적 본능은 그의 작업이라는 특이한 결과가 빚어낸 효과다. 삶, 자연, 사회에 대한 예술가의 가르침을 받아들인다고 해서 '이성을 배신하는'

것은 아니다. 그러한 가르침을 받아들이지 않는다면 수반성은 규칙으로 묘사되고 진술되어야만 효력을 발휘한다고 주장하는 셈이 될 테니까.

규칙을 도출할 수 없을 것 같은 수반성의 효과에만 직관을 한정하는 것도 잘못됐다. "John is weak to please."라는 문장이 잘못됐다고 '직관적으로' 알아보았다는 말은 이것이 어떤 문법 규칙에 비추어 봐도 잘 구성된 문장이라 할 수 없다는 뜻이다. 우리는 우리가 언어 공동체의 관행에 힘입어 소유하게 되는 행동이 이런 형식의 문장을 포함하지 않는다는 것, 우리는 공동체 구성원으로서 이런 문장에 제대로 반응해서는 안 된다는 것을 직관적으로 알아차렸을 뿐이다.

두 사물을 구별하면서도 그러한 구별을 낳는 속성은 확인하지 못했을 수 있다. 내과의의 직관적인 진단, 예술 비평가가 어떤 사조나 작가를 바로 알아보는 직관, 어떤 사람들이 길을 금방 찾고 익히는 직관적인 기량은 아직 규칙을 끌어내지 못한 행동의 예일 뿐이다. 과학이 뒤늦게야 수반성 분석에 나서는 경우는 적지 않다. 가령 회전력 개념은 거의 200년이 지나서야 분석이 이루어졌다. 그러나 회전력을 포함하는 시스템을 다루는 숙련된 행동은 굉장히 오래전부터 있었고 규칙을 몰라도 금방 습득할 수 있었다.

신념과 이성 신념은 분석되지 않은 수반성에서 기인한 행동의 힘과 관련된 문제다. 정통 교리에 입각한 행동 ─ 율법에 부합하는 행동이라는 뜻 ─ 은 신비 체험의 경험적 결과와 자못 다르다. 실제로 신이 존재한다는 증거들은 믿음에 이유들을 갖다 붙이기 때문에 신넘에 해가 된다는 말도 있다. 이유들을 갖다 붙이지 않는 믿음이 훨씬 더 직관적으로 귀하게 여겨지는 것이다.

충동과 숙고 토머스 홉스(Thomas Hobbes)는 "나는 어떤 사람이 어떤 것을 할까 말까 숙고한다는 것은 그것을 하는 편이 나을까 하지 않는 편이 나을까 고려한다는 뜻일 뿐이라고 생각한다."라고 했다. 간단히 말해, 그 사람은 결과에 강화를 받을지 그렇지 않을지를 생각한다는 것이다. 숙고된 행동은 이유들을 분석함으로써 진행된다. 충동적 행동은 수반성의 직접적인 효과다. 충동적인 작품은 무아지경의 작품이라는 말을 들었고, 주도면밀하게 설계된 작품은 정상성형적(euplastic, 원래 형태로 쉽게 돌아가는)이라고 했다. 고대 그리스인들은 신중하거나 합리적인 사람은 소프로시네(sophrosyne, 절제)가 있다고 보았다. 소프로시네는 온건한 사람의 특징, 즉 행동의 수반성을 분석하여 행동을 다스리는 사람의 특징이다.

작위적 이유들 행동의 이유를 살펴보면서 얻는 이득이 있기 때문에 이유가 없으면 지어내는 경향이 있다. 예를 들어 미신적인 행동은 일반적인 의미에서는 납득할 수 없는 우연한 강화 수반성의 산물이다. 그러한 수반성에서는 아무런 규칙을 끌어낼 수 없다. 그런데도 미신적 행동은 아주 강력할 수 있다. 미신을 믿는 사람에게 "너 왜 그러는 거야?"라고 묻는다면 그는 어떤 대답을 만들어낼 것이다. 한 문화 전체의 의례적인 관행들은 신화에서 찾을 수 있는 정교한 답변들로 이어졌다. 많은 나라에서 비는 강화적인 사건이다. 그래서 비를 부르는 춤을 춘다든가 하는 광범위한 미신적 행동들이 나왔다. 왜 기우제에서 춤을 추는지 설명하라고 한다면 그 춤이 비를 내리는 사람, 힘, 혹은 영을 기쁘게 하기 때문이라고 할 것이다.(그렇지만 미신적 행동에는 제 나름의 이유가 있다. 강화물은 비록 그 후에 따라 나오는 행동이 효과를 발생시키지 않더라도 효과가 있을 수 있다. 하등 생물에게 이러한 비수반적 강화물을 간헐적으로 제시해도 어떤 반응을 '우연한 이유로' 선택하고 유지한다는 사실이 입증되었다. 인간의 경우는 신화학의 역사가 이에 비교할 만한 예를 다수 제공해준다.)

2. 연역

연역이 무엇인지 말하는 것은 행동 분석의 대상이 아니다. 이 용어는 추론, 추리와 마찬가지로 어떤 단일한 행동 과정을 실질적으로 기술하지 않는다. 그래도 이유를 찾고, 제시하고, 지어내는 행동들이 유익하게 분석될 만한 영역을 대략적으로나마 정해준다. 원반을 부리로 쪼는 비둘기가 그 원반이 빨간색일 때만 강화를 받고 초록색일 때는 강화를 받지 않는다 치자. 비둘기는 원반이 초록색이면 쪼지 않게 된다. 하지만 비둘기가 초록색 원반은 건드릴 가치가 없다는 추론을 끌어냈다고 말할 필요는 없다. 어느 야구광이 날씨가 좋으면 야구장에 가고 비가 억수로 퍼붓는 날에는 가지 않는다 치자. 그 사람이 비가 많이 오는 어떤 날에 야구 경기가 열리지 않을 거라고 추론했다는 말은 필요가 없다. 그가 다른 도시에서 열리는 경기를 텔레비전으로 시청하려 했는데 그 도시에 비가 많이 온다는 소리를 들었다면 텔레비전을 켜지 않을 것이다. 그러나 그가 경기가 취소될 것으로 추론했다고 말할 이유는 없다. 우리는 수반성에서 규칙 도출을 기술하기 위해서만 별개의 용어가 필요하다.

비둘기에게는 그러한 기술이 불가능하다. 그러나 야구광은 "비가 많이 오는 날은 야구를 안 해."라는 식으로 '개별적인 것들에서 일반화를 끌어낼' 수 있다.

연역은 일반에서 개별로 나아가는 추론으로서 이 또한 행동 분석이 필요한 과정은 아니다. 그러나 규칙 통제와 관련된 영역이 있기 때문에 주목할 필요가 있다. 야구를 전혀 모르는 사람이 비가 많이 오는 날에는 경기가 없다는 말을 들었는데 마침 비가 심하게 퍼붓는다고 하자. 이 사람이 야구장에 가지 않거나 경기가 없을 거라고 말하게 되는 행동 과정(혹은 과정들)은 무엇인가? 귀납은 규칙을 도출하는 것, 연역은 규칙을 적용하는 것, 이렇게 대충 구분하고 싶은 마음도 들겠지만 그랬다가는 연역이 때로는 옛 규칙에서, 특히 '모든', '어떤', '아무', '만약', '또는' 같은 중요 단어들을 고려함으로써 새로운 규칙을 도출한다는 사실을 간과하게 된다. 반면, 옛 규칙에서 새 규칙을 끌어내기 위한 규칙들의 발견은 귀납의 예처럼 보일 것이다.

여기서 추론에 대해서 알아보려는 것은 아니다. 나는 다만 이 전통적인 영역들에서 찾을 수 있는 행동 과정의 종류들을 보여주려는 것이다. 논리적이거나 수학적인 정식화(formulation)가 위대한 지적 성취를 불러온다기보다는 오히려 그러한 성취 다음에 따라 나온다고 지적한 사람들이 꽤 있었다. 이런 얘기도 있었다.

뉴턴은 어떤 문제를 몇 시간, 아니 며칠, 몇 주가 가도록 그 문제의 비밀이 밝혀질 때까지 마음에 품을 수 있었다. 그는 수학적 기법에 대단히 능했기 때문에 문제를 대외적으로 내보일 목적으로 격식에 맞게 꾸밀 수 있었다. 그러나 정말로 탁월한 것은 그의 직관이었다. 드 모르간(Augustus De Morgan)의 말마따나 "너무 많이 알아서 미처 증명할 방법이 없었던 것처럼 보일 정도로" 그의 직관에는 "다행스러운 추정들이 따랐다."

규칙의 도출은 분명히 이차적인 단계다. 그렇지만 더 명시적인 단계이기 때문에 논리학자나 수학자가 분석하기 쉽다. 행동주의자의 몫으로 떨어진 원래의 '직관적' 단계는 훨씬 다루기가 힘들다. 이쪽으로는 아무것도 이루어지지 않았다. 솔직히 어려운 분야가 맞다. 그렇지만 이 분야의 성격을 아는 것이 첫걸음이다. 뉴턴의 업적을 직관이나 다행스러운 추정의 공으로 돌려봤자 아무것도 얻을 수 없다.

참 사실에 대한 진술의 진실성을 제한하는 것으로는 화자의 행동, 현재 환경이 행사하는 통제, 과거의 비슷한 환경들이 미치는 효과, 정확성과 과장과 곡해를 초래하는 청자에 대한 효과 등이 있다. 어떤 환경에 대한 언어적 기술이 절대적으로 참일 수는 없다. 과학 법칙들도 아마 이런 유의 수많은 일화들에서 도출된 것이지만 과학자들이 관여하는 행동 레퍼토리로 비슷한 제한을 받는다. 과학자들의 언어 공동체는 타당성과 객관성을 보장하려는 뜻에서 특별한 제재를 행사하지만 여기에도 절대성은 있을 수 없다. 따라서 규칙이나 법에서 연역을 한다 해도 절대적으로 참일 수는 없다. 절대적 참이 가능하다고 해봤자 규칙에서 도출되는 규칙에서만 가능할 텐데, 그런 것은 순전히 동어 반복에 지나지 않는다.

9장

앎

Knowing

우리는 갓난아기도 울고, 빨고, 재채기를 할 줄 안다고 말한다. 아이가 걸을 줄 알고 세발자전거를 탈 줄 안다고 말하기도 한다. 그 증거는 아기와 아이가 특정 행동을 보인다는 것뿐이다. 동사에서 명사로 넘어가면, 우리는 아기와 아이가 지식을 소유한다고, 그 증거로 아기와 아이가 행동을 소유한다고 말할 것이다. 사람들이 지식에 목마르다, 지식을 추구한다, 지식을 습득한다는 것도 이런 의미에서 하는 말이다.

그러나 이렇게 말함으로써 우리는 행동을 소유한다는 것이 어떤 의미인가라는 질문에 바로 맞닥뜨리게 된다. 4장에서 반응이 방출된다는(emitted) 말은 반응이 유기체 안에 이미 있었다는 뜻이 아니라고 했다. 행동은 실행되고 있는 그때에만 존재한다. 행동이 실행되려면 수용기와 실행기, 신경, 뇌를 포함하는 생리적 체계가 있어야 한다. 행동이 습득되었을 때 이 체계는 변화했고, 바로 이 변화된 체계가 '소유된(possessed)' 것이다. 이 체계가 매개하는 행동은 어느 주어진 순간에 가시적으로 나타날 수도 있고 그렇지 않을 수도 있다. 생물학의 다른 부분들에도 아주 유사한 면이 있다. 유기체가 면역 반응 체계를 '소유하게' 됐다는 말은 다른 유기체의 침입에 특수한 방식으로 반응하게 됐다는 뜻이지만, 그러한 반응은 실제 침입이 이루어지기 전에는 존재하지 않는다. 행동의 레퍼토리라는 말이 곧잘 유용하다. 행동 레퍼토리는 마치 음악가나 악단의 레퍼토리처럼 어떤 사람 혹은 무리가 제대로 된 정황에서 할 수 있는 것이다. 지식을 소유한다면 이런 의미의 레퍼토리처럼 소유하는 것이다.

앎의 종류

'안다(know)'에는 그냥 접촉을 하거나 가까이 한다는 뜻도 있다. 사람이 죄, 아름다움, 슬픔을 알았다고 할 때나 성경에서 남자가 여자를 알았다(육체적으로 알았다)고 할 때는 이 단어가 이런 의미로 쓰인 것이다. 물론 여기에는 행동이 그 접촉으로 인하여 변했다는 함의가 있다.

뭔가를 할 수 있다면 그것을 할 줄 안다고—창문을 열 줄 안다, 'anacoluthon' 같은 단어의 철자를 바르게 쓸 줄 안다, 문제를 풀 줄 안다.—말한다. 여기서 저기까지 갈 수 있으면 길을 안다고 한다. 시를 암송하거나 악보를 보지 않고 어떤 곡을 연주할 수 있으면 '심장으로 안다/외우다(know by heart)'라고 말하는데, '심장'이라는 일말의 생리학적 발상이 끼어든다는 점이 흥미롭다.

또한 우리는 사물에 관해서 안다고 말한다. 우리는 대수학, 파리,

셰익스피어, 라틴어를 안다. 이때는 그러한 분야, 장소, 시, 언어를 접해보았다는 의미뿐만 아니라 그런 것들에 관한 다양한 행동을 소유한다는 의미도 있다. 전기와 관련된 사물들을 언어적으로나 다른 방식으로 잘 다룬다면 전기에 관해 아는 것이다.

이 모든 종류의 앎은 이전에 노출되었던 강화 수반성에 달렸다. 하지만 교습, 지시, 규칙, 법을 진술할 수 있다면 그것만으로도 특수한 종류의 지식을 소유했다는 말을 들을 수 있다. 어떤 사람은 그냥 설명서만 읽고도 한 번도 다루어보지 않은 장비를 조작할 줄 안다. 또 어떤 사람은 지도를 공부했기 때문에 한 번도 가보지 않은 도시에 어떻게 가는지 안다. 본인이 법의 압박을 받은 적이 없어도 법을 아는 사람은 합법적으로 행동할 수 있을 것이다. 수반성을 기술할 수 있는 앎과 수반성이 빚어낸 행동과 동일시되는 앎은 굉장히 다르다. 이 두 가지 앎은 피차 별개다.

파블로프의 개들이 '언제 침을 흘릴지' 알았다고 말하지만 그 개들이 벨이 울리면 음식이 나온다는 것을 알았기 때문에 침을 흘린 것은 아니다. 쥐가 음식을 얻으려면 언제 레버를 눌러야 하는지 알았다고 말하지만 쥐가 음식이 나올 것을 알기 때문에 레버를 누르는 것은 아니다. 택시 운전수는 자기가 일하는 도시를 잘 안다고 할 수 있겠으나 그가 인지 지도를 소유하기 때문에 도시를 잘 돌아다니는 것은 아니다.

앎은 경험에서 오는가?

존 로크를 위시한 영국의 경험론자들은 자극을 가하는 환경과의 접촉만을 강조했다. 그들은 왜 사람이 주위 세계에 주의를 기울여야만 '하는지', 왜 그가 함께 일어나는 두 특징을 연결해서(연합해서) 둘 중 어느 하나를 보면 다른 것을 연상해야 '하는지', 혹은 왜 적어도 그 둘을 생각해야만 '하는지' 설명하지 않았다. 5장에서 보았듯이, 로크의 후계자 몇 사람은 경험론의 입장에 믿음 혹은 의지라는 요소를 도입했다. 그러나 세계에 대한 앎은 주어진 환경과의 접촉보다 더 많은 것에서 비롯된다. 그 이유는 이 앎이 강화 수반성에서 비롯되고, 환경은 그 수반성의 일부일 뿐이기 때문이다. 앎이 도출되는 '경험'은 완전한 수반성들로 이루어진다.

힘과 관조로서의 앎

우리는 앎을 이용해서 행위하는 것이 아니다. 우리의 앎이 '곧' 행위이거나, 아니면 적어도 행위의 규칙이다. 베이컨이 스콜라 철학과 앎을 위한 앎을 강조하는 것을 거부하면서 말했듯이 아는 것은 힘이다. 조작적 행동은 기본적으로 힘의 행사다. 그러한 행동은 환경에 영향을 미친다. 베이컨이 제안한 학습의 향상이나 증진은 인간의 삶에 더 유익한 방향으로 인간 행동을 발전시킨다는 의미였다. 근대 과학의 성취는 베이컨이 앎의 성격을 제대로 보았음을 보여준다. 그렇지만 근래에 들어 힘에 대한 관심에 문제가 제기되었다. 서양은 자연에 대한 통제를 맹목적으로 숭배해 왔다는 말을 듣는다. 과학의 수많은 진보들이 안타까운 결과를 낳았다고 지적하기는 어렵지 않다. 그러나 과학의 힘을 좀 더 행사하지 않고서 어떻게 그 안타까운 결과를 바로잡을 수 있을지는 분명치 않다.

행위가 부족하고, 따라서 힘도 부족한 어떤 종류의 앎에는 행동주의 분석의 여지가 있다. 보통 행동과 결부되는 어떤 상태를 느끼거나 내적으로 관찰하기 위해서 실제로 꼭 행동을 할 필요는 없다. "바다사자를 보면 안다."는 말은 그 사람이 바다사자를 알아볼 수 있다는 뜻이지 그 사람이 지금 바다사자를 보고 있다는 뜻은 아니다. "지금은 생각이 안 나지만 내 이름을 알듯 (뚜렷하게) 안다."라고 말할 때처럼 일시적으로 잊은 반응도 여전히 앎으로 주장될 수 있다.

행동을 결정하는 유일한 조건이 아닌, 조건에 '좌우된다'는 뜻으로도 '안다'는 말을 쓴다. "나는 X가 연설을 할 거라고 알고서 (knowing) 모임에 갔다."고 말한다면(여기서 앎은 믿음, 기대, 알아차림, 이해로 대체될 수 있겠다) X도 모임에 온다는 모종의 사전 표시에 행동이 영향을 받았다고 고하는 셈이다. 그렇지만 행동 자체가 그 사실에 대한 앎이라고 할 수 없다. "나는 X가 그 자리에 참석할 거라고 생각해서(thinking) 모임에 갔다."고 말할 때에는 사전 표시가 그렇게까지 명확하거나 믿을 만하지 않다. 이처럼 생각하는 것과 아는 것의 구별은 7장에서 언급한 바 있다. "모든 앎은 입증되었거나 매우 그럴듯하게 주장되었다고 간주되는 …… 가설들로 이루어진다."고 하지만, 그럴싸한 가설에는 '생각하다'를 쓰고 입증된 경우들에 한하여 '안다'를 쓸 확률이 높다. 그러나 이 차이는 결정적이지 않다. "나는 이 방에 누군가가 숨어 있다는 걸 알아."라는 주장은 약한 증명을 뜻하지만 그 밖의 다른 이유에서 강력한 반응이다. 굳이 지적하지 않겠지만 이와 비슷한 조건들이 많이 있을 수 있다.

이른바 관조적 앎의 상당수는 언어 행동과 화자보다는 청자가 행동을 취하는 쪽이라는 사실과 관련이 있다. 우리는 청자에게 영향을 끼치는 말의 힘에 관해서 이야기한다. 그러나 화자가 어떤 것을 확인하거나 기술하는 행동은 실제 행위와 분리된 어떤 종류의 앎을 암시한다. 언어 행동은 관조적 앎에서 중요한 역할을 맡지만 그 이유는 언어 행동이 자동 강화에 매우 적합하기 때문이다. 화자가 자기 말의 청자일 수 있는 것이다. 동일한 효과를 지닌 비언어적 행동들도 있다. 자극을 규명하고 당혹감을 해소하는 지각 반응 역시 자동적으로 강화를 한다. 난해한 대목의 '의미를 포착하는' 것도 비슷하다. 공상의 세계 전체는 자동 강화를 하는 지각 행동이고, 그중 어떤 부분들이 앎의 영역에 해당한다. 그러나 행위를 취하고 상이하게 강화를 받는 수반성에 노출된 적이 아예 없다면 이런 유의 관조는 불가능할 것이다.

이해

단순하게 말해서 내가 어떤 사람이 한 말을 제대로 되풀이할 수 있다면 나는 그 사람의 말을 이해한 것이다. 다소 복잡한 의미로 들어가자면, 내가 적절하게 반응을 한다면 나는 이해를 한 것이다. 나는 '그 사람이 왜 그런 말을 하는지 이해하지 못한 채' 적절한 반응을 할 수 있을지도 모른다. 이유를 알려면 통제 변수들을 알아야 하고, 나 자신이 그런 말을 해야 하는 정황에 관해서도 알아야 한다. 내가 어떤 어려운 글을 이해했다면 내가 그 글을 읽고 또 읽어서 내 입에서 그 글의 내용이 나올 가능성이 더 커졌다는 뜻이다.

이해는 이유를 안다는 뜻으로 통하기도 한다. 어떤 기구를 작동시키려고 스위치를 눌렀는데 아무 일도 일어나지 않는다면 스위치를 다시 눌러볼 것이다. 그러나 이 행동은 금세 소거될 것이고 나는 이제 기구가 전원과 잘 연결되어 있는지, 퓨즈가 나가지는 않았는지, 스위치가 고장 나지 않았는지 살펴볼 것이다. 이렇게 함으로써 스위치가 왜 작동하지 않았는지 이해하게 되는데, 이때의 이해는 이유를 발견했다는 뜻이다. 교사들은 때때로 학생들이 외워야 할 규칙이 실제의 수반성을 기술한다는 점을 보여줌으로써 학습 내용을 더 깊이 이해시키고자 한다. 교사들은 달랑 교환 법칙만 가르칠 게 아니라 그러한 법칙이 통용되는 이유를 보여주어야 한다.

우리는 규칙이 기술하는 자연적 수반성에 노출된다는 의미에서 규칙을 더 깊이 이해하곤 한다. 그래서 우리가 어떤 격언을 외우고 준수했다면 그 자연스러운 결과에 따라 변화하기 시작할 것이다. 가령 늑장부리는 습관을 일컫는 '시간 도둑'이라는 말이 "정말 맞다고" 깨닫고 나면 우리는 그 격언을 다른 의미에서 이해하게 된다. 규칙이 지배하는 행동에서 수반성이 형성한 행동으로 넘어감으로써 획득한 이해는 보통 강화적이다. 수반성이 형성한 행동의 강화물은 작위적으로 만들어질 확률이 낮고, 따라서 타자들을 위해서 작용할 확률도 낮다는 이유가 여기에 한몫한다.

규칙이 수반성을 기술함으로써 수반성을 덜 당혹스럽게 하거나 수반성의 효과를 더해준다면 이 규칙 또한 강화적이다. 어떤 상황에서 딱히 유용한 언어 행동이 떠오르지 않을 때 어떤 작가가 그 상황에 대해서 말했던 방식 그대로 반응할 수 있다면 우리는 그 작가의 말에 강화를 받은 것일 수도 있다. 우리는 그 작가의 말을 이해한 것이고, 이때 이해는 우리가 그가 기술했던 수반성을 좀 더 정확하게 진술할 수 있고 그 수반성에 더 잘 반응할 수 있다는 뜻이다.

정보 소유로서의 앎

정보 이론은 신호 전달에 관한 분석에서 태어났다. 가령, 전화선을 타고 전달되는 신호가 있다. 언어 행동 분야에서 정보 이론은 화자가 청자에게 하는 말의 소리 흐름, 혹은 저자가 독자에게 보내는 문자 표시에 적용될 수 있을 것이다. 앞에서 지적했듯이 메시지는 객관적 지위를 지닌다.

정보는 개인의 행동을 기술하는 데 매우 다양한 방식으로 쓰인다. 일단 기록을 해놓고 나중에 메모를 참조하는 외적 실태가 기억을 저장했다가 다시 끄집어내는 어떤 가상의 심리적 과정을 은유적으로 나타내듯이, 한 사람에게서 다른 사람에게로의 정보 전달이 투입에서 산출로의(혹은 자극에서 반응으로의) 전달을 은유적으로 나타낸다. 환경이 신체로 들어가고(혹은 신체가 환경을 취하고) 처리를 거쳐 행동으로 전환된다는, 역사적으로 반사궁(反射弓)에서 파생된 이론들에는 이러한 은유가 아주 흔하다. 저장된 기억이나 데이터 구조처럼 정보도 (필연적으로 코드화된) 투입으로 시작하지만 행동 성향이 되기까지 변화는 점진적이다. 내가 지적했듯이 조작적 분석에서 신체를 관통하는 자극을 추적할 필요는 없으며 자극이 어떻게 반응이 되는지 보아야 할 필요도 없다. 자극과 반응은 말 그대로 신체 '안에' 있는 것이 아니다. 앎의 한 형태로서의 정보는 행동 레퍼토리로 보는 것이 더 효과적이다.

강화가 정보를 전달한다는 말이 곧잘 나오는데, 이건 강화가 반응 확률을 그냥 높이기만 하는 게 아니라 구체적인 특정 기회에 반응하는 확률을 높인다는 뜻일 뿐이다. 강화는 반응 발생 당시에 현존했던 자극의 통제는 물론, 관련이 있는 박탈이나 혐오 자극의 통제에도 반응을 불러온다. 정보는 이런 의미에서 환경 조건이 행사하는 통제를 가리킨다.

개인 행동에 관한 정보 이론은 정교하게 다듬어낸 모사론에 지나지 않는다. 어쨌든 외부 세계가 내면화되기는 마찬가지다. 사진이나 녹음 같은 복제는 아닐지언정, 외부 세계가 변환되거나, 코드화되거나, 그 밖에 신체 내에 저장된다고 간주하기 좋게끔 변형을 거친다고 보는 것이다.

과학자의 개인적 앎

과학적 앎의 핵심 문제는 "과학자들이 무엇을 아는가?"가 아니라 "앎이란 무엇을 의미하는가?"다. 사실과 과학 법칙은 세계에 대한 기술, 즉 지배적인 강화 수반성에 대한 기술이다. 덕분에 사람은 자신의 생존 기간 동안에만 배우는 행동, 혹은 다양한 종류의 수반성에 직접 노출되면서 배우는 행동을 구사하는 것 이상으로 잘 행동할 수 있다.

규칙이 지배하는 행동과 수반성에 직접 노출됨으로써 생성된 행동을 구분하는 객관성은 타당성 검증, 증거, 개인의 영향을 최소화하는 실제 조치, 여타의 과학적 방법으로 도모할 수 있다. 그럼에도 불구하고 과학이라는 집성체—상수표, 그래프, 방정식, 법칙—가 그 자체로 무슨 힘이 있는 것은 아니다. 이런 것은 단지 사람들에게 효력을 미치기 때문에 존재한다. 살아 있는 사람만이 과학을 '안다'. 사람만이 과학의 통제 아래 자연에 대해 영향을 미칠 수 있다는 뜻이다. 그렇다고 해서 "앎은 모든 경우에 어떤 식으로든 주관적이고 현상학적인 것과 타협을 끌어낸다."고 말하려는 것은 아니다. 앎은 그저 주체의 행동이라는 의미에서 주관적이다. 그러나 행동을 결정하는 환경은, 과거의 환경이든 현재의 환경이든 늘 행동하는 사람 외부에 있다.

행위가 감정이나 내적으로 관찰되는 마음 상태에 의해 결정된다면 마이클 폴라니(Michael Polanyi)나 퍼시 W. 브리지먼(Percy Williams Bridgman)이 주장한 대로 과학은 어쩔 수 없이 개인적인 것이 되어버린다. 브리지먼이 "나는 사물을 '내게 보이는 대로' 기술해야 한다. 나는 나 자신을 벗어날 수 없다."고 주장했던 대로 말이다. 과학자가 개인으로서 행동해야 한다는 의미로는 이 말이 맞다. 그러나 과학자가 주변 세계를 분석하여 다른 사람들이 그 세계에 직접 노출되지 않고도 효과적으로 반응할 수 있게끔 사실이나 법칙을 기술한다면, 그는 더는 자기 자신을 연루시키지 않는 어떤 것을 만들어낸 셈이다. 다른 과학자들도 동일한 사실이나 법칙에 도달한다면 개인적 기여나 개인적 참여는 최소화된다. 과학 법칙의 지배를 받는 행동을 하는 사람들이 느끼는 감정이나 내적 관찰은 본래의 수반성에 노출된 결과로 느끼는 감정이나 내적 관찰과 매우 다르다.

과학자가 느끼거나 내적으로 관찰하는 것이 곧 과학이라고 상정한다면 그건 터무니없다. 한 개인은 자기 주위에 만연하는 수반성 가운데 아주 작은 일부에만 반응할 수 있다. 대신에 과학을 일종의 집단 의식이라 한다면 우리는 어떻게 그 집단 의식이 뭉칠 수 있었는지 살펴보아야 하고 과학자들이 소통하는 것은 감정에 대한 진술이 아니라 사실, 규칙, 법칙에 대한 진술임을 알게 될 것이다.(객관적 지식은 냉랭해 보이기 때문에 때때로 과학자 개인의 역할이 강조되는 듯하다. 어떤 종교적 작품들은 문자와 인쇄술이 발명된 후에도 문자로 기록되면 감정이 사라진다는 이유로 여전히 구전口傳으로만 이어졌다. 구어적 언어 행동은 화자와 청자 사이에서 아주 짧게 객관성을 지닌다. 그리고 구어적 소통은 양측이 함께 임하기 때문에 책에는 없는 따뜻함과 깊이가 있는 것처럼 보인다.)

주의(主義)

어떤 철학, 도덕적 기조, 계급 의식, 시대 정신은 앎의 영역에 들어가는 지적 소유인 동시에 어떤 국민, 계급, 시대, 문화가 특징적으로 나타내는 광범위한 행동 패턴을 일부 설명해준다. 우리는 어떤 사람이 실용주의자라서, 프롤레타리아라서, 직업 윤리가 투철한 전문직 종사자라서, 혹은 행동주의자라서 어떤 말을 하거나 어떤 행동을 한다고 말한다. 이런 유의 용어들은 주어진 상황에서 확인 가능한 결과를 나타내는 행동을 분류한다. 가령 경험론과 합리론의 갈등은 수반성들이 빚어내는 것이다. 사상사가 인간 사유의 '발달'을 나타내는 듯 보이는 이유는 낭만주의가 고전주의로 나아가거나 그 반대라서가 아니라 어느 한 주의(ism)에 특징적인 관행들이 결국 어느 기간 동안은 상이한 행동 패턴을 낳고 유지시키는 조건을 생성하기 때문이다.

길버트 머레이(Gilbert Murray)는 《그리스 종교의 다섯 단계》

(1925)에서 그리스도교가 로마 제국에서 일으킨 변화를 "금욕주의와 신비주의와 어떤 의미에서는 염세주의의 부상. 자신감과 이번 생에 대한 희망과 정상적인 인간의 노력에 대한 믿음의 상실. 끈질긴 탐구의 절망, 틀림없는 계시에 대한 부르짖음. 국가 복지에 대한 무관심, 신에게 건네는 영혼의 대화"로 묘사했다. 피터 게이(Peter Gay)에 따르면 "머레이는 여기에 '신경부전'이라는 이름을 붙였다". '이름 붙였다/세례명을 주었다(christened)'는 말장난일 수 있지만 '신경부전(failure of nerve)'은 오히려 심성주의에서 계속 날아다니다가 지상으로 내려온 거짓 생리학에 대한 호소 같다. 로마인들의 행동을 금욕주의, 신비주의, 염세주의 등으로 돌릴 근거는 당시 지배적이었던 수반성을 짐작하는 근거이기도 하다. 금욕주의자가 맛있는 음식, 섹스, 그 밖의 것들에 다른 사람들보다 강화를 덜 받는 것은 아니지만(만약 강화를 덜 받는다면 그의 금욕주의는 별로 찬탄받지 못할 것이다) 그의 행동은 분명히 다른 결과들의 통제를 받는다. 아마 그 결과들은 대부분 초기 그리스도교의 징벌이었을 것이다. 염세주의와 자신감, 희망, 믿음의 상실은 우리가 4장에서 보았듯이 강력한 긍정적 강화의 결여와 관계가 있다. 끈질긴 탐구의 절망은 불완전한 강화 스케줄을 암시하고, 틀림없는 계시에 대한 부르짖음은 행동을 직접적으로 빚어낼 수 있는 수반성 대신 규칙을 찾아나선다는 얘기다. 국가 복지에 대한 무관심과 신에게 건네는 영혼의 대화는 제재가 정부에서 종교 쪽으로 옮겨 감을 암시한다. 지배적 수반성이 낳은 주의나 감정보다 그 수반성 자체가 기술되었다면 우리는 얼마나 더 많은 것을 알게 되었을까!

10장

동기와 정서의 내면 세계
The Inner World of Motivation and Emotion

지금까지 마음의 삶에서 지적 측면이라 부를 수 있는 것을 살펴보았다. 자기가 살아가는 세계 안에서의 경험, 그 세계의 구조에 대한 개입, 세계를 다루는 계획, 의도, 목적, 사상 등이 여기에 해당한다. 나는 이러한 표현들이 가리키는 듯한 사실들을 강화 수반성에서 기인한다고 ─ 같은 말을 되풀이하는 셈이 되겠지만, 행동이 일어나는 상황, 행동 그 자체, 행동의 결과라는 세 요소의 미묘하고도 복잡한 관계에서 기인한다고 ─ 볼 수 있는 인간 행동의 측면들로 해석했다.

마음의 삶이 지닌 또 다른 면은 본능, 욕동, 필요, 정서, 충동적이거나 방어적인 활동과 관계가 있다고 이야기된다. 이쪽 면은 주로 심리 치료적인 이유에서 관심을 끌었다. 이러한 구분을 위해서 한때 지적 능력에 적용되었던 'psyche'라는 단어가 이제는 정서적이고 동기적인 삶에 한정되어 쓰인다. 두 측면이 서로 연관이 전혀 없지는 않다. 아주 간단한 예를 들자면, 조작적 강화는 행동을 특정 종류의 박탈과 혐오 자극의 통제 하에 둔다. 전통적인 용어로 표현하면 필요 혹은 감정은 외부 환경에 대한 행위로 표현되거나 만족된다. 지적 능력은 항상 그럴 수 있는 것은 아니지만 필요와 정서를 통제한다고도 이야기된다.

인격

우리는 마음의 지적 생활이 외부 세계에서의 삶의 패턴에 따라 만들어졌음을 보았다. 환경이 내면으로 들어와서 경험으로 전환되고 행위는 관념, 의지, 목적이 된다. 메모 작성, 저장, 참조는 기억 처리 패턴을 설정한다. 문제 해결 기법은 인지적 전략이 된다. 이렇게 해서 생각하는 사람은 생각하는 마음으로 전환되었다. 동기와 정서의 내면 세계가 만들어지는 데에도 같은 종류의 어떤 것이 일어났다. 사람은 자기(self) 혹은 인격(personality)으로 대체되었고, 어쩌면 그 대체물은 한 가지만은 아니었을 것이다. 가령 1960년대 운동권 청년 세대를 다룬 한 논문은 운동가들의 '최빈 인성(modal personality)'*에 주목했다. 이 논문은 운동권 청년들이 '운동에 힘쓸' 때의 언행은 물론이고, 가족, 또래 집단, 교사와 함께 있을 때의 언행을 기술했다. 따라서 이것은 최빈 인성이 아니라 최빈 '운동가'에 대한 분석이다.

자기 혹은 인격은 기껏해야 조직적인 수반성 집합이 제공하는 행동 레퍼토리에 불과하다. 어떤 젊은이가 가족의 품에서 습득한 행

---

* 특정 사회에서 전형적으로 나타나는 인성, 다시 말해 그 사회에서 가장 높은 빈도로 나타나는 특징적 인성을 말한다.

동이 하나의 자기를 형성한다. 그가 군대에서 습득한 행동은 또 하나의 자기를 형성한다. 수반성의 갈등이 있기 전까지는 그 두 자기가 아무 갈등 없이 한 몸에 공존할 수 있다. 가령 군대에서 사귄 친구가 그의 집에 온다든가 하면 그의 두 자기는 갈등을 일으킬지도 모른다. 마르크스와 그 밖의 여러 인물이 지적했듯이 개인은 사회에서 태어나고 개인의 불가분성은 그를 낳은 사회의 정합성에 달렸다. '삶의 파편화'는 '개인이 분열되는 사회 해체'에 뒤이어 일어난다고 한다. 여기서 파편화는 "존중이 당연하게 나오지 않는 환경에 대한 반응으로 의식이 만들어낸 방식"으로 정의된다. 그러나 파편화되고 분열된 것은 의식이 아니라 행동이고, 존중은 해체된 강화물 중 하나일 뿐이다.

　수반성들의 갈등은 행동 레퍼토리들의 갈등으로 이어진다. 그러나 갈등하는 수반성들이 전부 단 한 사람, 단 하나의 몸에서 나타나기도 한다. 대부분의 시간에 사려 깊게 행동하는 몸과 어쩌다 가끔 잔인하고 냉담하게 구는 몸은 하나다. 대부분의 시간에 이성애적으로 행동하는 몸이 어쩌다 가끔 동성애적으로 행동할 수도 있다. 어떤 사람이 진짜로 어떤 사람일까라는 말은, 그의 행동이 환경의 작용을 받기 전에 우리가 그를 봤다면 그는 어떤 모습이었을까라는 뜻이다. 그랬다면 우리는 그의 '인간성(human nature)'을 알게 되었을 것이다. 그러나 유전적 자질은 환경에 노출되기 전까지는 아무것도 아니고, 일단 노출이 되면 즉각 변한다. 어느 정도 한계는 있지만 생존이 원인 제공을 한 것과 진짜 강화는 구분할 수 있다. 파스칼은 타고난 본성이 첫 번째 습관이고 습관은 제2의 본성이라고 말함으로써 우리가 지금 아는 것을 일찍이 내다보았다고 말할 수 있겠다. 종으로서 인간은 생존 수반성으로 행동을 습득하는 반면(본능) 개인은 강화 수반성으로 행동을 습득한다는(습관) 작금의 인식 말이다.

프로이트의 유명한 삼두 체제에서 자아, 초자아, 이드는 인간이 대개 집단 생활을 하면서 피할 수 없는 수반성들의 세 집합이다. 이드는 유대교-그리스도교의 '원죄를 지은 아담(Old Adam)', 즉 인간이 타고난 강화 민감성에서 비롯된 '갱생의 의지가 없는 본성'이다. 그러한 민감성은 필연적으로 타인의 이익과 갈등을 일으킨다. 초자아는 유대교-그리스도교에서 말하는 양심으로서, (대개의 경우) 타인의 이익을 대표하는 처벌 주체의 '아주 작은 목소리'로 말한다. 웹스터 국제 사전 제3판은 초자아를 다음과 같이 정의한다.

정신(psyche)의 주요 부분으로서 대개 무의식적이지만 부분적으로 의식적이다. 초자아는 주로 부모, 혹은 교사나 그 밖의 권위 있는 인물의 충고, 위협, 경고, 처벌에 대한 반응으로 내면화 혹은 내사가 이루어짐으로써 자아의 외부에서 발달하고, 부모의 의식과 사회의 규칙을 반영한다. 초자아는 성격 형성에 도움이 되며 자아가 이드의 압도적인 충동에 휘둘리지 않도록 보호한다.

그러나 초자아는 '인간 행동의 주요한 부분'이라는 의미에서만 '정신의 주요 부분'이다. 또한 초자아가 대체로 무의식적인 이유는 그냥 언어 공동체가 사람들에게 초자아를 관찰하고 기술하는 법을 가르치지 않기 때문이다. 초자아는 생물학적 강화물이 낳는 이기적인 행동을 제압하려는 사회 처벌 실태의 산물이다. 부모, 교사, 그 외 타자의 명령이 행동 레퍼토리에 포함되듯이 초자아는 모방하는 사회 형태('사회의 목사 노릇을 하는')를 취할 수도 있다. 자아는 강화 민감성과 필연적으로 관련된 일상생활에서의 실제 수반성과 타자들이 마련한 처벌 수반성의 산물이다. 그러나 자아가 보이는 행동은 현재 환경이 형성한 것이다. 자아가 웬만큼 생물학적 강화에 도달하면 이드를 만족시키고, 처벌을 지나치게 무릅쓰지 않고도 그렇게 할 수 있다면 초자아를 만족시킨다고 말하기도 한다. 우리는 이 세 가지 원형적 인격을 내면의 드라마에 출연하는 배우들처럼 생각할 필요가 없다. 진짜 배우는 유기체다. 유기체는 상이하고 서로 갈등할 수 있는 행동 레퍼토리를 지닌 인간이 되었다. 그러한 레퍼토리는 상이하고 서로 갈등할 수도 있는 수반성들의 결과다.

프로이트의 분석은 그 보편성 때문에 설득력 있게 보이지만 불변하는 것은 정신이 아니라 환경의 수반성이다. 자아가 초자아와 이드의 갈등을 해소하지 못할 때가 많다고 하나, 그 갈등은 익숙한 패턴을 보여준다. 어떤 문화권들에서는 아들이 어머니를 사랑하고 아버지를 연적으로 본다는 사실이 성별을 결정짓는 신체적 특징만큼이나 뚜렷한 인간 수컷의 특징이겠으나, 이 같은 보편성을 그 문화권들의 가족 유형이 유지하는 사회적 강화 수반성에서 찾을 수도 있다. 융(Carl G. Jung)의 원형과 집단 무의식도 종의 진화나 문화적 실태의 진화에서 그 흔적을 따라갈 수 있다. "기록으로 남아 있는 모든 시대와 문명을 가로지르는 억압된 무의식의 놀라운 동일성"은 인간에게 강화 작용을 하는 것들의 동일성, 타인들에게 해롭다고 판명되는 행동들의 동일성이다. 모든 언어에 특징적으로 나타난다는 보편성은 일상생활에서 언어가 수행하는 역할에서 기인하는, 언어 공동체들의 보편적 특징에서 비롯된 결과일 뿐이다.

정신 안의 삶

마음의 삶은 심적 에너지를 요구하고 소진한다고 한다. 이것은 생존 수반성이나 강화 수반성에서 비롯된 행동 확률을 나타내는 또 하나의 방식일 뿐이다. 강화에 대한 선천적 민감성이 행동을 증강할 뿐 아니라 행동 양상을 만들어내고 유지시켜 방향까지 제시한다는 의미에서, 본능은 "심리적 과정에 방향을 제시하는 심적 에너지의 합"이다. 그러한 민감성은 종의 진화 안에서의 생존적 가치들로 거슬러 올라간다. 어떤 강화 스케줄은 '에너지 저장고'를 만들어낸다. 또 어떤 강화 스케줄은 에너지를 소진해 무의지증이나 우울증으로 이끈다. "우리의 심층에 도사리고 있는 위대한 긍정의 힘"은 그냥 유리한 상황이 주어지면 우리가 위대한 일을 할지도 모른다는 뜻이다.

정신분석학에서 흔히 쓰이는 '심층(depth)'이라는 단어는 분석이 원래 심오한 것이라는 근거 없는 암시를 남긴다. 그러나 이 단어는 마음의 어떤 공간적 측면을 가리킬 수도 있다. 19세기 심리학자들은 의식을 감각이 관찰되는 곳처럼 생각했다. 그러나 자아, 초자아, 이드가 차지하는 공간은 더욱 복잡하다. 다양한 행동으로 추리하건대 마음에는 다양한 부분이 있다. 어떤 것에 두 마음이 있다는 것(to be of two minds, '확신할 수 없다, 갈등하다'라는 뜻)은 그것에 대해 여러 가지 행동을 한다는 것이다. 'schizophrenia(조현병)'라는 단어는 원래 '쪼개진 마음'을 뜻했고 지금까지도 이런 의미로 오용되고 있다. '자기 자신의 옆에 있는 것'(to be beside oneself, '제정신이 아니다')은 잠시 동안 두 사람으로 존재한다는 뜻이다. 다양한 종류의 행동이 마음의 다양한 구획에 간직된다고 한다. "인간에게는 대부분 폭력의 보관소가 있지만 뇌가 그러한 폭력을 저지하기 위해서 방벽이나 울타리를 친다. 세코바르비탈은 …… 이러한 마음의 울타리를 낮추어 폭력이 튀어나오게 한다."(이 글은 물질과 마음을 뒤섞은 또 하나의 흥미로운 예다.) 어느 유명 정치인에게 음악은 마치 "오페라가 불현듯 그의 정치 생활에 파고들어 이성과 감정의 명확한 구획을 허물어버리듯" "열정적인 감정의 배출구"다.

마음의 구획으로 가장 잘 알려진 것이 의식과 무의식을 나누는 구획이다. 억압된 소망과 두려움은 무의식에 거하지만 의식으로 튀어나올 수도 있다. 행동주의가 무의식을 다룰 수 없다는 얘기가 있는데, 특히 정신분석학자들이 곧잘 이러한 지적을 한다. 일단 사실을 말해보자면, 행동주의는 무의식 외에는 그 어떤 것도 다루지 않는다. 유전 및 환경 변수들과 행동 사이의 통제적 관계는 우리가 관찰하지 않는 한 무의식적이다. 프로이트는 이 관계가 관찰되지 않더라도(즉, 의식적이지 않더라도) 얼마든지 효력을 지닐 수 있다고 강조한 장본인이다. 행동을 하는 동안에 자기 신체에 반응하게끔 유도함으로써 행동에 의식을 부여하려면 특수한 언어 환경이 필요하다. 의식이 원인으로서 효과를 지니는 것처럼 보이지만 사실은 자기 관찰을 유도하는 특수한 언어 환경의 효과인 것이다.

외부 세계에 대한 의식을 높인다는 것은, 자극원에 해당하는 외부 세계의 통제를 좀 더 민감하게 받아들인다는 뜻밖에 없다. 마르크스와 그 외 인물들은 이전에 효과가 없던 환경적 측면들에 인간이 통제를 받게 함으로써 "인간을 더 높은 의식 수준으로 끌어올리려 했다". 때로는 약물도 그러한 통제에 변화를 가한다는 이유로 "의식을 확장한다"는 말을 듣는다.

행동주의가 거부하는 것은 행위 주체(agent)로서의 무의식이다. 물론, 행동주의는 의식(conscious mind)을 행위 주체로 보는 것도 거부한다. 어떤 무함마드 평전은 "이슬람교를 믿지 않는 사람들에게는 무함마드가 들었다는 말이…… 무함마드 본인의 무의식이 불러준 것에 불과할 터요…… 알라의 목소리도 사실은 무함마드의 무의식의 목소리일 것이다."라고 주장한다. 그러나 누군가가 이야기를 했다면 그 사람은 무함마드 자신이고, 그가 본인의 행동을 관찰하지 못했더라도 이 점은 마찬가지다. 행동을 설명하려면 파편적인 내적 행위 주체 따위가 아니라 인간 무함마드, 그가 무함마드로서 존재하게 한 (개인의) 역사를 봐야 한다.

물리적인 세계와는 완전히 독립적인 정신 내적인 삶이 있어서 그 안에서 기억이 기억을 부르고 관념이 관념을 부른다고들 흔히 말한다. 동기(motivation)와 정서(emotion)의 정신 내적인 삶의 예를 몇 가지 들어보겠다. 좌절감은 무력감과 무능감을 낳고, 이러한 감정은 다시 무감각이나 공격적인 감정으로 이어진다. 권위에 대한 원한은 억압된 살인적 분노를 낳는데, 그러한 분노는 항복하고 싶은 소망을 은폐한다. 미래에 대한 믿음이 약해지면 불안해지고 우울해지기 때문에 사고 과정이 혼란스러워진다. 순응 욕동은 자기 자신의 두려움, 화, 절망을 알기가 어렵다.

이러한 표현들의 기저에 있는 사실들에 주목해보면 정신 내적인 활동을 설명하는 강화 수반성을 대체로 확인할 수 있다. 그러한 사실들 중에는 다음과 같은 것들이 있다. 좌절은 소거(extinction)에서 발생한다. 소거가 공격적 행동의 원인일 때도 많다. 권위가 동원하는 통제 조치에 사람은 도피하거나 반격할 확률이 높다. 그리고 이와 관련된 조건들이 원한으로 느껴질 수도 있다. 하지만 그러한 조치가 순응 행동을 낳을 수도 있고, 바로 그러한 이유에서 권위가 그러한 조치를 동원하는 것이다. 도피나 반격과 결부된 신체적 상태가 강력하다면 순응과 결부된 신체적 상태는 느껴지지 않을 것이다.

프로이트의 방어 기제

프로이트의 역학, 즉 방어 기제는 정서와 동기의 내면 세계를 극적으로 설명한다. 그러한 방어 기제는 "개인이 정서적 욕구를 충족하고자 동원하는 인격 반응(personality reaction)"으로 정의된다. 이를테면 "서로 갈등을 일으키는 노력들을 조화시킨다든가, 용인될 수 없는 소망과 생각과 감정에서 비롯되는 불안이나 죄의식을 떨어뜨린다든가" 하는 것이다. 그러한 역학은 행동에서 추리된 것이니 행동을 낳는 수반성에서 또 다른 정의를 끌어낼 수도 있을 것이다. 웹스터 국제 사전 제3판에 실려 있는 정의들을 차용하여 세 가지 예를 들어보겠다.

억압 "충족 불가능한 소망이나 충동이 의식에 접근하지 못하게 하는 자아 방어 기제나 그 과정". '소망이나 충동'은 '행동 가능성'으로 읽으면 된다. '충족 불가능한'은 '소거당하거나 처벌을 받는'을 뜻한다. '의식에 접근하게 못하게 하는'은 2장에서 보았던 의미에서 '내적으로 관찰되지 않는'으로 읽으면 되겠다. 따라서 우리는 이렇게 말할 수 있다. "처벌을 받는 행동은 혐오스러운 것이 되고, 그러한 행동에 참여하지 않거나 그러한 행동을 '보지' 않으면 조건화된 혐오 자극을 피할 수 있다. 이때 연관되는 감정이 있기는 하나 사실들 자체는 수반성으로 설명된다."

'억압'이라는 단어는 처벌의 효과에 역동적 성격을 부여하는 정교한 은유의 일부다. 감정이 표현되지 못하면 쌓이고 압력이 발생해서 결국 폭발한다는 것이다. 한 신문은 "브리머(Bremer)와 서한(Sirhan)과 오즈월드(Oswald)처럼 조용한 사람들이 무서운 것은, 그들처럼 폭발할 때까지 — 대부분의 개인에게 있는 안전밸브가 그들에겐 없기 때문에 — 분노를 속에만 담아놓고 사는 사람이 미국에 수백만 명은 있을 것이 분명하기 때문이다."라고 주장한다. 그러나 사람이 "분노를 속에만 담아놓고" 있으면 무슨 일이 일어나는가? 대부분의 사람들이 감정의 열기를 발산한다는 '안전밸브'는 또 뭔가? 그 대답들은 행동이 방출되지 못하기 때문에 아주 강력해지는 조건들에서 찾을 수 있다.

우리는 계기가 없는데도 어떤 행동을 하거나 무슨 말을 하게 되는 강력한 경향성을 종종 자각한다. '희소식을 터뜨리고 싶은데' 얘기할 상대가 없을 수도 있다. 그렇지만 처벌이 따르기 때문에 반응할 수 없는 때가 더 많다. '분노를 표현하면 벌을 받아 왔기' 때문에 우리는 '분노를 억눌러 왔다'. 갑자기 뭔가가 폭발적으로 일어났다면 그 이유는 상황이 변했기 때문이다. 얘기할 상대를 찾고 '끊임없이 이야기를 풀어놓았거나', 우리의 행동이 이전에 그 행동을 못하게 했던 양립 불가능한 다른 행동보다 더 강력해진 것이다. 폭발이 다른 사람들에게 원치 않는 결과를 미친다면, 이를 막기 위해 적절한 조치를 취할 수도 있다. 행동이 자유롭게 방출되거나 '충동이 좀 더 유익한 배출구로 해소되는' 환경을 제공함으로써 '압력이 감소될 수도 있다'. 정신과 의사들은 "장난감 총 놀이가 아이들의 갈등 해소와 공격 충동 분출에 도움이 된다."고 말한다. 우리는 이렇게 말하는 대신에, 아이들이 총 놀이를 통해서 처벌받지 않는 방식으로 공격적 행동을 할 수 있다고 하겠다.

전환 "무의식적인 갈등이 상징적으로 등가적인 신체 증상으로 변하는 것". 정신 세계에 있다는 어떤 힘이 더 극적으로 드러나는 한 예로서, 그 힘이 신체적 질병까지 일으킬 수 있다는 얘기다. 마음속의 어떤 생각이 근육을 움직여 표현을 가능케 하듯이, 정신 안의 비신체적인 활동이 몸(soma)에 영향을 준다는 것이다. 가령 궤양은 '내면으로 향한 분노' 때문에 생긴다고 한다. 우리는 이렇게 말하는 대신에, 분노로 느껴지는 조건들이 의학적으로 궤양과 관련이 있고 복잡한 사회적 상황이 (분노와 궤양) 양쪽 모두를 야기한다고 말하겠다. 비슷한 맥락에서, 자연유산이 아이나 아이 아버지에 대한 무의식적인 미움에서 비롯될 수 있다는 말을 우리는 미움으로 느껴지는 조건이 의학적으로 자연유산과 관련이 있고 그 원인은 다시 복잡한 사회적 상황으로 돌릴 수 있다고 고쳐 말하겠다. 궤양과 유산은 분노와 미움과 '상징적으로 등가적'이라는데, 이건 분노와 미움이 해롭게 작용할 확률이 높다는 얘기다. 전환은 마음이 물질을 지배한다는 증거가 되지 못한다. 정신적인 것은 신체적인 것을 변화시키지 않는다. 신체적 상태는 물리적인(의학적인) 효과를 지닌다.

그러한 조건들의 상당수가 행동과 관련이 있고 다양한 방식으로 느껴질 뿐이다.

승화 "본능적 에너지, 특히 전생식기적(pre-genital) 충동과 결부된 에너지를 사회적으로 용인되는 활동을 통해서 해소하는 것". '에너지를 활동으로 해소하는 것'은 '행동'으로 읽을 수 있고 '본능적'과 '전생식기적 충동과 결부된'은 '어떤 생물학적 강화물에서 비롯된'으로 읽으면 된다. 행동의 두 형태가 모두 강화를 받는다면, 그런데 그중 한 형태만 처벌을 받는다면 당연히 다른 쪽의 행동이 발생할 확률이 높다.

그 밖의 프로이트 역학, 혹은 방어 기제들도 같은 방식으로 다룰 수 있다. 그런 방어 기제들은 의식, 무의식 따질 것 없이 마음의 심층에서 일어나는 정신적 과정이 아니다. 거의 항상 처벌과 관련이 있는 강화 수반성의 효과일 뿐이다. 우리는 기껏해야 그런 방어 기제들이 사람이 자신이 (자아로서) 살아가는 세계에서 효과적인 행동을 습득함으로써 처벌을 막는 방법들이라고 말할 수 있다. 그러한 행동은 유전적 자질(이드)의 일부인 강화 민감성 때문에 강화를 받는 면이 있으며, 타인들이나 자기 자신(초자아)에게 처벌을 받지 않는다.

"긴장 해소를 억제하는 힘이야말로 심리학의 직접적인 연구 대상이다."라는 말이 있다. 이 말이 사실이라면 그 이유는 '억제하는 힘'과 '긴장 해소'가 구어(口語)에서 각각 처벌과 강화를 가리키는 비유적 표현이기 때문이다.

내적 원인

사람이 화가 나면 맥박이 빨라지고 얼굴이 시뻘게진다. 그의 행동은 환경의 다른 특징들에 통제를 받지 않고 분노의 대상에 심히 집중될 수도 있다. 그는 분노의 대상에게 위해를 가하려는 성향을 강력하게 드러낼지도 모르고("나, 그 자식을 죽일 수도 있었어.") 실제로 위해를 가할지도 모른다. 그는 이때 자기 신체의 조건을 생생하게 느끼고 그게 자기 행동의 원인이라 생각할 수도 있다. 그러나 사실 그가 느끼는 조건은 그가 찾는 원인의 효과에 속한다. 행동과 그에 부수적으로 느껴지는 조건, 둘 다 설명되어야 한다. 결국, 그는 왜 '행동을 했고' 왜 화가 났을까?

무엇이 행동을 선동했는지 쉽게 파악할 수 없으면 신체적으로 느껴지는 조건이 더 큰 역할을 떠안기 쉽다. 어떤 사람이 화가 났는데 '이유를 모른다면' 자기 행동이 그러한 감정 때문에 일어났다고 생각하기 쉽다. 달리 이유를 돌릴 만한 데가 보이지 않기 때문이다. 온화한 감정이나 기분은 특히 더 설명하기 힘들 때가 많다. 따라서 기분 그 자체가 원인으로 유효한 것처럼 이야기된다.(행동을 설명하려면 그러한 기분이 어디서 나왔는지도 찾아야만 하는데 말이다.)

요제프 브루크너(Josef Anton Bruckner)는 음악 창작의 계기를 이런 식으로 설명했다. "하루는 집에 돌아왔는데 몹시 슬픈 기분이 들었다. 마에스트로(바그너)가 얼마 못 사실 거라는 생각이 마음을 스치고 갔던 것이다. 그 순간, (교향곡 7번 아다지오 악장) C# 단조 테마가 떠올랐다." 이 진술은 복잡하게 꼬인 데가 없다. 생각이 어떤 언어 반응으로서, 혹은 쉬이 식별되지 않는(생각이나 관념이라 명명해봤자 실질적으로 확인되지 않는) 형태로, "마음을 스치고 갔다". 브루크너는 슬픔을 표현하기 위해서 그 테마를 '만들거나', '지어내거나', '창조했다고' 말하지 않는다. 테마는 그냥 그에게 "떠올랐다". 브루크너는 소리 내어 흥얼거리거나 오르간으로 연주를 할 때처럼 그 테마를 내현적으로 생각했을 것이다. 우리는 그가 슬펐기 때문에 테마가 떠오른 것이라 말할 필요가 없다. 어떤 정황(바그너의 소식)이 슬픔으로 느껴지는 조건을 생성했다. '그리고' 그 정황이 그가 음악적으로 특수한 방식으로 행동하게끔 유도했다.

브루크너의 전기 작가는 또 이렇게 썼다. "브루크너는 교향곡 7번을 완성하고 의기양양해서 테 데움(Te Deum) 작업으로 돌아갔다." 그러나 그가 의기양양했기 때문에 그 작업으로 돌아간 것인가? 아니면 교향곡 완성이 작곡 관련 행동에 힘을 실어주는 매우 강화적인 사건이면서(and) 의기양양하다는 느낌을 주는 조건도 생성하기 때문인가? 힘든 작업을 완수하고 느끼는 의기양양함은 긍정적 강화와 관련된 여러 상태들 중 하나일 뿐이다. 어떤 이는 쾌감이라 할 것이고(강화는 쾌감을 준다), 만족(우리가 보았듯이 만족satifaction은 어원적으로 포만satiation과 관련이 있다), 기쁨, 행복이라 할 수도 있다. 그런 조건은 행동의 결과이지 원인일 수 없는데도, 뒤따르는 행동을 설명하는 데 자주 동원된다.

내적 원인으로 가정되는 많은 것, 가령 태도, 의견, 성격상의 특징, 철학은 거의 전적으로 추리에 따른 것에 불과하다. 어떤 사람이 노동자 친화적이다, 어느 후보에게 투표할 계획이다, 똑똑하다, 자유주의자다, 실용적이다, 라고 할 때 이 사실은 그 사람의 감정이 아니라 언행으로 알 수 있다. 그럼에도 불구하고 성격상의 특징을 가리키는 단어들이 행동 설명에 기탄없이 쓰인다. 어떤 정치가가 공직에 출마하는 이유는 '야심' 때문이고, 수상쩍은 거래를 하는 이유는 '탐욕' 때문이며, 차별 철폐 정책에 반대하는 이유는 '도덕적 무감각' 때문이며, 그래도 지지자들의 성원을 받는 이유는 '리더십이 있기' 때문이다. 그러나 내적 원인들은 증거를 제시할 수 없으며, 그저 이러한 원인들에서 나왔다는 행동이 있을 뿐이다.

이른바 심리 측정은 이러한 내적 소유물들 중 몇몇을 통계적으로 처리하는 것이다. 레퍼토리는 표본 조사가 가능하고 어느 한 사람을 집단 내의 다른 사람들과 양적으로 비교해서 등급을 매길 수도 있다. 어떤 특징은 마음의 팩터(factor) 혹은 벡터(vector)로 환원될 수 있다. 그러다 보니, 지어낸 원인 이상의 그 어떤 것이 발견된다고 생각하기가 쉽다. 하지만 이 분야의 많은 전문가들이 팩터를 원인이라기보다는 분류 도식이라고 인정했다. 또한 심리적 특징을 측정함으로써 행동을 예측할 수 있는 것은, 결국 다른 행동으로부터—아마도 그 행동에 비슷한 원인이 있기 때문에—예측된 것이다.

정신의 내적 세계는 구성주의 이론들에 적합하다. 무의식, 전의식, 의식의 공간적 측면이 지리학과 크게 다르지 않은 일종의 위상학을 이루는 듯 보인다. 팩터 분석은 마음 혹은 인격의 수많은 차원들을 나타내주었다. 발달주의는 구성(structure)과 멀지 않은 곳에 있다. 성격적 특성은 '숨겨진 성장 성향'을 지닌다고 한다. 한 사람은 유년기에서 성년기를 거쳐 노년기까지 다양한 단계들을 거친다. 에릭 에릭슨(Erik Erikson)의 자아의 사회 심리 발달 8단계는 감정과 마음 상태로 정의되었지만, 그 단계들은 내적으로 관찰되거나 감지되는 조건을 발생시키는 수반성들로서 나타난다. 한두 살 먹은 아이는 신뢰 대 불신을 보여준다고 한다. 아이의 행동은 주로 타자들을 매개 삼아 강화를 받는다. 일관된 수반성은 신뢰를 길러주고 일관성 없는 수반성은 불신을 키운다. 서너 살 먹은 아이는 자율성 대 의심을 보여준다고 한다. 아이는 이제 훨씬 더 자력으로 환경에 작용을 하는데, 그러한 작용은 성공적일 수도 있고 그렇지 않을 수도 있다. 실패는 온건하게나마 처벌을 받고, 온건한 처벌은 수치심이라는 조건을 낳는다. 네댓 살까지 크면 이제 주도성과 죄의식이 대립한다. 아이는 새로운 수반성으로 이동하고 실패에 대한 처벌은 한결 분명해진다. 따라서 조건이 수치심보다는 죄의식에 가깝게 느껴지는 것이다. 여섯 살부터 열 살까지는 근면성과 열등감이 대조를 이룬다. 강화 스케줄이 높거나 낮은 행동 강도를 구축한다. 에릭슨에 따르면 규칙이 지배하는 행동이 중요해지는 것도 바로 이 시점부터다. 이후의 네 단계들도 비슷한 방식으로 우세한 수반성이라는 관점에서 분석할 수 있을 것이다. 자아의 발달이 아니라 세계의 발달에 이 모든 단계들이 있는 것이다.

왜 내면을 보는가?

지적 능력의 내면화는 정서 및 동기 부여 작용의 내면화와 완전히 일치한다. 관찰되는 행동에서 시선을 돌려 공상적인 내면 세계를 들여다보는 태도는 여전하다. 때로는 단순히 언어적 관행 때문에 그렇게 한다. 우리는 형용사나 동사로 명사를 만들고 그 명사가 나타내는 것의 자리를 찾으려 든다. 밧줄이 튼튼하다는 말을 하다가 어느새 밧줄의 튼튼함을 말하기 일쑤다. 특정한 종류의 튼튼함을 인장(引張, tensile)이라 부르고, 밧줄이 튼튼한 이유는 항장력(抗張力, tensile strength)이 있어서 그렇다고 말한다. 좀 더 복잡한 사안으로 넘어가면 오류는 덜 명백하면서 더 골치 아파진다. 유체에 점성이 있다든가, 간편 척도로 다양한 유체를 측정하고 비교하거나 동일한 유체를 여러 온도에서 비교한다 말한다고 해서 해가 될 것은 없다. 그러나 점성(viscosity)이라는 단어는 무엇을 뜻하는가? 이 단어는 옛날에 새 잡는 끈끈이 혹은 겨우살이 덩굴을 뜻했던 라틴어 'viscum'에서 나왔다. 이 'viscum'에서 유래한 단어 'viscosus'는 '점착성이나 아교질의 질감을 지닌'이라는 뜻이 되었고, 'viscosity'는 '점착성이나 아교질 같은 상태나 성질'을 뜻하게 되었다. 이 단어는 유체의 특성을 가리키기에 유용하나 유체가 점성이 강해서 천천히 흐른다고 말하는 것은 오류다. 유체의 행동에서 추론한 성질이나 상태가 원인처럼 다루어지기 시작한 것이다.

이제 행동 차원에서 상응하는 경우를 살펴보자. 어떤 사람이 미끄러운 표면을 걸어가다가 다소 안 좋은 결과를 당했다면 그는 조심스럽다고 볼 수 있는 태도로 걷게 될 것이다. 그렇다면 이때 그가 조심성 있게 걷는다고, 혹은 그가 조심성을 보여준다고 말하기 쉽다. 여기까지는 아무 문제가 없다만, 그가 조심성 때문에 주의해서 걸어간다고 말하면서부터 일이 꼬인다. 어떤 사람들은 매우 빨리 조심스러운 거동을 배운다든가 그리 심하게 벌을 받지 않고도 심하게 조심스러워진다는 뜻에서 조심성을 타고난다고 말할 수 있을지도 모른다. 그러나 여기서 문제가 되는 행동은 대개 처벌적인 결과들의 이력에서 추적될 수 있다.

내적 원인들에 지나치게 호소하면서 환경적 역사와 현재 설정을 간과하는 태도가 언어적 관행만으로 설명되지는 않는다. 나는 여기에 비밀, 오컬트, 연금술, 마법 같은 인간의 사상사에서 참으로 중요한 위치를 차지했던 미스터리들에 호소력이 있다고 본다. 감각과 이성이 미치지 못하는 듯한 세계 안의, 언뜻 봐서는 설명할 수 없는 힘의 호소력 말이다. 점성술, 숫자점, 유사심리학, 심령 연구는 여전히 이러한 호소력을 발휘한다.

추상 명사는 독자를 심층으로 끌고 간다. "부자의 도량은 그저 일종의 소심함일 때가 많다."고 니체는 말했다. 이 격언에는 뭔가 '심오한' 것이 있는데 "부자들은 남을 기쁘게 하기 위해서가 아니라 달래기 위해서 베푼다." 같은 행동의 단순한 기술에는 그 심오함이 빠져 있다. 심층 설명은 역사적 글쓰기에서 흔히 나타난다. 로마인들은 에트루리아를 정복하고 자기들의 전리품에 놀랐다. 후에 그들은 카르타고에서 더 많은 것을 취했다. 이로써 다음과 같은 효과가 나타났다. "로마 사회의 오랜 행동 규칙으로 억제되었던 탐욕이 외국인을 대상으로 한 번 풀려나기 시작하자 이제 자국민에게도 절제를 모르게 되었다." 남의 소유물을 취하는 행동이 전쟁 중에 크게 강화를 받고 처벌을 받지 않았기 때문에 나중에는 '오랜 행동 규칙'으로 암시된 처벌에도 그리 영향을 받지 않았다고 말한다면 성격적 특징에서 강화 수반성으로 이동할 수 있다. 그러나 탐욕이 무절제하게 풀려났다는 것이 문제의 핵심처럼 보이는데, 이 문제에서 순수한 수반성은 깊이 다뤄지지 않는다.

극작가와 소설가가 심층으로 내려가지 않고 표면에 머문다면 연극과 소설은 아마 살아남지 못할 것이다. 헨리 제임스의 소설《여인의 초상》에서 청년 랠프 터챗은 결핵을 앓느라 오랜 세월 활동을 할 수 없었다. 그러나 그는 뭔가를 해보고 싶다고 강하게 끌린 적이 없었으므로 그것이 아무 문제도 되지 않는다. 그러나 저자가 이런 식으로 진술하는 것은 너무 피상적이다. "은밀히 쌓여 온 무관심이…… 그를 구하러 왔고 그가 희생을 감수하게끔 도와주었다."

한 우주 비행사는 달까지 여행하는 동안 안전이 염려되지 않았는지 묻는 질문에 이렇게 답했다. "우주 비행사도 염려를 하지만 몹시 길고 고된 훈련 프로그램이 그러한 염려를 상쇄할 만한 자신감을 길러줍니다." 자신감이라는 감정이 염려라는 감정을 상쇄한다는 진술은, 무엇을 해야 하는지 모를 때는 염려가 되고 바로 그 무엇을 해야 하는지 훈련 프로그램에서 배운다는 말보다 심오해 보인다.

"우리 시대의 가장 큰 병은 의지박약이며, 그 때문에 정신분석학이 탄생했다."라고 하면 우리 시대의 세계에 긍정적으로 강화를 받는 행동은 매우 적고 처벌을 받는 행동은 너무 많은데 정신분석학이 수반성들을 더 잘 배열하기 위해 생겨났다고 말하는 것보다 의미심장해 보인다. 영국 산업혁명이 노동 계급의 물질적 조건을 개선했으나 인간을 자기 노동의 최종 산물에서 소외(분리)시킴으로써 "장인 정신과 인간이 일상에서 느끼는 지적 즐거움을 파괴했다."는 말은, 뭔가를 만들어낸다는 자연스러운 강화적 결과를 산업혁명이 파괴했기 때문에 임금이라는 작위적인 강화물이 부족하게나마 대체물이 되었다고 말하는 것보다 심오해 보인다.

복지 기금 사기꾼에 대한 노동자의 반응은 서양 문화에 흔한 사회적 수반성들의 역사에 달려 있는 듯 보인다. 그 문화 안에서 노동 기피자는 노동자들에게 처벌을 받고, 노동자들은 원한이라 부를 만한 조건을 경험한다. 복지 기금 사기꾼이 노동자에게 미치는 효과를 다룬 한 분석에서 '일'은 '희생'이 되고 이 희생은 '자발적 미덕, 즉 희생자가 자신이 살아가는 물질적 정황을 벗어나 창조한 의미'라고 이야기된다. 복지 기금 사기꾼은 희생을 거부하고 '(노동자의) 자기 부인(희생) 행위의 의미를 의문시하여' '의도적으로 만들어진 의미의 약점을 드러낸다.' 희생, 의미, 미덕, 자유 의지, 자기 부인, 의지를 끌어들이는 정교한 심리적 조작이 중세의 마법사가 누리던 것과 같은 특혜를 누리지만 단순히 사회적 수반성을 보고하는 행동주의자는 이 특혜를 부인한다.

또 다른 예를 들어보겠다. 미국 흑인 소수 집단의 지위가 다음과 같이 기술되었다. 한때 '힘이 아주 없었던' 집단이 점차 힘을 키워 나간다고 느끼게 되면 "그 집단 구성원들은 자기 가치를 확인하고 싶은 강렬한 욕구를 경험한다. 이런 상황에서는 어느 집단에서나 웬만큼 발견되는 집단적 자부심은 오랜 세월 외부로부터 당한 비하의 역반응, 그것도 매우 빈번하고 강렬한 역반응이다." 여기서 '~고 느끼다', '욕구를 경험하다', '자기 가치 확인', '자부심', '비하' 같은 표현을 없애는 것이 첫 단계다. 그러면 다음과 같이 번역해서 읽을 수 있다. "어느 집단 사람들이 힘을 얻으면 그들 자신의 장점을 말하게 되고, 그로써 오랫동안 외부 사람들이 그 집단에 관해서 말해 왔던 바를 반박한다." 그들이 이렇게 함으로써 어떤 신체 상태를 느끼게 된다는 점은 분명하다. 그러나 그들이 힘이 있다는 '느낌' 때문에 그런 행동을 하는 것은 아니다. 그들을 둘러싼 환경이 변했기 때문에 그렇게 행동하고 힘을 느끼게 된 것이다. 그들은 '집단적 자부심' 때문에 자기들을 좋게 말하는 게 아니다. 그들이 자기 장점을 말하는 이유는 자기들을 좋게 말하는 것을 들으면서 강화를 받기 때문이다. 특히 과거에 그런 말을 듣지 못했다면 더욱더 그렇게 행동할 확률이 높다. 지금 쟁점이 되는 행동을 단 한 사람에게서 관찰할 수도 있다. "어떤 사람은 자기가 할 수 있으면 남들이 자기에 관해 하는 말을 반박하면서 자기의 좋은 점을 말할 것이다." 놀라울 것도 없고 그렇게 어렵지도 않은 얘기다. 그러나 이 문장에는 자기 가치 확인의 욕구나 자부심의 역반응에 호소할 때의 심오함은 없다.

내적 원인의 무용성

물론 유체가 천천히 흐르는 데에는 이유가 있다. 점성을 분자적으로 설명한다면 진일보한 셈이 된다. 어떤 사람이 조심스럽다고 할 만한 행동을 하는 데에는 생리학적인 이유가 있다. 우리는 생리학자들이 결국 그 이유들을 밝혀주리라 생각한다. 우리가 느끼고 내적으로 관찰 가능한 것을 생리학자들이 결국은 보고하고 분석하게 될 것인가라는 물음에 관해서는 13장까지 기다려 달라고 독자에게 부탁하고 싶다. 그러나 생리학자들이 제공할 수 있는 설명에 관해 여기서 몇 가지 코멘트만은 해 두는 편이 적절하지 싶다.

마음의 정서적이고 동기적인 삶을 탐구하는 것이 사상사의 위대한 업적에 속하는 양 이야기되는데, 오히려 그것이 가장 큰 재앙일 수도 있다. 심성주의는 감정 및 내적 관찰과 결부시켜 원인을 잘못 생각하고 우리 내면에서 설명을 찾으려 함으로써 환경적 선행 요인을 불투명하게 하는데, 사실 환경적 선행 요인이야말로 더 효과적인 분석으로 나아가기가 좋다. "총이 아니라 마음이 죽인 것이다."

라는 주장은 총을 못 쓰게 한다고 해서 암살자들을 통제할 수 없음을 강조할 뿐일지도 모른다. 그러나 우리가 마음이 죽인 것이라는 설명을 받아들이는 한, 다른 통제 수단들은 간과되고 말 것이다. 마음의 내적 작용을 반박하는 이유는 그러한 작용을 검토할 수 없어서가 아니라 더 중요한 것들을 검토하는 데 방해가 되기 때문이다.

정신(psyche)도 마음과 마찬가지로 일견 감정이나 내적 관찰과의 연관성 때문에 그럴듯해 보이는 은유에 지나지 않는다. 감정과 내적으로 관찰되는 것은 영원히 심층에 머물 수밖에 없다. 반면, 환경은 대체로 접근 가능하다. 우리는 복잡한 강화 수반성에 관해서 더 많은 것을 알아야 한다. 한 사람이 살아가는 동안 노출되는 수반성들의 특수한 집합을 다루기란 늘 어려울 테지만, 우리는 적어도 우리가 알아야 하는 것에 어떻게 손대야 하는지 정도는 안다.

정신이라는 아르고 호의 선원들은 수백 년간 마음의 거친 바다를 항해했으나 그들의 목표를 보지 못했다. 그들은 새로운 정보처럼 보이는 것을 참고하여 때때로 해도(海圖)를 수정해 가면서 나아갔지만 집으로 돌아가는 길은 점점 더 희미해졌고 완전히 길을 잃었다. 아르고 호의 선원들은 결국 황금 양털을 찾지 못했다.

그들의 역경은 절망으로 암시되고, 작금의 문제들에 제시되는 해결책에도 그러한 절망이 있다. 신문에서 대학 총장 세 사람이 각기 학위 수여식에서 어떤 연설을 했는지 보았다. 그들은 다음과 같은 제안을 내놓았다. (1) "앞으로 나아가려는 자신감과 희망과 열의는 역사적으로 믿음의 결실이었습니다. 그런 것들이 이제 아예 없거나 있다고 해도 희미할 때가 너무 많습니다." (2) "이 나라가 절실하게 필요로 하는 것은 미국 사회에 정신적 면모를 부여할 수 있는 전체적인 전망입니다." (3) "미국은 이제 도덕적인 힘을 표출해야 합니다."

이런 식의 얘기가 수 세기에 걸쳐 계속되었다. 그토록 많은 지식인들이 무엇이 문제인지를 보지 않으려 했다는 점이 놀라울 뿐이다.

11장

자기와 타자들
The Self and Others

행동과학이 유기체로서의 인간을 연구하되 각각의 사람이나 자기(self)를 간과한다는 애기가 심심찮게 들린다. 행동과학이 무시하는 것은 애니미즘의 유물, 아주 거칠게 말해서 하나 혹은 그 이상의 영(spirit)이 신체를 움직이게 한다는 신조다. 결과적 행동이 파괴적이라면 아마도 악령이 그랬을 것이다. 행동이 창조적이라면 그 행동은 천재의 영 혹은 뮤즈가 이끌어준 것이다. 우리가 인격을 논할 때, 자기심리학에서 자기를 논할 때, 자기가 무엇을 할지 알고 그 행동을 위해서 신체를 사용하는 '나'를 말할 때, 혹은 어떤 사람이 극에서 신체를 의상 삼아 연기하는 인물(persona)을 말할 때 그러한 신조의 흔적들이 보인다.

행동 분석은 사람을 행동 레퍼토리를 습득한 유기체, 인간이라는 종의 한 구성원으로 취급한다. 인간은 해부학자와 생리학자에게 유기체로만 남지만, 행동을 중요하게 여기는 이들에게 인간은 사람이다. 복잡한 강화 수반성은 복잡한 행동 레퍼토리를 낳고, 우리가 이미 보았듯이 다양한 수반성은 한 인간 안에서도 여러 인물을 낳는다. 이른바 다중인격은 이러한 양상이 아주 극단적으로 표현된 것에 불과하다. 레퍼토리가 습득될 때 어떤 일이 일어나느냐가 중요하다. "나는 내가 다음에 뭘 할지 결정한다."는 말로 자신이 자유롭다고 주장하는 사람은 현재 상황에서의(in), 또는 현재 상황으로부터의(from) 자유를 말하는 것이다. 따라서 선택권을 지닌 듯 보이는 '나'는 역사의 산물이고 역사로부터 자유롭지 않다. 사실은 그 역사가 내가 지금 무엇을 할지 결정하는 것이다.

사람은 개시 주체가 아니라 수많은 유전 및 환경 조건들이 모여서 접합 효과를 일으키는 한 지점이다. 그렇기에 사람의 유일무이성은 의문의 여지가 없다. 사람은 다른 누구와도 (일란성 쌍둥이가 아닌 이상) 유전자가 일치하지 않는다. 그의 개인적 역사가 유일하다는 점에는 예외조차 없다. 따라서 다른 누구도 그와 똑같은 방식으로 행동하지 않는다. 정체성(identity)을 말한다는 것은 다른 누구도 사람으로서 그와 같지 않다는 사실을 말하는 것이다.(라틴어 idem은 '같다'는 뜻이다. 구어에서는 정말로 비슷한 사람을 두고 "똑같네!" 혹은 "딱 그 사람이네!"라고 대꾸할 수도 있겠다. 또는 이웃들이 성가시다고 불평하는 사람을 두고 그도 남들을 성가시게 하는 "똑같은 사람"이라 말할 수도 있겠다.)

어떤 사람과 그가 타자들과 맺는 관계를 기술하는 용어들을 생각해보겠다.

자신을 안다는 것

어떤 사람에게 자기 자신에 관해서 무엇을 아느냐고 묻다 보면 당장 또 다른 물음으로 넘어오게 된다. '누가' '누구'를 알 수 있는가? 그 답은 '아는 자기(a knowing self)'와 '앎의 대상(a known)' 양쪽 모두를 생성하는 수반성들에서 찾을 수 있다. 테니스 선수가 쉬운 공을 놓치고 '자기 자신에게 격노했다(get mad at oneself)'고 말할 때 우리는 하나의 몸 안에서 두 개의 자기를 구별한다. 그는 뭔가가 자기에게 해를 끼쳤기 때문에 화가 났는데, 그 해가 되는 일을 한 사람이 바로 자기 자신이다. 따라서 그는 자신에게 화를 내는 것이다. 그는 자기 몸을 마구 때리기까지 할지도 모른다. 자기 지식의 경우에도 비슷한 구별이 일어난다.

인간을 제외한 모든 종은 행동을 하되 자기 행동을 알지 못한다. 언어 공동체가 발생하여 행동에 관해 묻기 시작하고 자기 기술 행동(self-descriptive behavior)이 나타나기 전까지는 인간도 예외가 아니었을 것이다. 자기 지식은 사회에서 비롯되는 것이고, 행동에 대해 질문을 던지는 공동체에 우선 유용하다. 나중에 가면 자기 지식이 그 사람에게 중요해진다. 가령 자기 자신을 다스리거나 통제할 때 그러한데, 그 방법들에 관해서는 짧게 다루어보겠다.

사람들이 스스로를 자기 자신과 타인들에게 설명하는 다양한 방법대로 다양한 공동체들은 종류도 다양하게 상당한 자기 지식을 발생시킨다. 어떤 공동체는 자기를 깊이 들여다보는 내성적이고 내향적인 사람을 만들어내고, 또 다른 공동체는 사교성이 풍부하고 외향적인 사람을 만든다. 어떤 공동체는 가능한 결과를 심사숙고한

후에야 행동하는 사람을 낳고, 또 다른 공동체는 생각 없고 충동적인 사람을 만든다. 어떤 공동체는 예술, 음악, 문학에 대한 반응을 특히 의식하는 사람들을 빚어내고, 또 어떤 공동체는 주위 사람들과 맺는 관계를 특히 의식하는 사람들을 낳는다. 심성주의자들이 던지는 질문과 행동주의자들이 던지는 질문은 당연히 서로 다른 종류의 자기 지식을 낳는다. 심성주의자들의 질문은 사람이 어떻게 느끼는가를 강조한다.

역사적으로는 분명히 내면 탐구가 우선시되었다. 소크라테스의 "너 자신을 알라."라는 말이 뜻하는 바도 마찬가지다.(어느 로마 목욕탕 해골 모자이크 벽화 밑에 이 명령이 새겨져 있다. 해골은 자기self의 해부학적 버전이다.) 몽테뉴는 "자기 자신을 염탐한다."고 했고 "자신을 움직이게 하는 샘을 발견한다."는 말도 했다. 과거와 현재 환경에 대한 감정과 내적으로 관찰되는 상태에 우선권이 있는 것이다.

감정에 관한 질문은 자기감(自己感, sense of self)이나 자기상(自己像, self-image)과 밀접하게 연결되는 경향이 있다. 그런 질문은 한 사람의 '존재', 그 사람의 현재 존재 상태를 강조한다. 실존주의자, 현상학자, 인본주의 심리학자는 이러한 자기 탐구 차원에서 자기 관찰을 독려해 왔다. 요가는 '개인이 자기 해방을 준비하는' 수련법 일체로 정의된다. 해방된 자기만이 "나는 나 자신이기 때문에 내가 하는 일을 한다." 혹은 "내가 지금 하지 않는 것, 내가 앞으로 할 것은 내가 아니다."라고 주장할 수 있다. 드니 디드로(Denis Diderot)는 "나는 나 본연의 존재이기 때문에 내가 쓰는 것과 같은 희곡을 쓴다."라고 했고 조르주루이 뷔퐁은 "문체가 곧 그 사람이다."라는 유명한 말을 남겼다.

정신분석은 주로 환자가 자신의 감정을 탐색하도록 이끌어 그에게 좀 더 명확한 자기상을 제공하는데, 그로써 고무되는 자기 지식은 곧잘 '통찰(insight)'로 일컬어진다. 이 용어는 '내성(introspection)'과 흡사하다. 환자는 자기 자신의 감정을 느끼는 법, 처벌받는 행동과 결부된 감정을 인정하는 법 따위를 배워야 한다.

존재하는 것(being)에 관한 분석에서는 자연스럽게 구성이 강조된다. 이와 관련해 생성(becoming)을 강조하는 발달주의 버전이 있다. 오늘날 행동과학의 관점에서 볼 때, 변화는 어떤 것이든 레퍼토리 안에 있고 그 변화의 원인은 변화하는 수반성들에서 찾아야 한다. 변화가 지장을 주는 경우에 자기 자신을 안다고 느끼지 못할 수도 있다. 이때 그 사람은 정체성의 위기를 겪고 있다고 말해진다. 조건이 변하는 와중에 정체성을 유지하기란 힘든 일이다. 하지만 사람은 갈등하는 여러 자기들을 자기 자신에게 숨길 수도 있다. 그 자기들 중 하나 혹은 그 이상을 모르는 척하거나 위장시킴으로써 그럴 수 있다. 아니면 자기답지 않은 행동을 설명하면서 "나는 내가 아니었다니까."라고 말할 때처럼 여러 갈등하는 자기들 중 하나를 낯선 사람으로 낙인찍음으로써 그럴 수 있다.

언어 공동체는 "왜 그런 식으로 느낍니까?"보다는 "기분이 어떻습니까?"라고 묻는 편이다. 후자의 질문이 더 쉽게 대답을 들을 수 있기 때문이다. 이 질문은 가용적인 정보를 이용하지만, 다른 종류의 정보가 가용적이지 않은 것은 순전히 질문 자체의 탓이다. 이런 질문은 아주 최근까지도 사람들이 자기들의 외부 조건을 살피게끔 유도하지 못했다. 그러나 환경적 역사와 관련성이 분명해지면서 감정이나 마음 상태가 아니라 환경에 주목하는 실제적인 물음들이 나오기 시작했고, 그 대답들은 점점 더 유용성을 드러내고 있다.

그러나 내성에서 증거를 얻는 데서 환경에서 증거를 얻는 쪽으로 옮겨 간다고 해서 자기 지식이 정확해진다는 보장은 없다. 우리는 항상 우리가 노출되어 있는 수반성을 관찰하지 않는다. 가령 다이어리 따위에 무슨 일이 일어났는지 기록할 수도 있지만 우리의 정보는 대체로 개략적이다. 우리가 행동하는 동안 무슨 일이 일어나는지 항상 눈여겨보지도 않거니와, 어떤 상황에서 어떻게 행동할 거냐는 질문을 받으면 과거에 비슷한 경우가 있었는데도 자기 행동을 잘못 추측하기 일쑤다. 늘 그렇듯이 우리는 설명할 수 없는 것을 유전의 탓으로 돌리기 십상이다. 그래서 "난 그런 사람으로 태어났거든." 혹은 "나란 사람이 원래 그런 걸."이라고 주장하는 것이다.

그렇지만 자기 행동의 이유를 가급적 주의 깊게 살피는 것은 중요하다. 내가 앞에서 얘기했듯이, 자기 자신을 더 잘 관리하려면 꼭 알아야 하는 부분이기 때문이다. 놀라울 것도 없겠지만, 타인의 행동을 더 잘 알수록 우리 자신도 더 잘 이해하게 되는 법이다. '다른 이'의 행동에 대한 실제적인 관심은 새로운 유형의 자기 지식으로 이어진다. 행동 실험 분석과 여기서 도출된 특수한 자기 기술 어휘를 동원하면 다른 사람들의 행동, 나아가 다른 종들의 행동에 대해서 배운 바를 자기 자신에게도 상당 부분 적용할 수 있다.

감정을 탐구함으로써 자신을 알고자 하는 사람들은 곧잘 자기들에게 어떤 배타적인 종류의 지식이 있노라 주장한다. 예를 들면 정신분석을 받았던 사람만이 정신분석이 무엇을 의미하는지 안다고 하는 식이다. 신비주의자는 자신과 비슷한 경로를 통하지 않고는 전할 수도 없고 알릴 수도 없는 체험을 했노라 주장한다. 그러면 마찬가지로, 실험 분석을 이해하고 인간 행동 해석의 용도를 이해하는 사람들만이 과학적 혹은 기술적 의미에서 자기 자신을 이해한다고 주장할 수도 있을 것이다.

다른 사람을 안다는 것

우리는 다른 사람이 왜 저렇게 행동할까 질문을 던질 때에도 그의 감정 혹은 내적으로 관찰되는 것과 그에게 일어났던 일을 구별한다. 그의 감정 혹은 생각을 발견하는 것은 그는 무엇인지, 혹은 무엇이 됐는지, 혹은 무엇이 되어 가는지 알아 가는 것의 일부다. 그와 접촉하는 것, 가급적 '만남'이나 '대면'에 임하는 것이 첫걸음이다. 어떤 경우든지 좋은 '대인 관계'가 요구되고 공감을 통해 감정을 나눌 수 있어야 한다. 공감(sympathy)이라는 단어가 옛날에는 단순히 '함께 느낀다'는 뜻이었다. 감수성 훈련은 공감을 돕는다. 관찰자는 타인에게 관여하게 되고 타인의 감정을 직관한다. 마치 결론까지의 단계들을 명시적으로 밟지 않았다는 이유로 직관적으로 생각한다는 말을 듣는 수학자와 비슷하다고 할까. 말하자면, 관찰자가 타인이 어떻게 그런 행동을 하는지 반드시 설명할 수는 없지만 타인의 감정을 직접적으로 안다는 얘기다.

그럼에도 불구하고 한 사람이 다른 사람의 내면 세계와 직접 접촉할 수는 없으며, 이른바 타인에 대한 지식은 곧잘 단순히 타인의 행동을 예측할 수 있는 능력으로 통한다. 따라서 트레이너들이 자기들에게 훈련받는 사람들을 얼마나 잘 감지하느냐(잘 아느냐)는 훈련받는 사람들이 일련의 질문에 어떻게 대답할지 얼마나 잘 예측할 수 있느냐로 나타난다. 그러나 우리는 다른 사람의 감정 표현으로 그 사람을 부분적으로나마 이해할 수 있다. 배우들은 기쁨, 슬픔, 그 밖의 감정을 표정, 자세, 움직임으로 '나타낼' 수 있다고 한다. 관객은 이러한 표현을 읽고 캐릭터와 그들의 동기를 이해한다. 아마도 관객이 실생활에서 실제 사람들을 접하면서 그렇게 이해하는 법을 배웠기 때문일 것이다.

우리 자신이 그렇게 표현된 감정을 느낀다면 어떻게 행동할 것인가를 질문함으로써 감정 표현을 활용할 수 있다. 혹은 과거에 특정 표현이 어떤 행동을 동반했는지 생각해보아도 되겠다. 화가 난 듯 보이는 사람의 행동을 예측한다는 것은, 우리가 화난 듯 보일 때 무슨 행동을 할 것인가 스스로 묻기보다 화가 난 것처럼 보이는 사람들이 대개 어떤 행동을 했는지 기억해내는 것이다. 감정을 다른 사람에게 귀속하는 것을 감정 이입(empathy)이라 한다. 또 어떤 이는 감정을 다른 사람들에게 '투사(project)'한다고 한다. 만약 감정을 무생물에 투사한다면 그는 분명히 오류를 범한 것인데, 이런 행동을 감상적 오류(pathetic fallacy)라 한다. '성난 바다'는 성난 식으로 행동하나 우리는 바다가 정말로 성난 감정을 느낀다고 생각하지 않는다. 단지 한동안 바다가 성난 식으로 행동할 것이라 추리를 할 뿐이다. 감정을 다른 사람들에게 투사하는 것도 잘못이다. 어떤 이가 '두려움을 느끼면서도 용감하게 행동할 수 있으나' 그는 자기 신체의 다른 부분들, 다른 행동 레퍼토리들로 그렇게 행동하는 것이다. 그가 '정말로' 어떻게 느끼는가는 수반성을 바꿈으로써 발견할 수 있을지도 모른다. '두려움을 내비치면' 처벌받는 사회적 수반성이 만연해 있기 때문에 그가 용감하게 행동하는 거라면 바로 그 수반성에 변화를 가할 때 그는 두려워하는 것처럼 행동하게 될 것이다. 두 경우 모두 그가 '느낀' 것은 상황의 어떤 특징들에서 발생했지, 용감한 척하는 행동에서 발생한 것이 아니다. 사실은 두려움을 느끼고 있으면서 용기를 '느낀다고' 말하는 사람과 두려움을 느낄 때 용감하게 행동하는 사람은 다르지 않다. 말로 표현하는 것에서 기인하는 수반성이 너무 강력해서 아예 본인도 자기가 '두려워한다는 것을 모를 때에는' 심리 치료가 특히 중요하다. 심리치료사는 그가 '자신의 두려움을 발견하게끔' 돕는다. 두려움을 느끼면서도 용감하게 행동한다면 그 순간 그는 용감한 사람인 것이다. 그 안에 두려움에 떠는 사람이 숨어 있다고 추정할 필요는 없다.

우리는 감정을 보고하는 말을 믿지 않는다. 특히 그러한 보고가 다른 증거와 상충할 때에는 더욱더 믿기 어렵다. 마취술 시행 초기에 꽤 흔했던 흥미로운 예가 있다. 당시에는 중대한 수술을 앞두고 마취를 거부하는 사람들이 많았다. 수술이 신체에 가하는 손상은 분명히 고통과 연결되어 있고 마취는 고통 자체를 막는 게 아니라 고통의 표현과 나중의 기억을 막을 뿐이라고 믿었기 때문이다.

다른 사람이 자신의 감정을 말로 전달하거나 소통한다면 우리는 그 사람의 감정을 좀 더 쉽게 알 것이다. 전달은 옮김, 실어 나름을 뜻한다. 소통은 화자와 청자가 함께 나누게 한다는 뜻이다. 하지만 실제로 전달되는 것, 혹은 함께 나누게 되는 것은 무엇인가? 물론, "인간은 자기 경험을 다른 사람도 이해할 수 있는 음파(音波)로 옮긴다. 다시 말해, 청자는 이 음파를 그에 상당하는 경험으로 다시 옮기는 것이다."라는 말은 적절치 않다. 어떤 표현에 담긴 의미는 화자와 청자에게 각기 다르다. 화자에게 그 표현이 의미하는 바는 그가 언어 반응을 방출하는 정황에서 찾아야 한다. 반면, 청자에게 의미하는 바는 그가 언어 자극에 대해서 내놓는 반응에서 찾아야 한다. 소통의 산물은 기껏해야 청자가 화자의 상황에 적절하게 반응한다는 사실이라 할 수 있겠다. 화자가 느끼는 신체 상태에 대한 기술 그 자체가 청자에게 비슷한 신체 상태를 일으키지는 않는다.

또 다른 '감정 소통' 기법은 동일한 감정이 일어나는 상황을 묘사하는 것이다. 어떤 것을 다른 무엇 '같다고' 묘사하면 청자는 다른 무엇에 반응했던 것처럼 그것에 반응할 수 있다. 따라서 우리는 같은 방식으로 느껴지는 조건을 낳는 상황을 묘사함으로써 화자도 우리가 느끼는 대로 느끼게끔 유도할 수 있다. 존 키츠가 조지 채프먼의 호메로스 번역을 처음 보고 자신이 느낀 감정을 어떻게 표현했는지가 한 예다. 키츠는 감정을 낳는 상황을 기술함으로써 독자와 '소통'을 한다.(동일한 방법이 '생각의 소통'에도 유용하다. 논증의 전개를 통해서 독자는 저자와 동일한 결론에 도달하게 된다.)

개인적 사건을 기술하는 용어는 필연적으로 부정확하다. 그 점은 사상의 세계에서도 마찬가지이고("훌륭한 강연자는 존재를 전달해야 한다."고 말해봤자 별 도움이 안 된다), '화자의 마음속에 있는 것'을 구체적으로 언급한다는 것들조차 다 불완전하다. 모든 수반성을 규칙으로 대체할 수 없으며, 수반성이 형성한 행동 일부는 언어로 기술되지 않는다. 마찬가지로, 감정을 아무리 상세히 기술한다 해도 그 기술이 실제 느끼는 상태와 정확하게 일치하지는 않는다. 신비주의자나 탐미주의자가 느끼는 감정은 '형언할 수 없고' 그 밖에도 관련된 역사(history)를 겪어봐야만 알 수 있는 감정이 있다. 집단 수용소에서 살아본 사람만이 '그게 어떤 느낌인지' 정말로 알 수 있다.

비견될 만한 감정을 낳는 상황이 달리 없기 때문이다. 정신분석을 받은 사람만이 그게 어떤 느낌인지 알 수 있다면, 그 이유는 그런 느낌을 불러일으키는 상황이 달리 없기 때문일 것이다.

　우리는 여러 가지 이유에서 타인이 어떤 감정을 느끼는지 알아내고자 한다. 행동의 상당 부분은 타인에게 미치는 효과에 강화를 받는다. 이 효과가 명백하다면 행동은 더욱 강화적일 것이다. 따라서 우리는 사랑하거나 좋아하는 사람들에게 강화적 행동을 하고 해를 끼치지 않으려 한다. 그들이 그 대가로 우리에게 어떻게 행동할 것인가도 부분적인 이유로 작용한다.(이런 경향은 선천적인 것일 수도 있다. 가령 어미가 새끼를 먹이고 돌보며 온갖 해로운 것을 막아주는 행동에는 생존적 가치가 있기 때문이다. 어미는 이러한 행동을 통하여 긍정적 강화물과 부정적 강화물의 분류 조건을 제공한다. 그러나 사회적 강화 수반성도 이에 상당하는 행동을 낳는다.) 받아들이는 사람 쪽에서 우리가 잘해 왔음을 보여주는 것이 중요한데, 그는 자기 감정을 말로 전함으로써 그렇게 할 수 있다. 마사지를 받는 사람이 기분 좋다고 말한다든가, 어떤 곡의 연주를 듣고서 그 연주가 좋다고 말한다든가 하는 식이다. 이러한 '감정의 표시'가 없다면 그 사람에게 직접 물어보거나 그 밖의 다른 방법으로 그의 감정을 알아볼 수 있겠다.

　좀 더 부득이한 이유로 타인의 감정을 파헤칠 수도 있다. "행동이 중요한 게 아니라 상대가 그 행동을 어떻게 느끼느냐가 중요하다면" 감정을 파악하는 것이 최우선 과제가 된다. 그러나 타인이 내 행동을 어떻게 느끼는가는 행동 자체와 그 행동이 어떤 조건의 기능을 하느냐에 달렸는데, 이런 것들은 감정을 살피지 않고도 얼마든지 다룰 수 있다. 사람들이 좀 더 효과적으로 행동하게끔 도울 때 그들이 느끼는 감정을 바꾸는 것이 먼저고 행동 변화는 그 뒤에 따라나오는 것처럼 보일지도 모르겠다. 하지만 행동을 먼저 바꾸고 그에 따라서 감정을 바꾸는 것이 훨씬 더 효과적인 프로그램이다.

행동주의 분석에서 다른 사람을 안다는 것은 그냥 그의 현재 행동과 과거 행동을 안다는 것, 혹은 그가 장차 할 행동을 안다는 것이고 유전적 자질과 과거와 현재의 환경이 왜 그가 그렇게 행동하는가를 설명해준다. 우리 힘으로 파악할 수 없는 관련 사실들도 많고 한 사람 한 사람은 분명 유일무이한 존재이기 때문에 그러한 소임은 결코 녹록지 않다. 우리가 물리학과 생물학의 세계에서 알고자 하는 것을 다 알지는 못하듯이, 이 분야에서도 알아야 할 것을 다 알 수는 없다. 하지만 그것들이 아예 성격 자체가 달라서 알려지지 못한 것은 아니다. 다른 과학 분야에서도 그렇지만, 우리도 종종 예측과 통제에 필요한 정보가 없어서 해석으로 만족해야 한다. 그러나 다른 조건에서 가능했던 예측과 통제가 우리의 해석을 뒷받침해줄 것이다.

우리는 9장에서 다루었던 앎의 다른 의미로도 타인을 알 수 있다. 우리는 행동을 취하지 않는 다른 사람들도 이해한다. 타인에 대한 순수한 지각도 그들에 대한 우리의 반응에 포함될 것이다. 이것은 모두 타인들이 '느끼는 바', 혹은 그들이 '느낀다고 말하는 바'보다 그들이 하는 행동에 달려 있다.

자기 관리

자기 관리(self-management)는 자기 지식과 동일한 문제를 제기한다. '관리하는 자기(managing self)'와 '관리당하는 자기(managed self)'는 누구인가? 여기서도 다시 한 번, 행동 레퍼토리가 해답이다. 7장에서 논의했던 지적인 자기 관리는 문제를 해결하는 반응이 나타날 때까지 상황을 변화시키는 것이다. 즉, 문제 해결 레퍼토리가 성공적인 해법을 포함한 레퍼토리의 효과를 높인다. 윤리적 자기 관리에서 이 두 레퍼토리는 좀 더 쉽게 구별된다. 관리를 받는 자기는 상당히 이기적 행동이라 부를 만한 것, 종이 자연 선택에 따라 민감해진 생물학적 강화물의 산물로 구성된다. 한편, 관리하는 자기는 주로 사회적 환경에 따라 수립된다. 이 '자기'에게는 어떤 사람의 행동을 덜 혐오스럽게, 가급적 남들에게 강화 작용을 하는 방향으로 바꾸도록 가르칠 만한 타산적인 이유들이 있다.

자기 관리를 곧잘 감정이나 마음 상태를 직접 조종하는 것처럼 여기기도 한다. 어떤 이는 마음을 바꾸고, 의지를 행사하고, 불안한 느낌을 차단하고, 원수를 사랑해야 한다. 그가 실제로 하는 행동은 그가 살아가는 세계를 바꾸는 것이다. 지적 자기 관리와 윤리적 자기 관리 양쪽 모두에서 그는 수반성을 분석하고 규칙을 도출하여 적용할 것이다. 그러나 한 사람이 생존 기간 동안 배울 수 있는 이런 의미에서의 자기 관리는 매우 미미하다. 따라서 민간에 전해 내려오는 지혜, 경험적 방법, 속담, 격언, 그 밖의 규칙을 따르면 그것들이 기술하는 수반성에 적응하기가 좀 더 편하다. 황금률은 이해를 돕는 한 예일 것이다. 타인에게 영향을 끼치는 사람들의 행동 전부에 적용 가능한 율법을 수립할 수는 없지만 '특정한' 행위가 타인에게 혐오적인 영향을 끼치기 때문에 처벌받을 만한가 그렇지 않은가를 발견함으로써 개인은 자기 자신에게 미치는 효과를 살피게 된다. 이것은 '규칙'의 초기 형태이자 부정적인 형태이지만, 그 사람은 강화적인 효과도 기대할 것이다. 공동의 '규칙'은 효과가 자기 자신에게 혐오적일 때에는 행동을 지양하고 효과가 강화적일 때에는 행동하라고 명한다. 그가 어떤 추정되는 '감정'을 살피거나 그의 행동이 남들에게 불러일으키는 감정을 예측하라는 요구를 받지 않는다는 점에 주목하자. 그가 봐야 할 것은 자기가 이루고자 했던 바로 그런 종류의 결과를 이루었느냐다. 그는 (자신의 역사를 회상하거나 그 역사로부터 일반화를 시도함으로써) 자기에게 나타난 효과를 고찰하면서 자기 행동에 일어난 변화보다 자기 신체의 조건에 더 잘 반응하게 될 것이다. 강화물과 결부되어 감지되는 조건들은 아주 두드러진다. 그러나 자기 관리는 주로 결과와 관련된 것이고, 결과의 상당수는 다른 사람의 행위에서 비롯한다. 어떤 사람이 남들에게 특정한 방식으로 대우받았는데 그 사람이 당시의 감정을 기억 못하고 당시 자기가 했던 행동만 기억한다면 규칙은 더 정확하게 적용된다.

잘 알려진 자기 관리 기법들 중에는 개인의 역사를 끌어들여 어떤 혐오적인 효과를 상쇄하는 것도 있다. 예를 들어 술을 마시면 곧잘 즉각적 강화와 지연된 처벌이라는 두 가지 상반된 결과가 따라온다. 처벌을 겪고 난 사람은 다시는 술을 마시지 않겠다고 '결심할지도' 모른다. 결심은 자기가 만드는 일종의 규칙, 처벌 효과를 미래에까지 확대하기 위해 고안된 규칙이다. 그러나 나중에 가면 즉각적 강화가 더 힘을 발휘할 수도 있다. 결심을 다시 떠올리는 것은 자기 관리의 몸짓이다. 비록 이 몸짓이 효과가 없을 수도 있지만 말이다. 술을 마시기 쉬운 상황을 피하는 것('유혹 회피')이 되레 더 효과적일 수 있다.

상황을 정리하는 것은 흔한 지적 자기 관리 기법이다. 가령 공부방이나 작업실에는 특정 종류의 행동을 방해할 요소가 거의 없어야 한다. 수도 생활이나 은둔은 윤리적 자기 관리에서 이와 비슷한 효과를 띤다. 사진처럼 실물과 비슷하게 그림을 그리는 화가는 모델의 통제를 강하게 받는다. 그러나 화가가 자신의 개인적 역사를 끌어들이면 그의 작품은 어느 한 상황에 덜 매이기 때문에 일종의 일반성을 보일 것이다. 그는 현재 설정의 통제력을 누그러뜨림으로써 '본질을 뽑아낼' 것이다. 선종(禪宗) 수련의 바탕에도 동일한 원리가 있다. 가령 이러한 수련에서 활 쏘는 사람은 어느 한 경우에 해당하는 특징들을 최소화하는 법을 익힌다.* 화가와 궁수는 모두 즉각적 상황을 '초월한다고' 하겠다. 그들은 그 상황을 '초탈한' 것이다.

개인적 역사는 다른 방식으로도 자기 통제와 자기 관리에 개입한다. 집단 수용소에서 '썩기를' 거부하는 사람, 자신의 정체성이나 존엄성을 파괴하거나 망가뜨리려는 압력에 '무너지지' 않은 사람은 그의 현재 환경을 초월한 셈이다. 그 사람이 환경에 다른 의미를 부여할 수 있다는 말은 단지 그가 개인적 역사의 통제를 더 강하게 받는다는 말일 뿐이다.

자기 관리의 목표는 자기 충족 혹은 자기 실현이라고들 한다. 충족은 성취, 제약 회피, 긍정적 강화물의 발견과 관련된 것처럼 보인다. 한편, 실현은 유전적·환경적 역사를 극대화하여 즉시적 설정에서 벗어나는 것이라 하겠다. 두 경우 모두 '지금 여기'를 강조한다.

---

* 선불교에서 활을 쏠 때 그 상황에서 벗어나 궁수, 활, 화살, 과녁이 온전히 하나가 되게끔 명상하라고 가르치는 것을 두고 하는 말이다.

즉 존재 혹은 안녕(well-being) 혹은 그 순간의 생성(becoming)이 강조되는 것이다.

최근에는 이른바 자율 반응의 자기 통제, 가령 심장 박동이나 혈압, 홍조, 발한이 많은 관심을 끌었다. 4장에서 보았듯이 이러한 반사 기제들은 비의지적이기 때문에 조작적 행동과 별개로 생각해야 할 것처럼 보이지만 조작적 조건화에 필요한 조건들이 얼마든지 마련될 수 있다. 자동 행동은 보통 내적 경제와 관련이 있다. 이 경우, 환경에 효과를 가하여 조작적 조건화를 일으킬 수 있는 여지는 별로 없지만, 반응이 일어나고 있음을 뚜렷이 보여주는 표시는 수립될 수 있고, 따라서 조작적 수반성도 수립될 수 있다. 예를 들어 심장 박동이 일정 수준에 이르면 램프에 불이 들어오고 불이 켜지면 어떤 강화적인 결과가 따라온다 치자. 그러나 맥박을 빠르게 하거나 느리게 하는 것을 걸음을 재촉하거나 늦추는 것 이상의 자기 통제로 볼 수는 없다. 유일한 차이는, '정상적으로는' 맥박에 강화적인 결과가 따라오지 않기 때문에 맥박이 조작적 통제를 받을 일이 없다는 것뿐이다. 골근계의 조작적 조건화에서는 때때로 결과가 좀 더 뚜렷하게 나타난다. 그래서 피드백을 향상하기 위해 거울을 들여다보면서 귀를 살짝 움직이는 법을 배우기는 비교적 쉽다. 부분적으로 마비된 사지를 조금이라도 움직이는 훈련을 할 때에도 마찬가지 이유에서 때때로 꽤 성과가 있다.

심장 박동은 어느 정도까지 통제가 가능하다. 심장 박동에 영향을 주는 행동을 하면 되기 때문이다. 과격하게 운동을 하면 맥박이 빨라지고 느긋하게 신체를 이완하면 맥박이 느려진다. 자동 행동에 대한 조작적 통제의 직접성은 간접적 통제가 제거될 때에만 증명될 수 있다. 수년 전에 나는 어떤 동료와 함께 혈관의 이완 수준을 반영하는 것으로 보이는 팔뚝(상완) 체적의 변화에 강화 작용을 하는 실험을 했다. 우리 연구진 중 한 사람이 물을 채운 토시 같은 것(이른바 체적 변동 기록계)에 팔을 끼우면 팔뚝 체적이 다이얼로 표시되었다. 우리는 팔의 체적이 늘어났다는 표시 쪽으로 다이얼을 움직일 수 있었지만 우리가 숨을 점점 더 깊이 쉬는 방법으로 그렇게 했을 뿐이라는 점을 나중에 깨달았다. 폐가 공기를 더 많이 품게 함으로써 상완 혈관에 혈액을 밀어 넣은 것이다. 이러한 매개 반응들을 제거할 수 있는 방법이 있고, 자동 행동의 순수한 조작적 통제가 가능할 수도 있을 것이다. 그렇지만 우리가 여기서 다루는 자기 관리는 그렇지가 않다.

자기 관리 기법을 배우고 나면 언어 공동체가 유지시키는 교습 수반성(instructional contigencies)이 더는 필요치 않다. 자기 관리를 잘해서 생겨난 행동은 더 효과적이기 때문에 다양한 방식으로 넉넉하게 강화를 받는다. 훨씬 더 특수한 종류의 통제가 개인적 효과들의 영향을 받기 시작할 수도 있다. 이 경우, 언어 공동체가 직면하는 개인성의 문제는 극복된다. 이때 자기 관리는 곡예사의 숙련된 동작처럼 대단히 자율적으로 개인적 자극에 의존하게 되기 때문이다. 그러나 이러한 수반성은 효과적인 개인적 자기 자극으로는 나아갈지언정 자기 지식에까지 나아가지는 않는다. 우리가 재주넘기에 사용하는 자극들을 의식하지 못하듯이 자기 관리에 사용하는 자극들도 의식하지 못한다.

다른 사람을 관리한다는 것

자기 자신을 관리한다고 할 때와 같은 의미에서 다른 사람을 관리할 수도 있다. 그러한 관리는 감정이나 마음 상태의 변화와 상관없다. 그리스 신들은 인간에게 자만심, 정신적 혼란, 용기 따위의 상태를 부여함으로써 행동을 변화시켰다고 한다. 그러나 지금까지 그렇게 할 수 있었던 사람은 아무도 없었다. 타인의 행동은 그 사람이 살아가는 세계를 변화시킴으로써 변화하는 것이다. 물론 그로써 타인의 감정, 타인의 내면에서 관찰되는 바에도 변화가 있기는 할 것이다.

조작적 조건화 우리가 조작적 조건화에 관해서 아는 바는 모두 주어진 상황에서 어떤 행동이 일어날 확률을 높이거나 낮추는 것과 관련이 있다. 이것은 전통적으로 보상과 처벌의 영역이었으나 강화 수반성에 대한 우리의 지식을 이용하면 좀 더 뚜렷하게 구별할 수 있다. 안타깝게도 가장 흔하게 쓰이는 강화물은 부정적 강화물이다. 정부 및 종교의 통제는 주로 처벌 위협('권력')에 바탕을 두며 비제도적인 관행들조차 그와 비슷할 때가 많다. 긍정적 강화물로는 농업, 상업, 공업, 그리고 덜 공식적이지만 일상생활에서도('부'와 '특권') 경제적 통제를 가하는 돈과 재화가 있다. 대인 관계에서 접촉은 승인('위신') 혹은 검열의 문제일 때가 많다. 승인과 검열의 일부 형태는 유전적 이유에서 효과적이지만("인정받고 싶은 욕망은 문명인에게 가장 깊이 뿌리 내린 본능이다.") 보통은 다른 강화물들과 교환을 거쳐 힘을 얻는다.

전통적 용어로 말해보자면, 사람은 타인에게 흥미를 불러일으키고, 타인을 격려하고, 의욕이나 목적을 주입하기 위해서, 혹은 타인의 의식을 고취하기 위해서 긍정적이거나 부정적인 수반성을 마련한다. 그 사람은 이렇게 함으로써 타인이 환경의 다양한 특징에 통제받게 하는 셈이다. 타인을 만류하거나 사기를 떨어뜨리려면 강화를 중단한다. 그는 '어떤 사람이 뭔가를 고대하게끔' 나중에 올 결과에서 끌어낸 강화물들을 사용한다. 이를 위해 자기 지식을 끌어올릴 필요는 없지만 자기 지식의 증진은 결코 무관하지 않다.("우리는 압박을 의식하게 함으로써 현재의 압박이 좀 더 압박으로 다가가게 해야 한다.")

수반성에 관한 기술 조작적 강화의 수반성을 배열하는 것을 수반성을 기술하는 것과 혼동할 때가 많다. 이 구분은 '수반성이 형성하는 행동'과 '규칙이 지배하는 행동'의 구분만큼이나 중요하다. 우리는 "안으로 들어와. 곧 비가 올 거야." 같은 말을 건네거나 교차로에 '멈춤' 표지판을 세워서 경고를 할 때 나오는 행동을 기술하고 (들어오는 행동이나 멈추는 행동) 그와 관련된 수반성을 확인하거나 넌지시 나타낸다. 우리는 반드시 수반성을 배열하지는 않는다. 멈춤 표지판은 그냥 운전자가 사고를 당하기 쉬운 교차로라는 점을 지시할 뿐이지도 모른다. 연못 옆에 '살얼음'이라는 표지판을 세워두면 이러저러한 처벌로 위협하지 않더라도 사람들이 그곳에서 스케이트를 탈 마음을 거두게 되는 것처럼 말이다. 그러나 보통은 일부러 만들어낸 혐오적 결과들이 덧붙여진다. 안으로 들어오라고 했는데 말을 듣지 않은 아이는 비를 쫄딱 맞을 뿐만 아니라 불복종에 대한 처벌도 받을 것이다. 교차로에서 일단 멈추지 않은 운전자는 사고 위험에 노출될 뿐 아니라 딱지도 끊게 될 것이다.(처벌자, 가령 교통경찰이 운전자 눈에 보인다면 표지판은 특히 효력을 발휘할 것이다.)

경고는 8장에서 보았던 규칙이 그렇듯 (불완전할 수도 있는) 수반성 기술이라는 형태로 명시적인 이유들을 제시한다. 경고 때문에 반응하는 사람은 규칙을 적용한다는 의미에서 합리적으로 행동하는 것이다. 특히 이 사람이 과거의 경고 때문에 반응하는 법을 배웠지만 지금은 자기가 상황을 분석해서 그렇게 행동하는 것이라면, 다시 말해 스스로에게 경고를 하는 것이라면 더욱더 그렇게 말할 수 있다. 그는 자기 행동과 그 행동의 원인이 되는 수반성을 기술하고 그 결과로 앞으로도 적절하게 행동할 확률이 높다. 법은 이 점을 특히 중요시한다. 자기 행위의 결과를 저울질하고 자기 행동이 어떤 효과를 미치게 될지 아는 사람은 특히 처벌에 얽매인다는 것이다.

우리는 어떤 사람에게 행동을 촉구하거나 그가 행동하도록 재촉하고 설득할 때에도 결과를 이야기한다. 이는 곧 이유를 제시하는 것이다. 재촉은 조건화된 혐오 자극을 추가하여 긴박성을 낳는 것이다. 설득은 긍정적 강화의 계기에 일부 해당하는 자극을 추가하는 것이다. 좀 더 명시적인 종류의 규칙이 바로 계약이다. 노동 계약은 여러 가지 중에서도 특히 노동자가 해야 하는 일과 그가 보수를 얼마나 받게 되는가를 명시한다. 아이에게 행실을 바르게 하면 상을 주겠다고 했다면 이미 계약이 수립된 것이다. 이때 노동자와 아이는 각기 보수를 받거나 상을 받기 위해서 행동할 테지만 그 행동은 약한 것일지도 모른다. 규칙이 부가적인 수반성으로—가령 작업 감독이 일을 똑바로 하지 않으면 해고해버리겠다고 위협한다든가 부모가 못마땅하게 여기는 표시를 반복적으로 보낸다든가 하는 식으로 ─ 보완되어야 할 수도 있다.

정서적·동기적 척도 우리가 어떤 사람에게 선행을 하는 입장에 있을 때, 즉 상대가 좋다고 하는 일을 해줄 때, 우리는 그 일을 특정한 행동 양상에서 수반적인 것으로 만들 수 있고, 그렇게 되면 행동 양상이 증강되기 때문에 우리는 행동이 특정 자극의 통제를 받게 할 수 있다. 만약 어떤 수반적 관계도 고려하지 않고 '선행을 한다면' 우리는 어떤 사람을 실컷 만족시켜버림으로써 그 사람이 선행으로 강화 받는 행동을 하게 될 확률과 그로 인한 차후의 강화 민감성을 모두 감소시킬지도 모른다. 또한 우리는 우리에게 선행을 베푸는 정서적 기질을 상대에게 불러일으킬 수도 있다. 아니면 반대로 선행을 보류하여 그 선행에서 강화를 받은 어떤 행동을 소거시킬 수도 있다. 그러나 무엇이 이루어지고 있는가를 무시한 보류는 박탈 상태를 낳는다. 이 박탈 상태에서는 선행에 강화를 받는 행동이 유력하고 선행도 매우 강화적이다. 이로써 우리는 우리 자신에게 해가 되는 정서적 기질을 조장한다. 우리 자신과 우리의 관심 대상은 이와 관련된 여러 가지 신체 상태를 느끼거나 내적으로 관찰할지도 모른다. 그러나 수반성 관리는 효과적인 조치다.
관리의 친숙한 영역들 몇 가지를 간단히 살펴보기로 하자.

가르침 모두들 교육에서의 심성주의 학습 이론들에 적잖이 시달렸고, 그러한 시달림은 지금도 계속되고 있다. 교육은 마음, 태도, 감정, 동기 등을 바꾸는 것이 명백한 목표처럼 보이는 분야이고 특히 기득권층은 변화에 저항한다. 그러나 교육의 주안점이 행동주의의 언어로 진술될 수도 있다. 교사는 학생이 행동을 습득하게 되는 수반성을 배열하고, 학생이 습득한 행동은 나중에 다른 수반성에도 유용할 것이다. 교습 수반성은 인위적으로 고안되어야만 하고, 그 외에는 달리 방법이 없다. 교사가 학생의 실제 삶을 교실에까지 충분히 끌고 들어와서 학생이 나중에 맞닥뜨리게 될 수반성에 적절하게 행동하게끔 가르칠 수는 없다. 사전에 구성되어야 하는 행동들은 명백한 사실과 기술(skill)의 문제일 뿐만 아니라 생산적 사고와 창의성의 문제이기도 하다.

효과적인 교육을 방해하는 것의 예를 하나 들어보자. "학제 구조에서 나타나는 태도가 사실상 모든 아동의 인지적이고 창의적인 잠재력에 영향을 끼친다. 교사들과 그 관리자들의 감정과 인성이 그러한 영향을 끼치는 것처럼 말이다." '학제 구조에서 나타내는 태도'는 아마도 학교와 교수 프로그램을 설계하고 구성하는 행동을 뜻할 것이다. '교사들과 그 관리자들의 감정과 인성'은 아마도 그들의 행동에서 추론되었을 것이다. 아동의 '인지적이고 창의적인 잠재력'에 영향을 끼치는 것들은 아마 아동이 7장에서 다루었던 것과 같은 종류의 행동을 습득하는 조건들일 것이다. 따라서 이렇게 번역해서 읽을 수 있다. "아동의 지적이고 창의적인 행동은 아동이 다니는 학교, 그 학교의 교수 프로그램, 교사, 그리고 교사를 관리하는 사람에 따라서 달라진다." 원문의 심오한 맛은 없지만 여기서 심오함이란 분명 모호함일 뿐이다. 게다가 이 번역은 가르침이 무엇부터 시작해야 하는지를 알려준다는 장점이 있다.

교육은 한 아이나 어떤 사람의 행동을 오랜 기간 책임진다. 그렇기 때문에 발달심리학의 원리들은 특히 문제가 된다. 성장의 은유가 '유치원'에서 시작해서 '상위' 교육까지 줄곧 이어지기 때문에 학생의 행동 변화를 낳은 수반성들에 제대로 주목할 수가 없다.

도움 심리 치료는 교육보다 훨씬 더 노골적으로 심성주의 체계에 빠져 있다. 치료 대상이 되는 질병이 정신적인 것이라는데, 우리는 이미 정신적인 병이 교란하거나 동요시킨다는 프로이트의 심리 장치들과 몇 가지 정신 내적 과정들을 살펴보았다. 보통, 감정의 영역에서 무엇이 잘못됐는지를 찾으려 한다.(한때는 정신과 의사들이 정신적 교란이 어떤 것인지 알아보기 위해 LSD를 복용해야 한다는 말까지 나왔다.)

감정을 바꾸기 위해서 취하는 — '자아 계발'이나 '필수적인 자기감 구축'에서 흔히 꾀하는 — 조치들은 강화 수반성을 구성함으로써, 환자가 유익한 수반성을 어디서 찾아야 할지 조언함으로써, 혹은 일상생활에서 강화를 받기 쉬운 행동을 낳는 규칙들을 제시함으로써 작용한다. 행동 치료는 종종 강화 수반성을 인위적으로 만들어내는 일로만 여겨지지만, 이 치료는 환자가 따라야 할 경고, 조언, 교습, 규칙의 제시까지 응당 포함한다.

치료가 필요한 문제가 사회적이거나 지극히 개인적인 강화물의 결여에서 발생한 것이라면 해결이 쉽지 않을 수 있다. 관심, 동의, 애정이 어린 강화가 득이 된다는 점은 분명하지만 만약 그런 것들이 행동의 자연스러운 결과가 아니라면 — 그 사람이 관심, 동의, 애정을 누릴 자격이 없다면 — 요구되는 수반성을 만들어내지 못할 수도 있다. 거짓으로 꾸며낸 관심, 동의, 애정은 결과적으로 문제를 해결한다기보다는 오히려 더 골치 아프게 만든다. 마땅히 받을 만한 관심조차도 '계획적으로' 써먹는다면 그 관심의 가치를 떨어뜨린다.

칼 로저스(Carl Rogers)는 "통제가 아니라 도움을 제공하는 새로운 치료 개념이 필요하다."라고 말한다. 그러나 통제와 도움은 양자택일을 해야 할 사항이 아니다. 통제를 행사하는 환경을 마련하여 누군가를 도와줄 수도 있다. 그리고 내가 옳다면, 그게 아마 도움을 줄 수 있는 유일한 방법일 것이다. 이른바 인본주의 심리학자들이 뭔가 영향을 끼친다면 그들도 사람들을 통제하고 있는 것이다. 그러나 그들은 실제로 자기가 하는 일에 대하여 분석을 용납지 않는다. 그 안타까운 결과로, 그들은 자기들이 실제로 쓰는 방법들을 가르치지 못한다. 나아가, 그들의 가르침은 틀렸다고 말할 수도 있겠다. '도움'은 도움 받는 사람의 관심을 가리키고 '통제'는 통제하는 사람의 관심을 가리킨다. 그러나 도움은 좋고 통제는 나쁘다고 정해버리기에 앞서서, 우리는 통제자가 본인의 선(善)과 타인들의 선에 영향을 받는지 안 받는지 생각해봐야 한다. 왜 사람들이 통제를 행사하면서 남을 돕는지 살펴봐야 한다. 치료사의 소양은 그가 돕는 사람들이 좋은 방향으로 행동하게끔 이끄는 것이다. 치료에 관심 있는 사람들에게 문제는 인도주의적인 치료사를 찾는 것이 아니라 그러한 소양을 낳는 것이다. 하지만 이런 얘기는 다음 장의 논의를 미리 끌어들이는 셈이 되겠다.

통치 이 단어가 가장 넓은 의미로는 모든 관리를 포함해야 하겠으나, 보통은 정부와 종교의 관행, 특히 책임감을 형성한다고 하는 처벌적 관행에 국한된다. 의무(남들에게 마땅히 '돌아가야' 할 것이나 빚진 것), 책무(값을 치르지 '않으면 안 되는' 것), 책임은 혐오적인 결과를 암시한다. 실제로 우리는 그저 어떤 사람이 혐오 수반성에 반응한다는 의미로 그 사람이 책임감이 있다는 말을 하곤 한다. 우리는 그러한 수반성을 유지함으로써 그에게 책임을 '지운다'.(그의 행동이 처벌 회피 여부가 달린 구체적 사항들을 만족시키는지 주시한다는 의미에서, 우리는 그에게 책임을 묻는 것이다.) 그렇다고 해서 그가 책임이 '있다는' 얘기는 아니다. 어떤 종류의 수반성이 그에게 영향을 끼쳤다는 사실이 있을 뿐이다. 만약 수반성이 영향을 끼치지 못했다면 그 이유는 그가 통제할 수 없는 사람이기 때문이지 무책임한 사람이라서가 아니다. 그리고 통제 가능성이라는 용어가 어느 정도는 책임감이라는 단어를 대체하는 경향이 있다.

오락 남들에게 미치는 영향이 굉장히 중요하지만 남들을 관리한다고 보기에 어려운 분야가 하나 있다. 화가, 작곡가, 소설이나 시를 쓰는 작가는 수반성에 전혀 관심을 두지 않으면서도 강화적이라는 효과로만 정당성을 입증받는 듯 보이는 것을 만들어낸다.(종교 미술, 의례 음악, 메시지를 담은 책은 행위를 유도하기 위해서 고안된다. 비슷한 강화 효과가 교육, 치료, 그 밖의 목적에도 쓰인다. 강화 작용을 하는 그림, 가구, 배경 음악 따위는 상점, 사무실, 호텔 로비가 조건화된 강화물로 작용하게 하려는 목적에서, 즉 사람들이 다시 찾을 확률을 높이기 위해서 사용된다. 그러나 여기서는 '순수' 예술만을 논의 대상으로 삼는다는 것을 알려 둔다.) 화가, 작곡가, 작가는 기껏해야 '자기에게' 강화 작용을 하는 무엇인가를 만들 뿐이고, 그렇게 작품으로 강화를 받을 때 계속 생산적일 확률이 높다. 하지만 미술, 음악, 문학의 소비자도 강화를 받는다는 사실을 간과하면 안 된다. 그림을 보고, 미술관에 그림을 보러 가고, 작품을 두고 보기 위해 구입하거나 복제품이라도 구입하는 이유는 그렇게 함으로써 강화를 받기 때문이다. 자신에게 강화 작용을 하는 음악을 연주하고, 연주회에 가거나 음반을 구입한다. 책을 구매하고 읽는 이유도 마찬가지다. 이러한 사실이 화가, 작곡가, 작가와 아주 무관하지는 않을 것이다. 하지만 그렇다고 해도 행동주의적 설명이 미술, 음악, 문학 작품의 강화적 효과를 나열하고 9장에서 논했던 관조적 앎과 같은 방식으로 다루지 못할 이유는 없다. 눈에 띄는 행동이 없다는 사실이 심리적 삶이 증명되었다는 뜻은 아니다.

자기와 타자들

사람들은 자기가 남들을 아는 것보다(혹은 남들이 자기를 아는 것보다) 자기가 자기를 더 잘 안다고 으레 가정한다. 이는 남들보다는 자기에 관해서 감정이나 내적으로 관찰되는 상태를 더 잘 안다는 뜻이다. 이때 자기 지식은 자기 자신과 접촉해 있느냐의 문제다. 그런데 남들이 왜 그렇게 행동하는지 깨닫기 시작할 때 그와는 다른 종류의 자기 지식이 발생한다. 이 자기 지식은 유전적 자질, 환경적 역사, 현재 설정을 고려한다. 내적 관찰에 기반한 자기 지식이 역사적으로 우선시되었으나 이제는 환경 수반성에 관한 지식에 밀려났다.

자기 관리에서는 발견의 순서가 뒤집힌다. 사람들은 남들을 통제하는 법을 더 빨리 배운다. 가령, 아기도 특정 종류의 행위를 끌어내는 방향으로 행동하면서 부모를 통제하는 방법을 계발한다. 아이들도 또래 친구들을 통제하는 기법을 습득한다. 이들은 자기 자신을 통제하기에 훨씬 앞서서 남들을 통제하는 데 능숙해진다. 어려서부터 의지력을 행사하거나 정서와 동기 상태를 바꿈으로써 자기 감정이나 내적으로 관찰되는 바를 바꾸는 방법을 배우지만 그 효과는 별로다. 속담, 격언, 경험 법칙으로 배우기 시작하는 자기 관리는 환경 변화의 문제다. 일찍부터 배운 타인들에 대한 통제가 결국은 자기 통제에 쓰이고, 잘 발달된 행동의 기술(technology)이 궁극적으로는 능숙한 자기 관리로 이어진다.

또한 이는 타자들에 대한 능숙한 관리로도 이어지는데, 여기서 일어나는 심각한 문제들을 지금부터 살펴보고자 한다.

12장

통제의 문제
The Question of Control

내 생각에, 행동에 관한 과학적 분석은 한 사람의 행동이 주도적이고 창의적인 행위 주체인 그 사람 자신보다 유전적·환경적 이력에 통제받는 것으로 가정해야만 한다. 그러나 행동주의의 입장 가운데 이보다 더 격렬한 반박을 불러일으킨 부분은 없었다. 물론 우리는 인간 행동 전체가 결정되는 것일 뿐이라고 증명할 수 없다. 그러나 이 명제는 사실들이 쌓여 가면서 점점 더 그럴듯해졌고, 나는 이 명제의 함의를 진지하게 생각해보지 않으면 안 될 시점에 이르렀다고 생각한다.

우리는 인간 행동도 통제의 한 형태라는 사실을 곧잘 간과한다. 유기체가 주위 세계를 통제하기 위해 작용해야 한다는 것은 호흡이나 생식과 마찬가지로 생명의 특성에 속한다. 사람은 환경에 따라 행동하고, 사람의 성취는 그의 생존과 종의 생존에 필수적이다. 과학과 기술은 순전히 인간 행동의 이 필수적 특성이 드러난 것일 뿐이다. 기술의 적용뿐만 아니라 이해, 예측, 설명이 모두 자연에 대한 통제의 전형적 예다. 이런 것들이 '지배 태도'나 '통제의 철학'을 표현하지는 않는다. 이런 것들은 어떤 행동 과정들의 필연적 결과일 뿐이다.

우리가 분명 잘못하기는 했다. 우리는 아마 지나치게 빨리, 우리 세계를 점점 더 효과적으로 통제하는 방법들을 발견했을 것이다. 그리고 그 방법들을 늘 지혜롭게 쓰지만도 않았다. 그러나 우리가 숨을 멈추거나 음식물의 소화를 멈출 수 없듯이, 이제는 자연에 대한 통제도 멈출 수가 없다. 통제는 일시적으로 지나가는 단계가 아니다. 신비주의자나 금욕주의자도 주위 세계에 대한 통제를 멈춘 적이 없다. 그런 사람은 자기 자신을 통제하기 위해서 주위 세계를 통제한다. 우리는 통제 없는 삶의 방식을 택할 수가 없다. 단지 통제를 가하는 조건들을 바꿀 수 있을 뿐이다.

역통제

정부, 종교, 경제 체제 같은 조직적 단체나 제도들, 그리고 이만큼은 아니더라도 교육자와 심리 치료사 들도 강력하고 종종 문제가 있는 통제를 행사한다. 이렇게 통제가 행사되는 방식은 통제를 행사하는 이들을 가장 효과적으로 강화하고, 불행히도 이는 보통 통제받는 사람들에게 즉각적으로 혐오를 일으키거나 그들을 장기적으로 착취하는 방식에 해당한다.

이때 통제를 받는 사람들은 어떤 행동을 취한다. 그들은 통제자에게서 벗어나든가 — 통제자가 개인이라면 그의 범위 밖으로 벗어날 것이요, 정부로부터는 이탈할 것이요, 종교를 버리거나, 소임에서 물러나거나, 땡땡이를 칠 것이다. ─혁명, 개혁, 파업, 학생 운동의 경우처럼 통제하는 힘을 약화하거나 무너뜨리기 위해 공격에 나설 것이다. 달리 말하자면, 통제에 역통제(countercontrol)로 맞선다는 얘기다.

서로 대립하는 힘들이 일시적으로라도 균형을 이루는 조건에 이를 수도 있다. 그러나 그 결과가 최선의 해결인 경우는 몹시 드물다. 인센티브 체계가 경영진과 노동자의 갈등을 해소해줄 수도 있고, 국가들이 서로 힘의 균형을 잘 잡을 수도 있으며, 탈퇴, 변절, 태만이 터지기 일보 직전인데도 정부, 종교, 교육 실태는 효과적일 수 있다. 그러나 이러한 결과들이 결코 잘 설계된 사회적 환경은 아니다.

윤리와 연민

우리는 자애로운 통치자, 헌신적인 교사, 온정적인 치료사, 공공심이 투철한 기업가 운운하면서 그들의 행동이 마치 내적인 성격 특징의 징후를 나타내는 것처럼 생각한다. 우리는 그 사람이 자애롭거나, 헌신적이거나, 온정적이거나, 공공심이 투철한 이유에 의문을 제기하면서 사실은 그의 행동이 다른 사람들에게 미치는 효과를 살피고 있는 것이다.(공리주의자들은 공리를 '어떤 종류의 행위든 이해가 달려 있는 입장의 행복을 증대하거나 감소시키는 것으로 나타나는 경향에 따라서 용인하거나 용인하지 않는 원리'로 정의하면서 이런 유의 효과를 언급한다.) 자애롭거나, 헌신적이거나, 온정적이거나, 공공심이 투철한 행동을 낳은 결과들은 역통제의 여러 형태들이다. 이러한 결과들이 결여될 때에는 칭송받는 행동 특성들도 결여될 것이다.

통제가 역통제로 상쇄되지 않는 다섯 영역은 이 점을 잘 설명해 준다. 그러한 영역들에서 전형적 학대 사례들이 나타나는 이유도 다르지 않다. 어린 아기, 노인, 죄수, 정신질환자, 지적 장애인을 돌 보는 영역들이 바로 그렇다. 이런 이들을 돌보는 사람들에게 온정 이나 윤리 의식이 부족하다는 말이 종종 나오는데, 실제로는 그들 이 강력한 역통제를 받지 않는다는 점만이 뚜렷한 사실이다. 아기 와 노인은 저항하기에 너무 힘이 약하고, 죄수는 경찰력의 통제를 받으며, 정신질환자와 지적 장애인은 성공적으로 조직을 이루고 움 직이지 못한다. (대개 부정적인) 역통제가 외부에서 도입되지 않는 한, 이런 유의 학대는 거의 어떻게 할 수가 없다.

물론 다른 사람을 잘 대해주는 이유가 역통제 하나만은 아니다. 우리는 상대가 강화를 받고 그쪽에서도 우리에게 강화 작용을 하게 끔 행동할 수도 있다. 인간의 유전적 자질이 이러한 경향을 포함하 고 있을 수도 있다. 부모가 자식을 돌보는 모습도 그 예가 될 수 있 을 듯하다. 비록 아주 특수한 종류의 선천적 행동하고만 관련되지 만 다윈도 이타적 행동의 생존적 가치를 지적한 바 있다. 이 문장은 나중에 인용을 할 것이다. 어떤 경우든 한 사람이 다른 사람을 대 하는 방식은 상호 행위로 결정된다. 그냥 감정만 바꾸어서는 아무 것도 얻지 못한다. 비탄에 빠진 자를 위로하고, 병든 자를 치료하 고, 배고픈 자에게 먹을 것을 주는 이유가 그런 불행한 이들에게 공 감하고 감정을 함께 나누기 때문이라고 말하는 이들이 더러 있지 만, 그렇게 감정과 결부된 행동이 생존적으로 가치 있는 행동, 역통 제를 받아서 조정되는 행동인 것이다. 우리가 남들에게 상처가 되는 행동을 삼가는 이유는 '그들이 상처받으면 어떤 기분일지를' 알아서가 아니라 (1) 같은 종 안에서 다른 구성원에게 상처를 입히면 종의 생존 확률이 줄어들기 때문이고 (2) 남을 상처 입혔을 때 나도 상처 입었기 때문이다.

'인간다움(humanitas)'이라는 고전적 개념은 미덕들의 집합처럼 정의되지만 덕스러운 감정은 모두 행동의 부산물로 생각될 수 있다. '인간다움'을 실천하는 사람은 자신만만했다. 여기서 자신감이란 그가 대개 좋은 결과를 누렸다는 뜻이다. 그는 남들에게 잘했고, 그 결과로 자기도 좋게 대우받았으며, 정부에서 활약하기도 했고, 여러 면에서 잘나갔다.

'도덕적 행동의 중요한 결정인자이자 성격 발달의 중대한 요소'가 '기꺼이 규칙을 따르려는 마음'이라고 하는데, 사람이 규칙을 '따르고자' 하는 이유는 규칙을 진술하고 집행하는 이들이 마련해놓은 결과 때문이다. '사회화' 검사가 '자기가 속한 사회의 규칙, 가치, 관습을 내면화한 정도를 평가하는' 것이라면 규칙이 지배하는 행동과 수반성이 형성한 행동의 구별은 사라질 것이다. 사람들은 행동의 좋고 나쁨을 따지기 이전부터, 규칙이 정식으로 마련되기 전부터 서로를 처벌했고 인간은 규칙의 도움 없이 이러한 처벌 수반성에 따라서 '사회화되었을' 수도 있다.

사람들은 행동의 좋고 나쁨, 옳고 그름을 따지기 시작했고, 그에 따라서 강화 혹은 처벌을 하기 시작했으며, 결과적으로 규칙이 수립되었다. 규칙은 한 사람이 자기 공동체의 관행에 맞게 살아가는 데 도움을 주었고 공동체가 그러한 관행을 유지하는 데에도 도움이 되었다. 규칙을 배우고 분명히 그에 따라 행동한다고 해서 규칙을 내면화한 것은 아니다. 심지어 자기 자신을 통제하고 집단이 유지하는 수반성에 좀 더 효과적으로 적응하는 법을 배웠더라도 꼭 규칙을 내면화했다고 할 수는 없다. 사회적 행동은 그 같은 행동을 낳는 수반성이 규칙으로 정식화되어야만 가능한 것이 아니며, 설령 수반성이 규칙으로 정식화되었더라도 꼭 그 규칙을 알아야만 하는 것도 아니다. 그러나 사회적 관행들이 정식화되는 것은 각별히 중요하다.

우리는 때때로 어떤 행동이 옳다는 것을 알아서, 혹은 옳다고 느꼈기 때문에 그 행동을 했다고 말한다. 그러나 도덕적으로, 윤리적으로 행동하면서 느끼는 감정은 그 행동을 낳은 수반성이 좌우한다. 타인의 행동에 대한 감정은 그 행동이 우리에게 미치는 효과가 좌우한다. 우리가 다른 사람에게 한 행동에 대해 스스로 어떤 감정을 느낄지는 상대가 취하는 행동에 달렸다. 제재가 강력하다면 우리가 알거나 감지하는 신체적 상태들이 더 뚜렷할 수도 있다. 천국에 가리라는 약속과 지옥에 떨어질 수도 있다는 위협에 노출되었던 사람은 그냥 다른 사람들의 승인과 검열에만 노출되었던 사람보다 그런 신체적 상태들을 더 강렬하게 느낄 것이다. 그러나 어느 쪽도 자기 행동이 옳다는 것을 알거나 그렇게 느끼기 '때문에' 행동한 것은 아니다. 자기 행동을 형성한 수반성 때문에 행동을 했고, 그로써 그가 느끼는 상태가 빚어졌을 뿐이다.

제법 오래된 이론적 질문이 있다. 인간은 죄를 짓기 때문에 죄악의 존재인가, 아니면 죄악의 존재이기 때문에 죄를 짓는 것인가? 마르크스도 비슷한 질문을 제기하고 이렇게 답한 바 있다. "인간의 의식이 그의 실존을 결정하지는 않는다. 오히려 사회적 실존이 인간의 의식을 결정한다고 해야 할 것이다." 윌리엄 제임스도 정서 영역에서 이와 비슷한 말을 했다. "슬퍼서 우는 게 아니라 울기 때문에 슬픈 것이다." 이상의 세 진술은 모두 중요한 세부 사항 하나가 빠져 있다. 상태 '그리고' 행동. 이 양쪽 모두의 원인에 관해서는 아무 말도 하지 않고 있기 때문이다. 우리가 어떤 사람이 "도덕적으로 행동하기 때문에 도덕적 인간인가, 도덕적 인간이기 때문에 도덕적으로 행동하는 것인가?"라는 질문을 받는다면 "둘 다 아니다."라고 대답할 것이다. 그 사람은 특수한 환경에 살기 때문에 도덕적으로 행동하고 (and) 우리가 그를 도덕적이라 일컫는 것이다.

통제가 즉각 혐오스러울 때, 가령 실제 처벌이나 처벌하겠다는 위협으로 행사될 때에는 역통제를 설명하기가 그리 어렵지 않다. 아마도 그와 관련된 생존 수반성이 있을 것이다. 포식자를 맞닥뜨린 유기체가 도망칠 방법이 없다면 맹렬하게 공격에 나서는 편이 차라리 경쟁력이 있다. 그러나 착취의 경우처럼 통제의 혐오스러운 결과가 뒤로 미루어질 때에는 역통제 행위가 일어나기 쉽지 않다. 19세기까지는 거대한 부를 지닌 사람들 대부분이 착취를 일삼고도 대단한 역통제에 부딪히지 않았다. 헤겔은 근대 상업과 공업 체계가 "합리적인 사리사욕의 작용에서 자발적으로 일어났고" 법과 정부가 이제 단순히 사회와 개인 구성원을 보호하기 위해서만이 아니라 새로운 생산 기술이 풀어놓은 무한한 개인의 탐욕을 통제하기 위해서도 필요하다는 점을 맨 처음 깨달은 사람 중 한 명이었다. 그는 예의범절〔염치〕이라는 일반적인 양식이 사회에 스며들 때에만 그러한 통제가 가능하다고 보았다. 약간의 교정은 필요하다. 상업과 공업이 "합리적으로 자기 이익을 추구하는 데서 일어났다"는 말은 그냥 사람들이 돈과 재화를 획득할 새로운 방법들을 찾았다는 얘기다. 그들의 '탐욕'이 무한하다는 말은 아무런 역통제가 없다는 뜻이다. 따라서 상업과 공업을 제한하는 법이 필요하지만, 그러면 "예의범절이라는 일반적인 양식"보다는 피해를 입는 사람들의 법적 행동이 더 요구된다. 의지할 데 없는 사람들에게 공감한다고 추론할 수 있는 행동을 지목하는 것만으로 충분하지 않듯이, 예의를 안다고 추론할 수 있는 행동을 지목하는 것만으로는 충분치 않다.

인간은 도덕적, 윤리적 감각이 발달했다는 점에서 다른 동물들보다 우위에 있다고들 한다. "단연코 인간의 가장 중요한 특성은 도덕적으로 판단하고 그러한 판단을 행사한다는 것이다." 그러나 실제로 발달한 것은 개인의 행동 방식이 타인에게 미치는 효과로 일부 결정되는 사회적 환경이라고 해야겠다. 다양한 사람들이 그러한 수반성 노출 정도에 따라서 다양한 종류의 도덕적, 윤리적 행동을 다양한 정도로 보여준다. 도덕과 윤리에는 '수 세기에 걸쳐 이루어진 법과 정부에 대한 태도'가 포함된다고 하나 그러한 태도를 나타내는 행동이 수 세기 동안 발달한 수반성 때문에 형성되었다고 말하는 편이 더 그럴듯하다. 정부에 대한 태도가 행동과는 구별되는 것으로서 수 세기 동안 살아남았을 리 만무하다. 살아남은 것은 정부의 관행과 실태다. 법적 행동은 '정부를 존중하는 태도'보다는 훨씬 더 많은 것에 좌우된다. 정부의 역할이 '기정사실이 된 권력' 그 이상에 달려 있는 것과 마찬가지다. '법은 그 원천을 이해함으로써 새로워질 필요가 있는 업적'이라는 말은 공적 통치의 수반성을 이해하고 유지해야 할 필요를 직접적으로 지적한다.

심성주의의 가장 비극적인 결과 중 하나는, 오늘날 세계가 겪는 어려움을 크게 염려하며 개인의 소유처럼 생각되는 도덕성, 윤리, 예의범절에 대한 양식으로 돌아가야 한다고 주장하는 사람들이 극적으로 보여준다. 최근에 출간된, 도덕을 다룬 한 책은 절망보다는 희망을 보여주었다는 평가를 들었다. 저자가 "각 사람의 마음속에 자기와 같은 인간들에 대한 인식, 타인의 권리에 대한 존중이 점차 커 나가는 것을 지각하고", 이러한 경향을 "훨씬 더 넓은 관계와 공감의 영역에 기초한, 안전한 세계 공동체로 나아가는 걸음"으로 보았기 때문이라나. 어느 한 목회 서신은 구원이 "그리스도교 도덕으로 돌아가는 데 있다."고 강조한다. 그러나 정말로 필요한 것은 도덕적이라 일컬어지는 방식대로 사람들이 행동하는 사회적 환경을 회복하는 일이다.

윤리적으로 용인할 만한 행동을 형성하기 위해 사람들을 비난해봤자 안타까운 결과만 돌아온다. 새뮤얼 버틀러는《에레혼》*에서 사람들이 도덕적 결함이 아니라 외모로 비난받는 사회를 그려냈다. 한 사람은 사고로 불구의 몸이 되었고, 또 한 사람은 어린 시절의 환경적 역사 때문에 게을러진 데다가 비판을 잘 받아들이지 못한다. 두 사람을 비교하자면 둘 다 주위 사람들에게 폐를 끼치기는 마찬가지다. 그러나 한 사람은 순교자 같은 존재로서 죽고 다른 사람은 나쁜 놈으로 죽는다. 아니면 두 아이를 비교해보자. 한 아이는 소아마비를 앓아서 불구의 몸이 되었고 다른 아이는 가족에게 버림받았다. 두 아이 모두 남들에게 도움이 된다기보다는 불편을 끼친다. 그러나 둘 중 한 아이가 비판을 받는다. 중요한 차이는 여기서

---

* 소설 속의 가상 사회 에레혼(erewhon)은 nowhere를 거꾸로 한 것으로 일종의 역(逆) 유토피아 사회에 해당한다.

한 종류의 문제만 처벌을 가하여 어쩌다 가끔 교정이 가능하다는 점이다. 각각의 경우에서 한쪽만 자신의 조건에 대해 뭔가를 '할 수 있다'고 말하고 싶을 만하다. 그러나 '우리'가 그 사람을 비판하는 것 말고 뭔가를 할 수 있는지 말하면 안 되는가?

도덕적, 윤리적 행동을 환경의 수반성 탓으로 돌리면 절대성이 들어설 여지가 없어 보인다. 뭐든지 좋다고 일컬으면 좋은 것이라는 식의 상대주의가 암시된다. 상대주의는 강화물을 나타낼 뿐, 유지되는 수반성을 나타내지 않는다는 반박이 있을 수 있겠다. 또한 다른 집단이 선하다고 하는 것이 우리가 선하다는 것과 크게 달라서 갈등이 있다면 이때에도 우리는 상대주의를 반박하는 경향이 있다. 그러나 이런 의미에서 환경을 고려하는 것은 상대주의가 아니다. 윤리적 정의주의자(ethical emotivist)들의 '요란스러운 이론'은 시공간적으로 몹시 국한된 감정에 호소할 뿐, 어떤 윤리적, 도덕적 기준들의 명백한 근거와 무관하다. 도덕적, 윤리적 강화 수반성은 그 나름의 결과를 지니며, 여기에 대해서는 나중에 잠깐 살펴보겠다.

자유를 향한 투쟁

성가시고 위험한 물리적 환경, 사회적 환경의 처벌적이고 착취적인 측면에서 벗어났다는 것이야말로 인간의 가장 위대한 성취일 것이다. 이로써 인간은 과학, 예술, 사회적 관계에서 대단히 강화적인 결과들로 행동의 또 다른 유형들을 자유로이 계발할 수 있었다. 이로써 인간은 자유를 느꼈지만, 아마도 이보다 더 많은 문제를 일으킨 감정은 없을 것이다.

4장에서 지적했듯이 긍정적으로 강화된 조작적 행동은 원인으로 볼 만한 바로 직전의 사건이 없다는 점으로 구별되고, 그렇기 때문에 자유 의지라는 내적 기인(起因)을 보여준다는 식으로 이야기되곤 한다. 반사 행동은 자극이 분명히 있기 때문에 비의지적이라 하고, 부정적으로 강화된 조작적 행동은 혐오스러운 조건이 있을 때 그 조건을 피하기 위해서 방출된다. 우리는 이러한 조건에서 우리가 '원하는' 것이 아니라 처벌을 피하거나 도망치기 위해서 '해야만 하는' 것을 말한다. '의지를 행사하여' 처벌을 받는 쪽을 선택할 수도 있지만 그 이유는 단지 직접적으로 선행하는 원인이 없는 다른 결과들이 이러한 굴복을 '자발적인' 것으로 만들기 때문이다.

중요한 것은, 우리가 긍정적 강화를 받으면서 자유를 느낀다는 사실이 아니라 우리가 도망치거나 역으로 공격하려 하지 않는다는 사실이다. 자유롭다는 느낌은 역통제를 낳지 않는다는 점에서 특기할 만한 어떤 종류의 통제를 알아볼 수 있는 중요한 증표다. 자유를 향한 투쟁은 사람들이 좋아하거나 원하는 행동을 하는 세상, 혼자 남을 권리를 누리는 세상, "자유 의지가 성장함으로써 신들과 정부의 압제에서 해방되어 완전한 힘과 자신감으로 나아가는" 세상으로의 전진처럼 보인다. 그 세상은 사람들이 충족을 맛보고, 자기 실현에 이르며, 실존주의, 현상학, 동양의 신비주의에서 하는 말마따나 자기 자신을 발견하는 세상처럼 보일 것이다. 그 세상에서 인간 행동에 대한 통제는 잘못된 일이고, "타인을 변화시키려는 욕망은 본질적으로 반감을 산다". 안타깝게도 자유롭다는 느낌은 우리가 그 세상에 도달하기 위해서 믿어도 좋은 지표가 못 된다.

통제자가 되고자 했던 이들은 긍정적 강화가 역통제를 낳지 않는다는 사실을 그냥 넘기지 않았다. 그들은 단순히 부정적 수단에서 긍정적 수단으로 옮겨 갔을 뿐이다. 예를 들어보자. 정부가 돈을 마련해야 한다. 정부가 세수(稅收)로 돈을 마련한다면 시민들은 세금을 내든가 벌을 받든가 해야 한다. 그렇다면 시민들은 다음 선거에서 다른 유력 정당에 표를 던짐으로써 이러한 혐오 통제를 벗어날지도 모른다. 정부는 세금을 걷는 대신에 복권제를 마련한다. 세금 납부를 '강요하는' 대신에 시민들이 '자발적으로' 복권을 사게 하는 것이다. 그래도 시민의 돈이 정부에게 굴러간다는 결과는 마찬가지지만, 이 경우에는 사람들이 스스로 자유롭다고 느끼고 아무런 저항을 하지 않는다. 그렇지만 그들은 4장에서 보았던 아주 강력한 (변동 비율) 강화 스케줄에 통제받는 것이다. 이러한 강화 스케줄의 효과는 충동적이거나 병적인 도박꾼의 행동에서 너무나 분명히 나타난다.

통제는 행동보다 마음을 바꾸는 것처럼 제시될 때 잘 감추어진다. 설득이 항상 효과적이지는 않지만 그래도 설득이 먹혔다 하면 역통제는 아주 미미하든가 아예 일어나지 않는다. 우리는 잠재적으로 강화적인 결과들을 묘사함으로써 설득을 할 수도 있다. 어느 유명 생태주의자는 물, 공기, 토양을 오염시키는 기업들이 돈을 내게 하자고 했다. 그러면 입법과 기업계의 자발적인 동의가 필요한데, 두 가지 모두 '우리 사회 같은 민주 사회'에서는 '설득을 통해서만, 여론이 유리하게 형성되어야만' 가능하다. 기자들과 대중매체를 통제하는 사람들은 중요한 역할을 담당해줘야 한다. 설득에 대한 또 다른 호소는 다음과 같은 〈런던 타임즈〉의 논평을 끌어냈다.

다수가 이렇게 좋은 것을 경험한 적은 없었고 상황의 유지는 민주적으로 결정된다. "우리는 설득하고…… 설득하고…… 설득해야 합니다……"라고 젠킨스 씨는 말한다. "우리의 유일한 희망은 선의를 지닌 이들의 잠재적 이상주의에 호소하는 것이지요." 그러나 이것은 전도(傳道)에 가깝지, 정치가 아니다. …… 젠킨스 씨가 다음 번 연설에서는 다수를 통제할 수 있는 정치적 기술에 대해서 이야기해주었으면 한다.

행동 통제는 교육, 심리 치료, 종교에 숨어 있거나 위장되어 있다. 교사, 치료사, 사제의 역할은 관리하는 사람이 아니라 인도자, 지도자, 조언자로 이야기된다. 한편, 위장되지 못한 조치들은 간섭으로 여겨져 거부당한다. 사회적 제안은 종종 수단에 대한 언급을 주도면밀하게 누락한다. 가령 우리에게 '인적 자원을 좀 더 잘 활용할' 필요가 있다고 하면서 그 '활용'에 포함되어 있는 통제는 구체적으로 언급하지 않는 식이다.

통제를 권고해야 하는 입장의 난처함을 1972년 스톡홀름 환경 회의에서 채택한 원칙 선언에서도 찾아볼 수 있다. 첫 번째 원칙은 이렇게 시작한다. "인간은 존엄하고 안녕한 생활 환경을 허락하는 양질의 환경 속에서 자유, 평등, 적절한 생활 조건이라는 기본권을 지닌다. 또한 인간에게는 환경을 보호하고 개선하여 후손들에게 물려줄 엄숙한 책임이 있다." 인간 외에는 어떤 종도 이러한 의미의 권리와 책임을 지니지 않는다. 이러한 권리와 책임을 통제와 역통제의 실태로 보지 않고는, 어떻게 그것들을 인간의 근본적인 특성 혹은 소유로 봐야 하는지 알기 어렵다. 어떤 권리를 주장한다는 것은 그

권리를 침해한다고 볼 만한 행위를 하는 사람들을 위협하는 것이다. 따라서 우리는 우리에게 행동을 강요하는 사람들(우리의 자유롭다는 느낌을 위축시키는 사람들), 혹은 가용적 재화를 우리가 나눠주는 것 이상으로 취하는 사람들, 혹은 우리가 사는 세상을 더럽히는 사람들을 제한하는 행동을 한다. 우리는 그들을 제한할 권리를 요구하면서 우리 행동을 정당화하고 설명한다. 인권을 옹호하는 사람들도 인권을 침해하는 사람들에 대항하여 취해야 할 수단을 거론하곤 한다. 가령 권리장전은 특정 종류의 법적 행위에서 개인을 보호한다.

인간은 타인을 혐오적으로 통제하지 않고, 재화를 나눠주는 것 이상으로 취하지 않고, 환경을 더럽히지 않을 '엄숙한 책임'을 진다. 그렇게 했다가는 피해자들에게 비판을 당하거나 처벌을 받는다는 뜻이다. 책임은 개인의 소유물 같은 것이 아니라 사람들이 노출되는 (주로 법적인) 수반성의 속성이다. 권리와 책임 대신 거기서 나왔거나 그런 것들로 정당화된다고 하는 행동에 시선을 돌림으로써, 그리고 그러한 행동을 형성하고 유지시키는 사회적 (주로 정부의) 수반성에 시선을 돌림으로써 우리는 수 세기 동안 해묵은 논쟁에서 벗어나 효과적인 행위로 나아갈 수 있을 것이다.

스톡홀름 회의 선언문은 26개 원칙을 담고 있다. 이 회의는 군사력이나 경제력이 없고 교육적 역량도 미미한 수준이었다. 이 회의가 할 수 있는 것이라고는 단지 권고뿐이었다. 이 선언의 영문판에서 11개 원칙은 국가, 기획자, 정책, 그 외 기타 등등이 어떤 종류의 행동을 취해야 한다고 'must' 동사를 써서 주장한다. 5개 원칙은 'should' 동사를 써서 주장하고, 3개 원칙은 'shall'을 썼다. 그리고 또 다른 5개 원칙은 그러한 행동이 중요하다고만 지적하고, 1개 원칙은 지고한 권리를 인정하는 선에서 그친다. 이 특수한 회의에 더 많은 것을 바랄 수는 없겠으나 어쨌든 점점 더 많은 종들이 시달리고 있는 위협을 상대하기 위해 소집된 회의였다. 그런 점에서 이 회의는 어떤 자유들을 제한하는 조치가 중요하다는 사실을 받아들이지 못했기 때문에 그리 진전을 낳지 못했다.

통제적인 사회 환경

사람들은 참으로 오랫동안 통제에 시달리며 고통을 겪어 왔다. 그래서 사람들이 모든 유형의 통제를 기를 쓰고 반대하는 것도 충분히 이해는 간다. 앞 장에서처럼 통제적 관행들을 분석하는 것조차 통제자들이 그러한 분석을 악용할 수도 있다는 이유만으로 공격을 받기 십상이다. 그러나 긴 안목으로 보면 개인의 '해방'으로 이어지는 효과적 역통제는 확실한 설계를 거쳐서만 이루어질 수 있고, 그 설계의 바탕에는 인간 행동의 과학적 분석이 있어야 한다. 우리는 분명히 인간 행동은 항상 통제를 받는다는 사실에서 출발해야 한다. 루소(Jean-Jacques Rousseau)는 "인간은 자유롭게 태어났으나 어디서나 사슬에 묶여 있다."라고 했다. 그러나 갓난아기처럼 자유롭지 못한 인간은 아무도 없으되, 인간이 나이를 먹을수록 자유로워지는 것도 아니다. 인간의 유일한 희망은 유전적 자질을 활용함으로써 행복을 가장 성공적으로 추구할 수 있는 사회 및 자연의 환경적 통제를 받으며 살아가는 것이다. 가족과 동료도 그의 환경의 일부이고, 그들이 합리적으로 행동한다면 그가 덕을 본다. 교육은 그 환경의 또 다른 일부다. 교사들이 그가 자유롭게 스스로를 계발하도록 내버려 두기보다 자기들이 확실히 담당해야 할 역할을 인식할 때 그는 가장 효과적인 행동 레퍼토리를 습득할 것이다. 그의 정부도 그 환경의 일부다. 정부가 처벌 조치를 최소화한다면 '최소의 지배'를 할 것이다. 주의 깊고 근면하게 일할 수 있으며 자기가 하는 일에서 강화를 받을 수 있는 인센티브 조건이 있다면 인간은 자신과 남들이 필요로 하는 것을 가장 효과적으로, 가급적 혐오적이지 않게 생산할 것이다. 이 모든 것이 가능하게 된다면 그 이유는 그와 결부된 사람들이 도덕성이나 윤리 의식, 예의범절, 공감을 갖추고 있어서가 아니라 그들도 특수한 종류의 사회적 환경으로부터 통제를 받기 때문이다.

사회 환경의 가장 중요한 공헌은—철저한 개인주의로 돌아서면서 완전히 내쳐버린 공헌—미래와의 매개와 관련이 있다. 인구 과잉, 공해, 자원 고갈이라는 잔혹한 전망은 미래에 새롭고 비교적 즉각적인 의미를 부여했다. 그러나 미래를 둘러싼 염려 중에는 아주 오래된 것도 있다. 한 백 년 전에도 "실용주의자든 종교인이든 간에 행위의 선(善)을 행위 그 자체나 행위를 하고자 하는 의지에서 찾는 자는 매우 드물었다. 모든 것이 결과에 있었고, 내일의 행복 혹은 '내세의 삶'을 위한 것이었다. 어차피 둘 다 미래에 주어질 보상의 문제였다." 그러나 행위의 판단 기준이 되는 선과 사람들의 선, 그들이 '미래의 결과를 위해서' 행동하게끔 유도하는 것은 별개다. 제도가 개인보다 오래가고 상당히 먼 미래까지 고려한 수반성을 배열한다는 점이 중요하다. 그 행동 과정은 약속된 보상을 위해서 일하는 사람, 가령 이기기 위해서 게임을 하는 사람, 복권을 사는 사람이 잘 보여준다. 그런 사람들이 있기에 종교 기관은 내세에 대한 전망을 강화적으로 만들고 정부는 국민을 순국(殉國)으로 유도하는 것이다.

우리는 이런 것에 상당 부분 반대하지만 때로는 제도의 이익과 개인의 이익이 일치하기도 한다. 정부와 종교가 때로는 서로 좋게 행동하고 피차 보호와 지원에 협력하도록 이끌기도 한다. 명시적인 법전은 물론이고 속담과 격언도 결과가 나중에야 오는 행동에 힘을 실어준다. 인간은 개인으로서 생존 기간 동안에 후세에 대해서 할 수 있는 행동이 별로 없지만, 집단의 구성원으로서는 집단이 유지하는 사회적 환경의 혜택을 입는다. 이 사실은 아주 기본적인 다음 두 가지 물음에 답을 제시한다는 점에서 특히 중요하다. 인간 행동을 통제하는 특정 사례의 좋고 나쁨은 어떻게 판별하는가? 통제적인 관행을 설계하고 유지하는 자는 누구인가?

문화의 진화

지금까지 다루었던 사회적 환경을 보통 문화라고 부른다. 비록 문화가 ― 관습의 집합, 가치와 관념의 체계, 소통 네트워크 등등으로 ― 달리 정의될 때도 많지만 말이다. 문화는 집단이 유지하고 법이나 규칙으로 정식화했을 수도 있는 강화 수반성의 집합으로서, 분명한 물리적 지위, 구성원들의 생애를 넘어서는 지속적 생명력, 실태가 더해지거나 폐기되거나 수정됨에 따라서 변화하는 패턴, 그리고 특히 힘을 지닌다. 이렇게 정의되는 문화는 그 문화 집단 구성원들의 행동을 '통제한다'.

문화는 단일한 것이 아니다. 집단의 정신, 관념, 의지를 끌어들여 문화를 설명할 이유는 없다. 실제로 "현존하거나 역사상 존재했던 모든 인간 사회에 73가지 공통된 문화적 요소가 있다면" 문화라 부르는 수반성들의 집합마다 73가지 실태, 혹은 73가지 종류의 실태가 있을 것이고, 그 하나하나는 문화가 그 같은 모습으로 나타나기 이전에 우세했던 조건들로 설명되어야 할 것이다. 왜 사람들은 언어를 개발하는가? 왜 특정한 결혼 풍습을 따르는가? 왜 도덕적 관행을 유지하고 법으로 정식화하는가? 이런 질문에 대한 몇 가지 답은 인간의 생물학적 특성에서 찾아야 하고, 나머지는 인간이 살아가는 환경의 '보편적 특징'에서 찾아야 할 것이다.

문화를 이렇게 정의하면 문화의 진화가 아주 중요하다. 어떤 변이로서 발생한 실태는 집단의 문제 해결 가능성에 영향을 끼치고, 집단이 살아남는다면 그 실태도 함께 살아남는다. 그러한 실태는 행위 주체들의 효과에 얼마나 공헌하느냐에 따라서 선택되었다. 바로 여기서 선택이라는 미묘한 과정의 또 다른 예를 볼 수 있고, 똑같이 익숙한 특징들을 볼 수 있다. 변이는 임의적이다, 문화는 설계될 필요가 없으며, 문화의 진화는 어떤 목적을 보여주지 않는다.

문화를 구성하는 관행 및 실태는 온갖 종류의 잡다한 집합이다. 그중 어떤 부분은 다른 부분과 일관되지 않든가, 아예 대놓고 모순을 일으킨다. 우리의 문화도 때때로 병들었다는 소리를 듣고,

병든 사회에서 인간은 정체성과 자신감을 상실할 것이다. 그는 자신의 사유 구조가 정체되는 것을 보게 되고…… 주위 사람들과는 성과가 더 중시되는 관계, 가령 배신 같은 관계에 처한다. 그는 실로

절망감을 품고 인간의 상호 작용이 이루어지는 세계에 접근할 것이며 그 절망을 헤치고 나와 자기 자신을 알게 될 때에만 비로소 인간 조건이 허락하는 자기 실현이라는 것을 최대한 이룩할 것이다.

번역해보자. 병든 사회는 하나 이상의 자아를 제시하는 이질적이거나 서로 갈등을 일으키는 행동들을 낳는 수반성들의 집합이다. 이 집합은 자신감과 결부된 강력한 행동을 낳지 못한다. 따라서 성공적인 사회적 행동이 나올 수도 없고, 어떤 사람은 타인들의 행동을 배신이라고 부를 것이다. 또한 이 수반성들의 집합은 아주 드물게만 강화를 제공하기 때문에 그러한 조건은 절망으로 느껴질 것이다. 또 다른 작가는 우리 문화가 "가치 모순 상태 때문에, 즉 서로 대립하고 갈등하는 가치들을 한데 끌어안고 있기 때문에 경기를 일으키고 있다."고 했다. 그러나 가치들은 우리 문화에서나 다른 어디서나 결국 강화물들을 가리킨다. 대립하고 갈등을 일으키는 것은 강화물을 포함하는 수반성들이다.

인간이 넉넉하고 일관성 있게 강화를 받고, 그래서 가장 성공적인 행동을 습득하고 내보임으로써 '자기 실현'에 이르는 방향으로 사회가 변한다면 그 사회는 '치료된' 것이다. (어떤 이유로든, 가급적이면 교사나 학생에게 즉각적 결과를 안겨준다는 이유만으로 도입되는) 더 나은 교수 방법이 있으면 인간의 유전적 자질이 좀 더 효과적으로 활용될 것이다. (역시 어떤 이유로든, 가급적 경영진이나 노동자의 이익만 고려하여 도입되는) 더 나은 인센티브 조건은 더 좋은 상품과 더 나은 근무 조건을 뜻한다. (역시 어떤 이유로든, 가급적 순전히 통치자와 피통치자의 이익만 고려하여) 더 나은 통치 방식을 도입하면 개인들 간의 분쟁 해결에 시간을 덜 낭비하고 그 시간에 다른 것을 할 수 있다. (어떤 이유로든, 가급적 작품의 창작과 향유가 제공하는 즉각적인 강화만이 이유가 되어) 더욱더 흥미로워진 미술, 음악, 문학 작품은 다른 삶의 방식으로 이탈할 일이 그만큼 적어진다는 것을 의미한다.

다윈은 《인간의 유래》의 잘 알려진 대목에서 이렇게 말한다.

문명의 진보라는 문제는 참으로 모호하나, 적어도 지적이고, 정력적이며, 용감하고, 애국적이고, 자애로운 인간들을 오랜 기간에 걸쳐 다수 배출한 나라는 일반적으로 그렇지 못한 나라들보다 우세했음을 볼 수 있다.

기질로 보았던 부분을 "국민들이 지적이고, 정력적이며, 용감하고, 애국적이고, 자애로운 방식으로 행동하는 사회적 환경을 유지시키는 나라"라고 바꾸어 말해도 요지는 변하지 않는다. 결국 다윈은 문화의 생존적 가치를 말했던 것이다.

자연 선택, 조작적 조건화, 사회적 환경의 진화 사이에는 주목할 만한 유사성이 있다. 이것들은 모두 사전에 이루어지는 창의적 설계, 사전 목적을 필요로 하지 않고 가치로서의 생존 개념을 환기한다. 종에게 좋은 것은 종을 살아남게 하는 것이다. 개인에게 좋은 것은 그의 안녕한 삶에 도움이 되는 것이다. 문화에 좋은 것은 그 문화가 안고 있는 문제들을 해결해주는 것이다. 이미 본 바와 같이, 다른 종류의 가치도 얼마든지 있다. 그러나 나머지 가치들은 생존에 부차적인 것밖에 되지 못한다.

생존은 좋은 것이라는 생각이 절로 나온 것처럼 진화 개념이 은근히 제시를 한다면 그 개념은 오해의 소지가 있다. 허버트 스펜서와 다윈, 두 사람 모두 그러한 오해에 빠졌다. 세 가지 선택 수반성 모두 일이 그렇게 술술 풀리지만은 않았고, 명시적 설계를 추가해야 할 수도 있다. 양육 관행은 오랫동안 종의 진화에 개입하는 것으로 간주되었고, 이제 유전학자들은 유전자 코드를 바꾸는 것까지 얘기하고 있다. 개인의 행동은 새로운 강화 수반성을 설계함으로써 쉽게 바꿀 수 있다. 교육, 심리 치료, 행형학, 경제적 인센티브제에서도 새로운 문화적 실태들을 대놓고 설계하는 실정이다.

물론, 인간 행동 설계는 통제를 뜻한다. 아마 행동주의자가 가장 자주 받는 질문이 "누가 통제할 것인가?"일 것이다. 이 질문 자체가, 개인이 살아가는 세계보다 개인을 더 주목했던 오랜 세월이 낳은 해묵은 과오다. 모든 이에게 이익이 되는 생활 방식을 설계할 사람은 자애로운 독재자도 아니요, 온정 넘치는 치료사도 아니요, 헌신적인 교사나 공공심이 투철한 기업가도 아니다. 그보다는 사람들이 특수한 방식으로 통치하고, 도움을 주고, 가르치고, 인센티브제를 마련하게 되는 그 조건들을 봐야 한다. 달리 말하면, 문화를 사회적 환경으로 봐야 한다는 얘기다. 어떤 개인도 엄청난 힘을 축적하고 그 힘을 타인에게 해를 끼치면서까지 자기를 확장하는 데 사용할 수 없는 문화가 과연 발전할 것인가? 사람들이 자기 실현과 충족에 별로 관심이 없고 문화의 미래를 진지하게 생각하지 않는 그런 문화가 발전할 것인가? '누가' 통제할 것인가, 무슨 '목적'으로 통제할 것인가를 묻기보다는 이러한 물음들, 그리고 그 밖의 물음들이 있어야 한다. 그 누구도 인과론적 흐름에서 벗어나지 못한다. 그 누구도 정말로 개입할 수가 없다. 인류는 천천히, 그러나 불규칙하게 사람들이 좀 더 효과적으로 행동하고 성공적인 행동에 따르는 감정을 즐기는 환경을 만들어 왔다. 그 과정은 지금도 이어지고 있다.

13장

살갗 안에 무엇이 있는가?

What Is Inside the Skin?

행동주의의 분석은 다음과 같은 가정에 기초한다. 사람은 일단 유기체, 어느 한 종 및 아종(亞種)의 구성원으로서 해부학적, 생리학적 특성을 유전적으로 물려받았다. 그러한 특성은 종이 진화 과정에서 노출되었던 생존 수반성의 산물이다. 유기체는 생존 기간 동안 자기가 노출되는 강화 수반성에 따라 행동 레퍼토리를 습득함으로써 사람이 된다. 어느 때건 유기체가 취하는 행동은 현재 설정의 통제를 받는다. 조건화 과정 역시 유전적 자질의 한 부분이기 때문에 유기체는 그러한 행동 레퍼토리를 어떤 통제 아래 습득할 수 있다.

한편, 전통적인 심성주의의 시각은 사람을 어떤 내적 특성이나 소유물이 원인이 되어 행동하는 종의 구성원이라고 본다. 이러한 내적 특성이나 소유물로는 감각, 습관, 지성, 의견, 꿈, 인성, 기분, 결심, 공상, 기술, 지각, 생각, 미덕, 의도, 능력, 본능, 백일몽, 인센티브, 의지 행위, 즐거움, 공감, 지각적 방어, 믿음, 콤플렉스, 기대, 촉구, 선택, 욕동, 사상, 책임, 득의, 기억, 욕구, 지혜, 바람, 죽음 본능, 의무감, 승화, 충동, 가능성, 목적, 소망, 이드, 억압된 두려움, 수치심, 외향성, 이미지, 지식, 관심, 정보, 초자아, 제안, 경험, 태도, 갈등, 의미, 반동 형성, 살아가려는 의지, 의식, 불안, 우울, 공포, 이성, 리비도, 정신적 에너지, 상기, 억제, 정신적 질병 따위가 있다.

이 두 가지 시각 가운데 어느 쪽으로 결정해야 할까?

비교 근거

단순성 어느 쪽이 더 간결하다고 말할 수는 없다. 심리 상태와 심리 활동에 관한 언급이 낳은 구별을, 생존 수반성이나 강화 수반성으로 다시 풀어내야만 하기 때문이다. 실제로 행동 분석은 훨씬 더 복잡해질 수 있다. 가령 일부 강화 스케줄은 내적으로 관찰되고 명명되는 익숙한 효과들을 낳지만 대다수의 강화 스케줄은 완전히 예기치 못한 결과들을 낳는다.

통제에서의 활용 접근성은 완전히 다른 문제다. 앞에서 나열한 '심리적' 활동이나 특성을 직접 수정한 사람은 아무도 없었다. 우리에겐 그런 것들과 접촉할 방법이 없다. 그렇게 느껴지는 신체적 상황을 외과적으로, 혹은 전기 자극이나 약물을 써서 바꿀 수는 있을 것이다. 그러나 대부분은 실질적 목적에서, 오직 환경을 통해서만 바뀐다. 열성적인 심성주의 추종자가 "우리는 약 2000년에 걸친 반성적 사유에도 불구하고 이 문제들에 관해서 그리 많은 것을 배우지 못했습니다."라고 고백할 때 우리는 왜 반성적 사유 자체를 좀 더 일찍 의심해보지 않았느냐고 물어볼 수 있다. 행동에 수정을 가하는 작업은 아직 걸음마 단계에 불과하나 성공적이다. 반면, 심성주의의 접근은 여전히 실패를 면치 못하고 있다. 환경의 역할이 명쾌해진 이상, 심성주의의 접근성은 충격적이다.

예측에서의 활용 그냥 행동을 예측하고자 할 뿐이라면 결정을 내리기가 더 어려울 것이다. 사람의 감정은 수반성의 산물이요, 그가 앞으로 할 행동도 수반성과 상관관계가 있을 것이다. 이 때문에 감정과 행동이 요긴하게 연결이 된다. 자기가 현재 조건에 대해서 갖추고 있는 지식이나 그 조건에 적용할 수도 있을 쓰임새를 배제한다면 어리석은 처사다. 자기가 왜 그런 기분이 드는지 의문을 제기하지 않고 '하고 싶은 기분이 드는 대로' 행동한다고 말하는 사람이 있을 수도 있고, 우리도 그에게 뭘 하고 싶은지 물어보고 그 이상 깊이 파고들 것도 없이 그 대답대로만 그의 행동에 대비할 수도 있다. 2장에서 지적한 정확성의 한계가 일반적으로 주고받는 말에서는 반드시 심각하지만도 않다. 그럼에도 불구하고 그 사람의 역사에 관한 직접적인 지식이 있어서 그의 감정을 추적할 수 있다면 그의 행동을 좀 더 정확하게 예측할 수 있다.

태도, 의견, 지적 능력은 행동에서 추론된 상태들로서 통제에는 쓸모가 없지만 어떤 종류의 행동을 그와 결부된 다른 종류의 행동으로부터 예측하게 해준다. 이러한 예측은 아마도 두 종류의 행동이 동일한 원인에서 비롯되었기 때문에 가능할 것이다.

해석에서의 활용 인간 행동이 관찰되는 조건이 정확하게 기술될 수 없고 이력들(histories)도 파악할 수 없다면 통제와 예측이 가능한 여지도 별로 없다. 그렇지만 한 사람이 어떤 상황에서 무엇을 하고 왜 그렇게 행동하는가를 해석할 때에도 행동주의의 설명은 심성주의의 설명보다 훨씬 유용하다. 청자는 비록 독자적인 증거는 없을지언정 화자가 표현하는 생각을 알아차리는 데 대개 아무 문제가 없다. 그러나 만약 추정을 해야 하는 입장에 선다면 유전적 자질과 환경적 이력을 생각하는 편이 도움이 되지, 그런 것들의 결과에 불과한 감정은 생각해봤자 도움이 안 된다.

얼마나 거슬러 올라갈까? 어떤 사람이 '그렇게 하고 싶었기 때문에' 행동했다고 말할 때 우리는 그가 왜 그런 감정이 들었는지 설명할 때까지는 '때문에'라는 말을 그다지 신뢰할 수 없다. 그러나 심리적 수준에서나 인과 관계에서나 과거로 거슬러 올라가다가 어느 지점에서는 멈추어야만 한다는 이유로 반박이 제기되었다. 그것이 바로 심성주의 논의가 거의 늘 물고 늘어졌던 일이자, 그들의 연구가 더는 진전을 볼 수 없었던 이유다. 인간 행동을 행동을 형성하고 유지시키는 물리적 조건으로 추적해 나갈 수 있을 뿐 아니라 그 조건의 원인, 다시 그 원인의 원인으로 거의 '무한 소급'할 수 있다는 말은 맞다. 그러나 실질적인 행위를 취하는 지점에서 더 거슬러 올라가 찾아야 할 지점 따위는 없다. 사람의 정신에서 그러한 지점은 찾을 수 없다. 환경이 약속하는 바가 점점 더 선명하게 이해됨에 따라서 심리적 삶의 설명력은 지속적으로 쇠퇴해 왔다.

다른 과학들과의 관계 또 다른 문제는 이것이다. 한편으로는 사회과학과, 다른 한편으로는 생리학과 공조적인 교환을 더 순조롭게 증진시키는 입장은 둘 중 어느 쪽일까? 여기서도 행동주의의 입장이 우위를 차지하는 것으로 보인다. 한때 사회과학은 심하게 '심리학주의적'이었다. 경제학에는 경제인(Economic Man)이 있었고, 정치학에는 정치적 동물이 있었다. 그러나 이러한 존재들의 심리적 속성이 바로 쟁점이 되는 사항을 설명하기 위해 지어낸 것에 불과하다고 인식하면서부터 심리학주의(psychologism)는 나가떨어졌다. 행동주의의 진술은 사회과학에서 개인의 역할을 복구했다고 말할 수 있다. 그 결과는 정치 행위의 '행동주의'가 아니라(앞에서 보았듯이 이 것은 구성주의의 한 가지 버전에 불과하다) 정치적, 경제적 행동이 나타내는 조건들에 대한 새로운 접근이다.

행동주의의 설명은 생리학과도 밀접하다. 이 설명이 생리학자의 과업을 정해주는 까닭이다. 반면, 심성주의는 생리학자들이 이미지, 기억, 의식과 같은 신경학적 관련 요인을 찾는답시고 잘못된 실험에 매달리게 함으로써 크나큰 피해를 끼쳤다.

선택이 필요한가? 두 입장에 양다리를 걸치고 아직도 심리학을 행동 '그리고' 심리적 삶의 과학으로 보는 사람들도 있다. 이것은 물리적 환경이 유기체에 작용하여 심리적 혹은 정신적 활동을 낳고, 그중 일부가 다시 신체적 행위로 표현된다는 연속적 3단계 도식*으로 되돌아가는 셈이다. 어떻게 물리적 사건이 심리적 사건을 일으키고 그게 다시 물리적 사건을 일으키는가라는 당혹스러운 물음은 미결 상태로 남거나 아예 답할 수 없는 것으로 일축된다.(어느 시각

---

* 1장에서 말했던 '물적인 것 – 심적인 것 – 물적인 것' 도식을 가리킨다.

생리학 전문가는 "대뇌피질 자극이 주관적 경험으로 전환되는 것은 설명이 불가능하다."고 말한 바 있다.)

정신적 혹은 심리적 국면에만 머물러 있으면 이러한 문제를 피할 수도 있겠다. '마음의 정신 내적 삶' 안에서 심리적 원인은 의식 상태, 인식 상태 같은 심리적 결과를 낳는다. 이러한 내면 세계를 완전히 유아론(唯我論)적으로 관찰할 수 있다면, 심리적 삶에 관심이 많은 사람들이 타인들과의 소통에서조차 신체적 행위에 호소할 이유가 없다면, 또한 심리적 삶의 역할이 행동주의자가 재고하지 않을 수 없을 만큼 지장을 초래하지만 않는다면, 모두가 만족할 수 있을 것이다. 그러나 이럴 경우에 심리학은 주관적 현상 연구로서 객관적 행동 연구와 구별되므로 과학이 아닐뿐더러 존재할 이유가 없다.

행동과학은 사적 자극의 자리를 물리적인 것으로 보아야 하고, 그로써 심리적 삶에 관한 대안적 설명을 낳는다. 이때 제기되는 질문이 있다. 인간 안에는 무엇이 있는가? 우리는 그것을 어떻게 알 수 있는가? 나는 그 답이 급진적 행동주의의 핵심이라고 생각한다.

생리학

물론 유기체는 텅 비어 있지 않다. 유기체를 단순히 블랙박스처럼 취급하는 것은 적절치 않다. 그러나 실제로 안에 있다고 알고 있는 것과 안에 있다고 추론되었을 뿐인 것은 주의 깊게 구별해야 한다.

플라톤이 '마음을 발견한' 때보다 훨씬 이전부터 그리스인들은 행동을 해부학, 생리학, 감정의 기묘한 혼합물로 설명했다. 그들은 특히 폐에 대해서 숙고했는데, 아마 감정과 사상을 표현하는 것처럼 보이는 목소리가 호흡을 필요로 하기 때문에, 또한 생명이 멈추면 호흡도 멈추기 때문에 그랬을 것이다. 그리스어에서 온 'psyche'와 라틴어에서 온 'spirit'은 둘 다 원래 '숨'을 뜻했다. 또 다른 행동의 전조 현상들은 심장에 위치하는 것으로 보였다. 감정이 고조되면 심장이 빨리 뛰고 사람이 사망하면 심장이 멈추기 때문이다.

이런 유의 생리학적 자취는 오늘날까지도 남아 있다. 그래서 어떤 사람의 심장이 말을 듣지 않는다는 둥, 불행한 사랑에 심장이 부서지고 말았다는 둥 말하는 것이다. 적에게 맞설 만한 배짱(gut, 소화 기관)이 있다든가, 상대를 바보라고 부를 만한 뻔뻔함(gall, 쓸개즙)이 있다든가 하는 표현도 마찬가지다. 화가 나면 울분(spleen, 비장)을 터뜨린다. 그는 일을 하는 데 필요한 두뇌(brain)가 없을 수도 있고, 뇌가 썩었거나 엉망진창일 수도 있다. 때로는 그의 신경(nerve)이 흐트러지고, 닳아빠지고, 끊어질 지경일 것이며, 멍해져 있거나, (한때 이 단어가 힘줄을 가리켰기 때문에) 팽팽하게 긴장되거나 곤두서 있을 것이다. 우리는 관념과 감정을 만들어냄에 따라 이 같은 내적 상태들을 손쉽게 진단하고 제멋대로 뒤섞는다. 한 신문에서 보리스 스파스키와 바비 피셔의 체스 시합을 다음과 같이 평했다. "오늘 스파스키의 실패는 앞서 74수짜리 게임에서 신경이 지나치게 흔들린 결과일 수 있다. 스파스키는 분명 아직 회복하지 못했다. 그리고 오늘 범한 실수로 그의 자신감은 더욱더 흔들릴 것이다." 흔들린 것이 신경인지 자신감인지는 중요하지 않다. 어차피 둘 다 글쓴이가 지어낸 것이기 때문이다. 마찬가지 맥락에서 인지심리학자들은 곧잘 '뇌'와 '마음'을 서로 교환 가능한 단어처럼 쓴다. 그리고 모든 언어들이 어느 정도 불변적인 특징을 지니는 이유는 '인간의 뇌가 그렇게 연결되어 있기' 때문이라고 한다. 최근 어느 과학 저널은 "(오른손잡이의) 뇌 우반구는 지각 개념을 통제하고 좌반구는 뇌 전체의 지능으로 인정받는다. 그 이유는 좌반구는 대뇌의 대변인이기 때문이다(언어가 좌뇌에 축적된다)."라고 했다. 심지어 "정상적으로 잘 발달한 뇌는 모두 현실 경험에 대한 반응으로 자연스럽게 타고난 도덕적 관념이 발달하게끔 기능한다."는 말까지 나왔다.

과학으로서의 생리학도 상당히 흡사하게 시작했다. 가령 반사 행동에 대한 초기의 관찰은 신경 활동이 탐지되기 훨씬 전부터 이루어졌다. 신경계의 다양한 부분을 따로따로 구분할 수는 있었지만 어느 부분에서 어떤 작용이 일어나는지는 추론만 할 수 있었다. 20세기 초까지도 사정이 그랬다. 찰스 셰링턴(Charles Sherrington) 경이 분석한 시냅스는 〔실제로 관찰되지 않은〕 개념적 신경계의 일부였고, 파블로프가 연구한 '대뇌피질의 활동'도 그 점은 마찬가지였다. 물론 개념적 신경계는 행동에서 추론된 것이기 때문에 행동을 설명하는 데 쓰일 수 없다.

생리학과 특히 행동에 관련된 신경학이 대단한 진보를 이루었음은 두말할 필요가 없다. 지금은 신경 활동의 전기적, 화학적 속성을 직접 관찰하고 측정할 수 있다. 그렇지만 신경계는 행동이나 환경만큼 접근성이 좋지가 않은데, 이 차이는 상당한 대가를 요구한다. 우리는 큰 덩어리로서의 행동—감각, 운동, 동기, 정서와 관련된 행동—에 영향을 끼치는 과정들을 일부 알아냈지만 아이가 컵으로 음료를 마실 때, 어떤 사물의 이름을 부를 때, 혹은 퍼즐 조각을 제대로 찾아서 끼울 때 정확히 어떤 일이 일어나는지는 아직 모른다. 또한 아직은 아이의 신경계에 변화를 일으켜서 이런 일들을 해내게 할 수도 없다. 반응이 일어나는 순간 신경계에서 무슨 일이 일어나는지 직접 관찰하기란 영영 불가능할지도 모른다. 하이젠베르크의 불확정성 원리 비슷한 것이 적용될 수도 있으니까. 행동의 신경 매개를 관찰하는 어떤 수단이 행동을 교란시킬지 모른다.

행동과학과 생리학의 기술적 사용에도 마찬가지 비교가 가능하다. 최근에 "우리는 사람의 마음과 몸에 직접 개입하고 조종을 가함으로써 인간의 가능성과 활동을 조절하고 통제하는 힘을 빠르게 획득하고 있는지도 모른다."는 말이 나오고, 그 결과로 나타난 생명공학이 어쩌면 중대한 사회적 결과들을 낳게 될 것이다. 오늘날 행동 통제의 위험을 설명하기 위해 주로 예로 드는 것이 신체에 직접 개입하고 신체를 조종하는 경우다. 그러나 이미 훨씬 더 효과적인 통제가 환경에 대한 조종으로 이루어졌다. 우리는 그저 내적 삶의 전통적인 매혹 때문에 후자를 등한시했을 뿐이다.

"인간 행동을 설명할 수 있는 유일한 이론적 기반을 뇌와 중추 신경계의 생리학에서 찾을 수 있고" 이러한 "기반을 채택한다면 독립적인 과학으로서 심리학은 사라질 것이다."라는 말 또한 행동과학의 가능성, 그리고 감정과 내면 상태에 관한 행동과학의 진술 가능성을 너무 간과한 것이다. 이와 비슷한 생리학의 함정이 "전쟁, 범죄, 경제 호황과 불황 따위에 흔들리지 않고 인생을 완전히 합리적인 방식으로 영위하려면 인간은 뇌의 크기를 늘리는 방법을 찾아야 할 것이다."라는 진술에 있다. 심성주의적이면서 생리학적인 탐구의 내면 지향성이 끼치는 폐해를 이보다 더 잘 보여주는 예도 드물 것이다. 전쟁, 범죄, 경제 호황과 불황을 벗어나야 한다면 우리는 더 나은 사회적 환경을 찾아야 할 것이다.

생리학의 전망은 다른 쪽에 있다. 새로운 도구와 방법은 계속 계발될 것이고 나중에 가서 우리는 사람이 행동할 때 일어나는 생리적 과정을 화학적인 것, 전기적인 것 따질 것 없이 그 '종류'에 관해 훨씬 더 많이 알게 될 것이다. 미래의 생리학자는 행동하는 유기체 안에서 일어나는 일을 최대한 알려줄 것이다. 행동주의의 분석은 필연적으로 '역사적'이기 때문에, 다시 말해 시간차를 보여주는 기능적 관계에 한정되기 때문에, 생리학자의 설명은 이 분석에 중요한 진보가 될 것이다. 내일 유기체의 행동에 영향을 끼칠 그 무엇이 오늘 이루어지고 있다. 이 사실을 아무리 분명하게 정립하더라도 한 단계는 아직 빠져 있고, 우리는 그 단계를 생리학자들이 채워줄 때까지 기다리는 수밖에 없다. 유기체가 강화 수반성에 노출될 때 어떻게 변하는지, 왜 변화된 유기체가 다른 방식으로 행동하는지 생리학은 장차, 어쩌면 아주 오랜 뒤에야 알려줄 수 있을 것이다. 생리학자의 발견이 행동과학의 법칙을 무효화할 리는 없으며, 인간 행위에 관한 기술은 그로써 한층 더 완전해질 것이다.

마음인가, 신경계인가?

그러나 행동주의의 설명을 보완하는 것이야말로 심성주의 분석의 목표 아닌가? 환경적 이력에서 비롯되었고 행동의 원인이 되는 신체 상태를 느끼거나 내적으로 관찰할 때, 우리가 행동과 이전의 환경적 역사의 간격을 좁히고 있는 것은 아닌가? 왜 감정과 내적으로 관찰되는 것의 '본질'을 굳이 물어야 하나? 개인이 자기 자신을 관찰할 수 있다는 이점만 취하고 행동과 선행 원인의 중간 고리를 개인이 보고하도록 하자. 나는 이게 바로 내성심리학, 정신분석학, 완전한 유아론에 빠지지 않은 일부 물리주의적 인식론의 입장이라고 본다.

감정이나 내적으로 관찰되는 것이 신체의 상황이라고 보는 데 동의하면 벌써 제대로 한 걸음을 내디딘 셈이다. 보는 것에 관한 분석, 그리고 순수한 물리적 측면을 볼 때의 본다는 것에 관한 분석으로 나아가는 한 걸음이다. 마음을 뇌로 대체했으면 그 다음에는 사람을 뇌로 대체하는 방향으로 갈 수 있으며 관찰된 사실들에 입각해서 분석을 재구성할 수 있다. 그러나 *역사적 분석에서 시간차를 메꾸어주는 것은 생리학인데, 감정이나 내적으로 관찰되는 것은 생리학에서 중요한 부분이 아니다.* 사람이 자기 자신을 관찰할 때 사용하는 기관들은 심각하게 제한되어 있다. 사실, 내면의 눈은 해부학적으로나 생리학적으로 도대체 어떤 것인가? 우리가 아는 한, 자기 관찰은 2장에서 기술한 세 가지 신경계—내장과 관련된 내부수용계, 뼈대와 관련된 고유수용계, 사람이 외부 세계와 접촉하게 해주는 외부수용계—에 한정되어 있다. 이 세 가지 신경계는 인간 종이 진화함에 따라서 자연 선택 되었다. 이 신경계들은 유기체의 내적·외적 경제에서 담당하는 역할 때문에 선택된 것이다. 그러나 자기 지식은 언어 공동체가 마련한 사회적 수반성의 산물로서 역사적으로 훨씬 더 나중에 등장했다. 사회적 수반성은 어떤 적절한 신경계의 진화를 끌어낼 만큼 충분히 오랫동안 유효하지 않았다.

내적 관찰은 어떤 신경계든 쓸 수만 있으면 써야 했고, 이때 사용된 신경계는 신체의 내적·외적 경제에서 어떤 역할을 담당하는 신체 부위들하고만 접촉해 있다. 이러한 신경계의 도움으로 사람이 자신에 대해서 알게 된 것은 결국 더 많은 자극과 반응이 전부였다. 사람은 자기 행동을 매개하는 그 광범위한 신경계와 직접 접촉하는 게 아니다. 신경으로 다 파악되지 않기 때문에라도 그럴 수가 없다. 자기 몸 안에서 일어나는 일을 좀 더 관찰하고자 애쓴다는 것은 초음파를 듣거나 우리 눈으로 볼 수 없는 전자기파를 보려고 애쓰는 것과 비슷하다. 특히 뇌에는 감각 기관이 없다.(자극에 대한 뇌의 반응은 엄밀한 의미에서 감각이 아니다.) 뇌는 행동에서 아주 특별한 역할을 담당하지만 앎이라는 특수한 행동의 대상은 아니다. 생리학자가 특수한 도구를 써서 궁극적으로 발견하게 될 것을 우리가 내적 관찰(내성)을 통해 알 수는 없다.

단서는 생존 수반성에 있다. 우리는 선천적 자질에만 호소해서 문법에 맞는 말, 논리, 수학을 설명할 수 없다. 문법, 논리, 수학은 그렇게까지 오랫동안 인간 환경의 일부를 차지하지 않았기 때문이다. 마찬가지로, 내성을 통한 자기 지식이 특히 그러한 목적에 맞게 발달한 신경계 때문에 나타났다고 설명하는 태도는 반드시 의심해봐야 한다. 언어 행동, 논리, 수학, 그리고 '내성'은 모두 이미 다른 이유에서 진화한 인간의 특성들을 바탕으로 구축된 것이기 때문이다.

개념적 신경계

우리가 보았듯이 초기 생리학자들이 다루었던 신경계의 부분들은 주로 추론의 문제였다. 찰스 셰링턴의 《신경계의 통합 작용》에서 다루었던 시냅스도 그 전형적인 예가 되겠다. 도구와 방법이 발달하고 생리학이 큰 성과를 이룩함으로써, 추론은 직접 관찰에 밀려났다. 추론을 다루는 또 한 가지 방법은 추론을 명시적인 모형이나 체계로 전환하여 신뢰를 더해주는 것이다. 직접적으로든 추론을 통해서든 신경계의 관련 부분을 언급하지도 않은 채 일반 법칙이나 원리를 수립하는 신경계의 열역학 비슷한 것들이 꽤 있었다. 정보 이론과 인공두뇌학은 인간의 머릿속에서 일어나는 일에 관한 이런 유의 어림짐작에 한몫을 했다. 그러한 모형 혹은 체계는 정신 세계와 물리 세계 중 어느 쪽에라도, 혹은 양쪽 모두에 적용될 수 있었기 때문에 심신이원론의 문제를 피해 가는 것처럼 보였다. 생리학이 좀 더 발전할 때까지는 신경계 모형이 도움이 되지 않을까?

나는 그렇지 않다고 생각한다. 개념적으로만 파악한 신경계 연구는 주로 7장에서 다루었던 '사유 과정'에 관심을 두는데, 우리가 보았듯이 그러한 과정은 행동 수준에서는 분명한 현실이지만 일단 내면으로 들어가면 의심스러운 은유에 불과하다. 의식이나 실제 신경계 연구도 그렇지만, 모형이나 체계는 계속 내면을 보게 만들기 때문에 유전적이고 개인적인 역사를 제대로 고려하기는 어려워진다.

14장

요약

Summing Up

나는 '들어가는 글'에서 행동주의에 관해서 자주 나오는 스무 가지 진술을 제시했다. 나는 그 진술들이 모두 틀렸다고 생각한다. 이제 이 책의 나머지 부분의 내용에 비추어 그 진술들을 다시 한 번 살펴볼 때가 됐다.

1. 방법론적 행동주의와 논리실증주의의 일부 버전은 의식, 감정, 마음 상태를 무시한다고 말할 수 있겠다. 그러나 급진적 행동주의는 '유기체를 참수하지' 않고, '주체성의 문제를 깔개 밑에 쑤셔 넣지도' 않으며, '내적 관찰에 관한 보고를 순전히 언어 행동으로만 취급함으로써 행동주의 방법론을 엄격히 유지하지도' 않을뿐더러, '의식을 위축시키기 위해서' 고안된 것도 아니다. 의식에 관해서는 이 얘기가 나와야만 한다. (a) 신체 내에서 일어나는 반응은 행동에서 중요한 부분을 담당한다. (b) 자극이 효과를 발휘하는 신경계는 유기체의 내적·외적 경제에 담당하는 역할이 있기 때문에 진화했

다. (c) 우리가 어떤 사람이 주위를 의식한다고 말할 때와 같은 의미에서 그는 자신의 신체 내 사건이나 상태도 의식한다. 그러한 신체 내 사건이나 상태가 자극으로서 그에게 통제를 가한다. '의식을 잃고 뻗어버린' 권투 선수는 자기 몸 안이나 밖의 현재 자극에 반응하지 못하는 것이다. 어떤 사람이 '듣는 사람에게 미치는 효과를 의식하지 않고' 계속 떠들어댄다면 그 문제의 효과가 화자의 행동에 통제를 행사하지 못한다는 뜻이다. 행동과학은 이런 의미에서 의식을 무시하기는커녕 오히려 의식을 연구하는 새로운 방법들을 개발했다. (d) 어떤 대상을 볼 뿐만 아니라 자신이 대상을 보고 있다는 것까지 보게 되는 수반성을 언어 공동체가 마련한다면, 그 사람은 앞에서와 다른 의미로 의식을 하는 것이다. 이 특수한 의미를 지니는 의식 혹은 인식은 사회적 산물이다. (e) 신체에 대한 내성적 지식, 즉 자기 지식은 두 가지 이유로 불완전하다. 언어 공동체는 개인적 자극을 정확하게 통제하면서 자기 기술 행동을 할 수 없다. 또한 신체의 어떤 중요 부위들을 그러한 통제 아래 둘 수 있게끔 신경계가 진화하지도 않았다. (f) 이러한 한계 안에서는 자기 지식이 유용하다. 개인적 사건은 환경이라는 원인의 부차적 산물이기 때문에 언어 공동체는 개인적 사건을 물어보고 그로써 유용한 추론을 끌어낼 수 있다. 자기지식도 비슷한 이유에서 개인에게 유용한 것이 된다. (g) 마음만의 특수한 그 무엇이 가정되지 않는다. 물리적 세계가 물리적 작용과 신체 내의 물리적 상황 양쪽 모두를 낳는다. 사람은 언어 공동체가 반응에 요구되는 수반성을 마련할 때 여기에 반응하는 것이다.

자극 통제를 받는다는 의미에서는 인간 외의 다른 종들도 의식이 있다. 그 종들도 고통스러운 자극에 반응한다는 의미에서는 고통을 느끼고, 빛이나 소리에 적절하게 반응한다는 의미에서는 빛을 보거나 소리를 듣는 셈이다. 그러나 그 종들에게는 언어 공동체가 없기 때문에 느끼고 있음을 느낀다는 의미에서 고통을 의식하지는 못하고, 보거나 듣고 있음을 안다는 의미에서 빛이나 소리를 의식하지도 못한다.

불을 어떻게 느끼는가를 다룬 학문적 탐구가 연소공학에 별 의미가 없듯이, 주관적 경험을 다루는 완전히 독립적인 과학도 행동과학에 별다른 의미를 지니지 못할 것이다. 어차피 이러한 과학이 가능하게끔 경험을 물리적 세계와 완전히 분리할 수도 없다. 다양한 언어 공동체는 다양한 규모와 종류의 의식 혹은 인식을 낳는다. 동양철학, 정신분석학, 실험심리학, 현상학, 그리고 온갖 다양한 실무들이 다양한 감정과 마음 상태에 대한 관찰을 끌어냈다. 주관성을 다루는 독립적 과학은 결국 언어 공동체에 관한 독립적인 과학일 것이다.

의식을 일종의 자기 지식으로 여겼던 사람들 모두가—그리스 철학자에서 영국 경험론자, 현상학자에 이르기까지—시간 낭비만 한 셈이라고 결론 내려야 할까? 아마 그래야 할 것이다. 그들은 사람과 환경의 관계에 주목을 끌었다는 점에서 칭찬받을 만하나(이런 유의 철학적 관심이 발단이 되어 자극 통제를 감각과 지각이라는 명목으로 연구했던 것이다) 그들의 연구는 사람의 환경적 역사에서 선행 사건들을 고려하지 못했다.

2. 행동주의가 선천적 자질을 등한시한다는 말이 이토록 자주 나

오다니, 참으로 이해하기 힘들다. 왓슨이 부주의하게도 건강한 아이만 주면 의사, 변호사, 예술가, 상인, 대장, 심지어 거지나 도둑도 만들 수 있노라 말했기 때문이라고 보기는 어렵다. 왓슨 자신은 인간의 "유전적이고 습관적인 기본 장치"를 입이 닳도록 말했기 때문이다. 일부 행동주의자들, 특히 캔터(J. R. Kantor)가 유전적 기여를 부인하지는 않았어도 심히 간과했던 것은 사실이다. 그들은 환경을 통해서 얻어낼 수 있는 결과에 지나치게 흥분했다. 또 어떤 사람들은 분명 유전적 자질이 별로 중요하지 않다는 듯이 굴었다. 그러나 행동이 '주무르면 주무르는 대로 계속 빚어낼 수 있는 것'이라고 주장한 사람은 거의 없었다.

사회적, 정치적 사안들이 보기보다 더 큰 역할을 했고 그중 일부는 최근에야 표면화되었다. 환경에서 비롯하는 것이 별로 없다는 시각은 교육에 크게 영향을 끼쳤다. 학생은 주로 가르칠 필요가 없는 부류와 가르치려야 가르칠 수 없는 부류로 구분되었다. 어떤 학생들은 본질적으로 교육이 불가능하다는 이유로 보편 교육 정책은 도전을 받았다. 그러나 유전과 환경의 역할은 관찰을 통해 발견되어야지, 정치적 신념에 따라 할당되어선 안 된다. 종에 따라서 조건화되는 속도가 다르고 유지 가능한 행동 레퍼토리의 규모와 성질도 다르다. 사람도 그와 비슷하게 유전에서 비롯한 차이를 보일 법하다. 그럼에도 행동 양상이나 형태는 아주 드물게만 영향을 받는다. 지성이나 그 외 어떤 능력 혹은 특질의 20퍼센트는 환경의 소관이고 80퍼센트가 유전의 소관이라는 말은, 인간 행동의 20퍼센트가 강화 수반성에서 기인하고 80퍼센트는 유전적 자질에서 기인한다는 말과 엄연히 다르다. 일란성 쌍둥이 가운데 한 아이는 중국에서 키우고 다른 아이는 프랑스에서 키운다면, 두 아이의 언어 행동은 완전히 다를 것이다. (두 언어의 문법에 다소 공통적인 특징이 있을지도 모르지만 우리가 앞에서 살펴보았듯이 문법에 유전적 기반이 있기 때문에 그런 것은 아니다.)

3. 유발 자극은 환경의 작용을 특히 뚜렷하게 보여주는 한 예이다. 아마도 그렇기 때문에 유발 자극이 맨 먼저 발견되고 진술되었을 것이다. 데카르트(René Descarte)는 인간 행동을 모방한 몇몇 수력 장치들을 통해서 저장되어 있던 행동을 방출하는 방아쇠(trigger) 개념을 떠올렸고, 19세기에는 생리학자 마셜 홀(Marshall Hall) 같은 사람들이 살아 있는 유기체의 절단된 부분, 가령 목을 자른 도롱뇽 따위에서 그 단순한 예들을 보여주었다. 앞에서 보았듯이 파블로프는 자극이 어떻게 개인의 생존 기간 동안에 반사 반응을 끌어내는 힘을 갖게 되는지 보여주었다. 이 모든 것이 자극-반응 심리학이라는 야심 찬 프로그램으로 귀결되었다.

이처럼 단순한 생각이 호소력을 지니기 때문에 학술적이지 않은 글에서는 반사가 환경 작용의 전형처럼 얘기되기 일쑤고, 행동주의가 행동을 단순히 자극에 대한 반응으로 취급한다는 말이 그토록 자주 나오는 것이다. 만약 그렇다면 유기체는 자동인형, 로봇, 기계의 특성을 상당 부분 지닐 것이다. 그러나 자극이 조작적 반응을 '유발하는' 것은 아니다. 자극은 그저 반응이 방출될 확률을 조정할 뿐이다. 그 이유는 자극이 한 부분을 담당하는 강화 수반성 때문인데, 자극은 다른 조건들과 결합해 반응을 일으킬 수도 있으나 반드시 그러리라는 법은 없다. 이러한 자극의 역할은 반사 행동에서 유발 자극이 담당하는 역할과 상당한 차이가 있다.

4. 인간은 자신이 살아가는 세계를 주목하기도 하고 무시하기도 한다. 인간은 그 세계 안에서 찾는 것이 있다. 인간은 어느 하나를 다른 것으로 일반화한다. 인간은 분별을 하고, 어느 한 특징이나 특징들의 특수한 집합, 가령 '추상'이나 '개념'에 반응한다. 또한 조립, 분류, 배열, 재배열을 거쳐 문제를 해결한다. 인간은 사물을 기술하고 다른 사람들의 기술은 물론이고, 자기 자신의 기술에도 반응을 한다. 자기 세계 안의 강화 수반성을 분석하고, 수반성에 직접 노출되지 않고도 적절하게 반응할 수 있게끔 방침과 규칙을 도출한다. 규칙을 발견하기도 하고, 규칙을 활용하여 옛 규칙에서 새로운 규칙을 끌어낸다. 이 모든 일, 나아가 그 이상의 일에서도 인간은 그저 행동하고 있을 뿐이다. 인간이 내적으로 행동할 때에도 그 점은 마찬가지다. 행동 분석은 이러한 '고등 정신 과정' 가운데 어느 것도 거부하지 않을 뿐 아니라 그러한 과정들이 일어나는 수반성에 관한 연구를 주도해 왔다. 행동 분석은 마음이라는 수수께끼의 세계에서 이 과정에 해당하는 활동이 일어난다는 추정을 거부할 뿐이다. 행동주의는 그러한 추정이 보증되지 않은 데다가 위험한 은유라고 주장한다.

아무도 인간 사유의 상당 부분을 적절하게 설명하지 못한다. 아마 이것이야말로 분석이 필요한 가장 까다로운 주제일 것이다. 화가, 작곡가, 작가, 수학자, 과학자의 위대한 업적에도 우리의 이해는 아직 미치지 못한다.(앞서 지적했듯이 그들이 심성주의에 호도되어 자기들의 활동을 쓸모없는 방식으로 고한 탓도 있다.) 행동주의의 설명이 아무리 불완전할지언정 아예 아무것도 해명하지 못하는 심성주의의 설명보다는 낫다.

5. 진화론은 인간의 유전적 자질이 나타내는 듯 보이는 목적을 사전 설계에서 생존 수반성에 따른 차후의 선택으로 옮겨놓았다. 조작 이론(operant theory)은 인간 행위가 나타내는 듯 보이는 목적을 사전의 의도나 계획에서 강화 수반성에 따른 차후의 선택으로 옮겨놓았다. 이전에 강화를 받았기 때문에 어떤 행동을 하는 경향이 있는 사람은 그러한 순간에 자기 신체의 상황을 느끼고 "목적을 느꼈다."고 말할지도 모른다. 그러나 행동주의는 그러한 느낌이 인과적으로 유효하다고 보지 않는다.

6. 강화 수반성은 새로운 것을 생산할 때의 생존 수반성과 흡사하다. 다윈의 저서 제목에서 핵심 단어는 '기원(origin)'이었다. 자연 선택설은 창조적인 마음 따위를 끌어들이지 않고도 지구상의 다양한 수백만 종의 발생을 설명했다. 인간 행동이라는 영역에서는 강화 수반성이 온갖 종류의 창조적 마음, 어떤 창의적 특질, 혹은 "천재적 인간이 그렇지 못한 인간보다 창조적인 신경 에너지가 훨씬 더 풍부할" 가능성에 호소하지 않고도 예술 작품, 수학이나 과학에서의 문제 해결을 설명할 수 있을 듯하다.

자연 선택설에서나 조작적 조건화에서나 '변이'의 출현이 결정적이다. 생물 종들은 최근까지도 유전자나 염색체의 임의적인 변화 때문에 진화했다. 그러나 유전학자가 변이가 특히 일어나기 쉬운 조건들을 마련할 수도 있다. 또한 우리는 지배적인 강화 수반성에 따라서 선택을 받는 새로운 행동의 원천을 일부 발견할 수도 있다. 다행히도 창조적인 예술가나 사상가에게는 참신함을 도입하는 또 다른 방법들이 있는데, 7장에서 그 일부를 살펴보았다.

7. 자기(self) 혹은 자기감이라는 사안의 핵심에는 시초(origination)가 있다. 인간 종의 구성원은 자신이 어느 누구와도 같지 않은 일원이라는 의미에서 정체성을 띤다. 그는 하나의 유기체로 시작해서 행동 레퍼토리를 습득해 감에 따라 한 사람 혹은 하나의 자기가 된다. 그가 상이한 경우들에 대해서 적절하되 다소간 양립 불가능한 행동 레퍼토리들을 습득한다면 한 사람, 하나의 자기 그 이상이 될지도 모른다. 자기 지식에서 앎의 주체인 자기와 앎의 대상인 자기는 다르다. 자기 관리에서 통제하는 자기는 통제당하는 자기와 다르다. 그러나 모든 자기는 유전적·환경적 이력의 산물이다. 자기 지식과 자기 관리는 사회적으로 비롯되었고, 앎의 대상이자 관리 대상인 자기는 생존 수반성과 강화 수반성의 산물이다. 이 책에서 취한 입장은 인간 종의 구성원 하나하나가 유일무이하다는 점을 결코 의심하지 않는다. 그러나 이 유일무이성은 근원에서부터 내재하는 것이다. 과학의 입장에서는 자기를 진정한 창시자(originator) 혹은 행위 주도자로 볼 여지가 없다.

8. '피상적'이라는 말에서 통찰력이 부족하다는 부정적 의미를 제거한다면, 그리고 '깊이 있게'라는 말에서 심오함이 있다는 명예로운 의미를 제거한다면, 행동주의의 분석이 피상적이고 마음이나 인격을 깊이 있게 다루지 못한다는 주장에도 일말의 진실이 있다. 행

동주의의 분석 취지는 신체 내 감정이나 내적으로 관찰되는 바가 실제로 원인 노릇을 하는지 의문시하고 유전적 이력, 환경적 이력, 현재 설정 — 전부 다 외부에 있는 것들이다. — 을 주목하게 하는 것이다. 만약 행동주의가 순전히 구성주의의 노선을 따라 마음을 원인으로 보지 않되 원인 자리에 아무것도 갖다놓지 않는다면 객관적 의미에서도 피상적이라 하겠다. 하지만 그런 판단이야말로 행동주의가 실제로 무엇을 연구하는지 잘 알지 못하는 피상적 견해다.

9. 실존주의자, 현상학자, 구성주의자는 곧잘 행동과학이 행동의 예측과 통제에 연구를 한정하기 때문에 인간으로서 존재한다는 것의 본질적 성격을 놓친다고 주장한다. 이른바 인본주의 심리학도 과거나 미래와는 별개로 지금 여기의 인간 존재에 관심을 둔다는 이유로 예측과 통제를 평가 절하하고, 그에 따라 자기 자신을 정당화하려 든다. "진화론은 예측 과학이 아니지만 대단히 중요하고 훌륭하다. 따라서 예측과 무관한 그 밖의 과학, 가령 역사학이나 인본주의 심리학도 정당화될 것이다." 하지만 진화론은 아예 과학이 아니다. 진화론은 매우 많은 사실들에 관한 해석이다. 이 해석은 유전학, 생태학과 같은 관련 과학을 활용하는데, 이 두 과학은 모두 예측과 조작을 포함한다. 그렇지만 우리가 9장에서 보았듯이 관조 같은 이해도 앎의 한 종류, 곧잘 행동에는 이르지 못하는 앎의 한 종류이지만 어쨌든 행위로 이끄는 조건에서 생겨난 것이다. 예측과 통제는 둘 다 조작적 조건화에 내재하지만 이 개념은 늘 확률적이다. 행위가 일어나지 않을 때에도 우리는 확률을 다룰 수 있다. '이해'라는 단어를 자신이나 타인에 대한 '앎'으로 대체해도 된다. 그러나

주어진 순간의 조건이 뭐가 됐든 간에, 지식이나 이해는 행동이 일어날 때에만 '사용된다'. 인간 행동과 유전적·환경적 선행 요인의 관계를 더 철저히 알수록 우리는 종의 성격 혹은 본질을 더 명쾌하게 이해할 수 있을 것이다.

10. 어느 영국인 행동주의자가 영국의 유명 저널에 최근에 출간된 도서의 서평을 실었다. 그는 여기서 "저자는 미국의 행동주의자들과는 달리 쥐가 아니라 사람으로 연구를 했다."라고 논평했다. 심리학 실험에서 흰쥐가 대세였던 시대는 적어도 사반세기 전에 막을 내렸다. 세상의 수많은 종 가운데 적절한 표본을 취하는 문제 같은 것은 논의해봤자 답이 안 나온다. 심지어 현장에서 활동하는 동물행동학자에게조차도 그렇다. 그러나 행동 실험 분석은 매우 많은 종에게로 확대되었고, 그중에는 '호모 사피엔스'도 포함된다.

단순한 사례부터 시작해서 분석 역량이 허용하는 한에서만 더 복잡한 사례로 나아가는 데에는 분명한 이유가 있다. 이 말은 분석을 동물에서부터 시작해야 한다는 뜻으로 보일 텐데, 그렇다면 당연히 사람과 동물의 공통적인 특징이 강조될 것이다. 그렇지만 소득은 분명히 있다. 오로지 이 방법을 거쳐서만 인간만의 독특한 점이 무엇인지 확실히 알 수 있기 때문이다. 이 방법이 어느 작가의 주장처럼 "동물을 다루는 한정된 작업으로 개발한 체계를 인간 사회에, 실제로는 인간 경험의 영역 전체에 적용하려고 애쓰는" 과오는 아니다. 과학은 단순한 것에서 복잡한 것으로 나아가게 마련이다. 그러나 체계의 적용은 가급적 빨리 한계를 제거하고 인간 행동을 직접 연구함으로써 이루어진다. 누구나 그렇겠지만 우리도 인간 사회나 인간 경험의 영역 전체를 제대로 고려하기에는 미흡하다. "쥐와 비둘기를 임의로 선택해서 필연적으로 인간의 자유와 존엄을 배제하는 자료를 취하는" 것도 사실이다. 쥐나 비둘기는 사람이 아니니까 당연히 그럴 수밖에 없다. 그러나 우리가 자유와 존엄이 불러일으키는 쟁점을 분석하고자 한다면 그 기저에 있는 과정을 생각할 수 있는 모든 정보원을 활용하는 것이 좋겠다.

초기 실험들은 인간을 대상으로 하더라도 대부분 환경을 쉽게 통제할 수 있는 경우를 다루었다. 가령 정신질환자나 지적장애인을 대상으로 한 실험들이 그렇다.(이러한 실험의 성공은 마지못해 인정을 받았다. "동물 대상 연구를 바탕으로 한 실험이 이미 정신적으로 문제가 있는 사람들에 대해서도 만족스러운 결과를 얻고 있다.") 그러나 머지않아 정상 아동이 연구 대상이 되었고, 그 다음에는 정상적인 성인 차례였다. 실험 대상과 실험자의 관계에서, 그리고 실험 대상이 이전에 겪은 길고 복잡한 역사에서 당연히 특수한 문제들이 발생했지만 인간에게나 동물에게나 동일한 종류의 신경계가 발견되고 기본적으로는 동일한 과정이 일어난다는 것을 충분히 짐작할 수 있었다. 물론 인간과 동물은 행동 레퍼토리의 복잡다단함으로 보아 어마어마한 차이가 있다.

흥미롭게도 때때로 동물 행동과 인간 행동의 관계가 전혀 다른 방향을 가리킨다고 말하는 사람들도 있다. "동물 행동 연구는 역사적으로나 방법론적으로나 인간 행동에서 출발했고 인간 경험을 배제하면서도 이 경험을 다른 동물들에게 투사하기 때문에 과학 분과 중에서 단연 특이하다." 이 말이 사실이라면 우리의 동물 연구는 인간 경험에서 배제된 채 다른 동물에 투사할 수 있는 주제들로 한정된다고 말해야 할 것이다. 미국의 행동주의자 톨먼(Edward. C. Tolman)은 실제로 자신에게 주어진 상황에서 어떤 행동을 할 것인지 생각하면서 동물 실험을 설계했노라 말했다. 그러나 행동 실험 분석은 내성(introspection)이 우리가 연구하는 과정들에 대해서 밝혀주는 바와는 비교도 안 될 만큼 많은 것을 알려준다. 현대의 실험실에서 마련된 수반성에 따라 자신의 행동을 예측하는 이는 대단한 사람일 것이다.

11. 동물에서 인간으로 논리를 전개하는 데 반대한다는 것은 어느 정도 실험실에서 얻은 결과를 일상생활로 확대하는 데 반대하는 것이기도 하다. 실험 대상이 사람일 때에도 이 지적은 유효하다. 실험실에서는 조건을 통제하기 위해서 상황을 설정한다. 어떤 부분은 가급적 일정하게 두지만 또 어떤 부분은 질서정연하게 재배치한다. 이러한 목적으로 쓰이는 설비가 실험자와 실험 대상 사이를 가로막는다. 이 때문에 1장에서 다루었던 개인적 지식, 즉 대인 관계에서 발생하는 지식이 증대되기는커녕 거의 필연적으로 방해를 받는다. 비록 어느 임상심리학자는 "실험심리학자들은 실험 대상의 실질적 관여를 막기 위해서 각종 도구와 장비를 쓴다."고 주장했지만 설비를 그런 이유로 쓰는 것은 아니다. 다양한 종류의 '타인에 대한 앎'을 위해서 설비를 사용할 뿐이다.

우리는 분명 실험실에서 얻어낸 결과만큼 정확하게 일상생활에서 인간 행동을 예측하고 통제하지 못한다. 그러나 실험 결과를 활용해서 실험실 밖 그 어디에서나 행동을 해석할 수는 있다. 일상 행동에 대한 해석은 메타과학이라는 비판이 있었지만, 어떤 과학이든 어느 정도는 비슷한 형편이다. 방금 보았듯이 유전적 원리가 진화의 사태들을 해석하는 데 쓰이고, 고온 고압 상태의 물질 변화는 지구의 역사에서 일어났던 지질학적 사건을 해석하는 데 쓰인다. 통제는 아예 생각조차 할 수 없는 성간 공간에서의 사건들은 이런 의미에서 상당 부분 해석의 문제다. 다양한 기술의 적용도 해석 단계를 거친다. 아직 제작해서 띄우지도 않은 새로운 유형의 항공기의 움직임을 연구할 수는 없지만, 그러한 항공기도 실험실에서 수립한 원리들이 있어야 설계와 제작이 가능하다. 행동 실험 분석에서 나온 원리들도 비슷한 방식으로 교육, 심리 치료, 기업의 인센티브제, 행형학, 그 밖의 여러 영역의 설계에 적용되어 왔다.

실험실의 결과가 전체적인 세계 안에서의 인간 행동을 설명할 수 없다고 주장하는 이들은 아마도 자기들이 그 세계 안에서 무슨 일이 일어나는지 안다고, 아니면 적어도 알 수는 있다고 생각한다. 그들은 곧잘 우연히 얻은 대강의 느낌을 두고 그렇게 말한다. 그러나 행동에 대한 진술을 일상생활에서는 실험실에서만큼 믿을 수 없다고 한다면, 그러한 비교의 인상은 과연 믿을 만한 것인가 반드시 의심해보아야 한다. 전체적인 세계 안에서 일어나는 일을 자기들이 이해한다고 느끼는 자들을 아주 간단하게 테스트할 수 있다. 그들에게 현대적인 실험 상황에서 유기체가 하는 행동을 보여주고 무엇을 보았는지 말해보라고 하라. 현재 연구되고 있는 수반성이 매우 복잡하기는 해도 일상에서의 수반성보다는 단순한 편인데, 그래도 무슨 일이 일어나는지 파악하기란 거의 불가능할 지경이다. 실험 연구에 익숙한 사람들은 중요한 것을 찾아낼 확률이 높고 달리 어떤 것에 의문을 제기해야 하는지도 더 잘 안다. 그들은 자기가 보는 것을 좀 더 잘 이해한다. 그들이 일상생활을 더 정확하게 해석할 수 있는 이유도 여기에 있다. 실험실에서의 분석은 관련 변수들을 확인하게 해주고, 언뜻 흥미롭게 보이지만 관찰되는 행동과 별로 관련이 없거나 의미가 없는 그 밖의 변수는 무시하게 해준다. 조작적 조건화 연구에서 비롯된 각종 기술의 진보도 이 같은 해석의 혜택을 입었다.

12. 행동과학이 지나치게 단순하고 안일하다고 말하는 사람들이야말로 행동과학을 지나치게 단순하고 안일하게 알고 있는 것이다. 행동과학이 다루는 사안이 대단치 않거나 이미 잘 알려진 것이라고 말하는 자들은 대개 행동주의가 현재 이룩한 성과를 잘 모른다. 행동이 자극에 대한 반응에 불과하다고 말하는 것은 지나치게 단순화한 것이다. 사람이 쥐나 비둘기와 마찬가지라고 말하는 것 또한 안일하기 짝이 없다. 행동과학이 어떻게 쥐가 미로 속에서 길찾기를 배우고 어떻게 개가 저녁식사 종소리를 듣고 침을 흘리게 되는지 다룬다고 말한다면 그거야말로 대단치 않거나 이미 잘 알려진 얘기에 불과하다. 최근에 어느 저명한 과학철학자는 이렇게 주장했다. "행동주의자조차도 '기껏 한다고 해야' 주어진 조건에서 쥐가 미로를 빠져나오는 데 20초가 걸릴지 25초가 걸릴지 예측하는 게 고작이다. 그는 어떻게 해야 더욱더 상세한 실험 조건을 명시하여 더욱더 정확한 예측—원칙적으로 '이 정확성에 한계는 없다'.—을 할 수 있는지 모른다." 50년 전이었다면 시의적절한 지적이 될 수도 있었겠다. 어떤 작가가 행동 수정을 '포상과 격려' 문제로 치부한 것도, 신문 편집자가 비둘기 미신* 증명이 〈시편〉 23편을 설명해주지 않는다고 말하면서 행동과학이 지나치게 단순하다고 보는 것도 놀

랍지는 않다.

프로이트는 행동주의의 초기 버전만 보고 심리적 장치에 대한 자신의 극도로 복잡한 설명과 비교해 행동주의에 대해 안일하다는 평가를 내렸다. 프로이트의 설명은 너무 복잡해서 그의 후계자들은 오히려 좀 단순화해야 할 필요를 느꼈다. 사람 안에서 일어나는 일을 어떤 식으로든 체계화하려다 보면 반드시 결코 단순하지 않은 설명이 나올 것이다. 그러나 즉석에서 급조된 심성주의적 설명이야말로 지나치게 단순하다는 말을 들어야 하지 않을까. 그러한 설명은 설명의 대상이 되는 사실보다 훨씬 단순해 보이기 때문에 솔깃하게 다가온다. 어떤 사람이 불안에 시달린다는 말은 그가 형제자매들과의 경쟁이라는 역사를 거쳤고 거기에 불안이라는 감정이 결부되어 있을 것이라는 말보다 훨씬 쉽다. "정신지체아들은 반응 억제를 보인다."고 말하면 그들의 행동과 그들이 노출되어 있는 환경의 관계에 어떤 결함이 있는지 살피는 것보다 백배 천배 간단하다. 행동주의가 '심리 구성의 복잡성'을 간과한다고 하는데, 내다버리는 편이 나은 진술들을 체계화하려다 보니 그러한 복잡성이 발생했을 뿐이다.

행동과학은 단순화라는 고발에 특히 취약하다. 아주 단순한 원리들이 우리의 삶에 광범위한 결과를 미친다고 생각하기가 어렵기 때문이다. 우리는 다른 분야들에서 이 비슷한 괴리들을 받아들이는 법을 배웠다. 창궐하는 전염병을 설명해주는 박테리아나 바이러스, 도시 하나가 매몰되는 대참사를 설명해주는 지각판 침하 현상을 이

---

* 스키너는 비둘기가 완전히 무작위적인 상황에서도 제 나름의 규칙을 만들어 행동한다는 사실을 발견하고 이를 '비둘기 미신(superstition in the pigeon)'이라고 불렀다.

제 우리는 어렵잖게 믿을 수 있다. 그러면서도 강화 수반성이 전쟁의 진짜 뿌리, 혹은 정반대로 미술, 음악, 문학의 진짜 뿌리라는 사실은 믿기 힘들어한다.

모든 과학은 자기가 연구하는 조건을 최대한 단순화한다. 그렇다고 해서 과학이 자기가 유익하게 연구할 수 있는데도 더 복잡한 경우를 검토하지 않는 것은 아니다. 여기까지 잘 따라온 독자라면 인간 행동에 대한 행동주의의 분석이 단순하다고 보지 않을 것이다(내 설명이 너무 복잡하다고 비난한다면 모를까). 나는 정말 최소한의 사실과 원리만 유지해 왔노라 다시 한 번 독자에게 상기시키는 바이다. 행동 실험 분석은 엄격하고, 집중적이며, 급속히 발전하고 있는 생물학의 한 분과다. 이러한 분석의 범위를 알지도 못하는 사람들만이 지나치게 단순하다는 비판을 제기한다.

친숙함으로 따지자면 사실 철학, 신학, 언어학, 정치학, 그 밖의 분야에서도 어느 정도까지는 과학적 분석이 기대되었다. 가령 보상, 자기 이익, 쾌락주의, 공리주의에 대한 논의는 조작적 강화의 중요성을 이미 오래전부터 인식하고 있었다. 마르크스와 벤담(Jeremy Bentham)도 환경을 주목하게 했다는 이유로 행동주의자 소리를 들었다. 그러나 그 두 사람은 환경이 의식에 작용하고 의식이 다시 인간의 행위에 영향을 준다고 생각했다. 위대한 에세이스트들은 과학적 설명이 담고 있는 의미와 매우 흡사한 통찰과 경험 법칙을 내놓았다. 과학 분과 대부분에 대해서도 비슷한 얘기를 할 수 있겠다. 그리스인들도 원자와 시간의 차원을 논했다. 이러한 과오의 예가 구성주의다. 무엇을 말했는가가 아니라 '왜 얘기되었는가'를 고려해야 한다. 과학자들이 사실들을 만들어낸 게 아니다. 행동에 관한 사실들은 항상 사람들이 살아가는 세계의 뚜렷한 특징이었지만 과학자들은 민중의 지혜와 개인적 경험이라는 단계를 재빨리 지나쳐 갔고 그런 일은 이미 행동 실험 분석에서도 일어났다. 작금의 연구 성과 가운데 누구에게든 친숙하다고 할 만한 것은 거의 없다.

행동과학이 뭔가 새로운 것을 제공한다는 가장 좋은 증거는 아마 행동과학을 기술적으로 적용해서 거둬들인 성과일 것이다. 그러나 이 입장이 지금 얼마나 심하게 공격을 당하고 있느냐에서 볼 수 있는 증거도 간과해선 안 된다. 안일하고 케케묵고 대단치도 않은 것을 도대체 왜 그리 열을 내며 물어뜯는지 의문이 든다.

13. 행동주의자들은 때때로 우상 숭배를 비판당한다. 그들이 그저 과학적으로 보이기 위해서 과학을 숭상하고 과학의 꾸밈새를 빌려 온다는 것이다. 이러한 비판은 모든 사회과학과 행동과학에 공통적이다. 계산이나 측정조차 자연과학을 모방하는 것인 양 이야기된다. 하지만 행동 실험 분석의 역사에서 그러한 모방의 표시를 찾아보기는 힘들다. 초기 연구들은 단순한 설비를 사용했고 데이터도 최대한 단순하게 보고되었다. 행동은 변덕스럽다기보다 질서가 있는 것이라는 근본적인 추정이 명예로운 목적에서 받아들여졌다고 말하기는 힘들다. 행동의 규모와 관련 변수들을 결정하고, 예측과 통제를 강조하고, 수량화가 가능한 경우에 수학을 활용한 것은 과학적으로 보이기 위한 치장이 아니라 필수 단계들이었다. 과학에 필요한 도구와 설비는 정보 이론, 인지심리학, 인공두뇌학, 시스템 분석에서 훨씬 더 눈에 띄게 두드러진다. 여기서는 '인터페이스', '게이팅', '반향 회로', '복잡성 매개 변수', '과부하 채널', '폐쇄형 피드백

루프'("목적과 자유의 부활!") 같은 용어가 난무하고 적절한 차원의 데이터 분석이 결여되어 있는데도 수학이 그 자체로 목적이 되었다.

비판하는 입장이 곧잘 들먹이는 '과학주의의 압박(deadhand)'이 문자 그대로 '이미 죽은 자의 손(과거)이 (현재에) 가하는 속박'이라면 아마 절박한 몇몇을 제외하고 모두가 과학이 초기에 품었던 희망을 버렸다는 뜻이 되겠다. 그러나 행동 분석의 역사에는 그러한 좌절을 암시하는 것이 전혀 없다. 사실 다른 과학들에 비교하면 행동 분석과 그 기술적 적용은 둘 다 비상한 속도로 발전해 왔다. 행동주의가 사라질 거라는 예측이 자주 나오고, 어쩌다 가끔은 아예 사망 선고가 떨어졌던 것은 사실이다. 명석한 프로이트주의자라면 '죽음 소망'을 들먹일지도 모르겠다. 편집증적인 행동주의자라면 내가 살펴보고 있는 견해를 무슨 살해 의도처럼 볼지도 모른다. 그러나 누구나 마찬가지지만 역사가도 소망과 의도에서 환경의 수반성으로 시선을 돌려야 한다. 이 책 역시 행동주의를 살아 있는 철학으로 말하게 될 사람들에게는 환경의 일부다.

14. 조작적 조건화가 극적으로 적용된 경우는 많지만 일단 그렇게 해놓고서 되돌아보면 상식의 적용보다 그다지 나아 보이지 않을 때도 많다. 그럼에도 우리는 왜 실험 분석이 등장하기 전에는 그러한 변화가 일어날 수 없었는지 의문을 제기해야 한다. 때로는 변화가 있었다고, 현대적인 행동 기술을 방불케 하는 어떤 일이 개별적으로 일어난 적도 있다고 말할 수도 있겠다. 그러나 우리는 여전히 수 세기에 걸쳐 산발적으로 일어난 그 사례들이 왜 표준적인 관행이 되지 못했는지 의문을 제기할 수 있다. 어떤 관행이 효과가 있고

이치에 닿는다고 해서 계속해서 유지되리라는 법은 없다. 가령 잘 못된 관행도 적어도 일시적으로는 제대로 작용하고 이치에 맞는 것 처럼 보일 수 있기 때문이다.

중요한 차이는 바람직한 성과가 일어나는 시간(time)에 있다. 처 벌과 혐오 통제는 많은 이들이 반감을 품는데도 여전히 흔히 쓰이 고 있다. 그 이유는 단 하나, 처벌과 혐오 통제를 사용하는 사람은 곧바로 강화를 받기 때문이다. 나중으로 지연되는 결과에만 이의가 제기된다. 긍정적 강화도 통제 수단으로서의 힘은 결코 밀리지 않 지만 그 효과는 대개 조금이라도 뒤늦게 나타난다. 긍정적 강화의 결과가 지니는 가치가 실험 연구로 입증되고 나서야 비로소 사람들 은 그러한 결과를 기다릴 줄 알게 되었다.

상식에 의존하여 인간 행동을 관리할 때 폐해는 국제적인 사안에 서부터 육아에 이르기까지 우리의 일상 구석구석에서 자명하게 나 타난다. 과학적 분석이 좀 더 효과적인 기술의 이점을 규명할 때까 지 우리는 계속해서 부적절하게 행동할 것이다. 그러고 나면 결과 가 상식 이상의 것에서 나왔음을 명백히 깨달을 것이다.

15. 버트런드 러셀은 《의미와 진리의 탐구》에서 이렇게 썼다. "행 동주의자가 동물의 행동을 관찰하고 그러한 행동이 지식을 보여주 는지 오류를 보여주는지 판단할 때, 그는 자기도 동물이라 생각하 지 않고 적어도 가설적으로는 실제 일어나는 일을 한 치 틀림없이 받아 적는 기록 장치라고 생각한다." 이건 러셀이 행동주의의 초기 버전을 두고 한 말인데, 그 점을 감안하더라도 러셀은 틀렸다. 행동 주의자가 자기는 분석에서 제외된다고 주장한다면 터무니없는 일

이다. 그는 인과적 흐름에서 빠져나올 수 없고 '수성의 운동 궤도에 걸터앉아' 어떤 관망하기 좋은 위치에서 행동을 관찰할 수도 없다. 그가 인간 행동을 분석하는 것 또한 행동이다. 사유를 분석하는 철학자의 행위도 사유인 것과 마찬가지로.

논리학자, 수학자, 과학자의 행동은 인간 행동 영역 중에서 가장 어려운 부분이며 아마 수리적(數理的)이거나 과학적인 분석으로 다루기에 이보다 더 까다롭고 미묘한 분야는 없을 것이다. 하지만 이 분야가 아직 제대로 분석되지 못했다는 이유로 아예 다른 종류의 영역이라거나 다른 종류의 분석으로만 접근 가능하다고 결론 내릴 수는 없다. 논리학자나 수학자가 어떻게, 어째서 옛 법칙에서 새 법칙을 도출하는지, 왜 옛 법칙이 참이라면 새 법칙도 참일 수밖에 없는지 우리가 의문을 제기하지 못할 이유는 없다. 실제로 행동 분석은 '역설'이라든가 '괴델의 정리' 같은 낯익은 문제들을 새롭게 공략할 수 있다.

과학적 지식은 반드시 어학적이지 않을지라도 어쨌든 언어 행동이다. 그러한 지식은 효과적인 행위 규칙들을 모아놓은 것이며, 여기에는 지식이 가능성이 있는 효과적 행위를 낳을 때에만 '참'이라는 특별한 의미가 있다. 그러나 규칙이 곧 그것이 기술하는 수반성은 아니다. 규칙은 기술(description)로만 남기 때문에 언어 행동에 내재하는 한계를 벗어날 수 없다. 내가 8장에서 지적했듯이 하나의 명제는 청자가 그 명제가 기술하는 상황에 효과적으로 반응하게 돕는 한에서 '참'이다. 화자의 설명은 그 설명을 낳은 환경의 직접적 통제 대신 기능한다. 이때 청자의 행동은 기술된 상황으로 통제된 행동을 넘어설 수가 없다. 논리학자나 수학자의 동어 반복적인 참은 증명 가능하다. 그러한 참은 절대적이다. 과학적 방법들의 규범은 자극이 행사하는 통제를 최대화하고 그 밖의 조건, 가령 청자에게 미치는 부수 효과들을—이러한 효과들이 화자가 과장하거나 거짓말을 하게 만든다.—없애기 위해 고안되었다.

전통적인 인식론들은 행동에 앞서 생각을 해야 한다고 보기 때문에 난관에 빠진다.("나는 생각한다. 고로 나는 존재한다."가 주장하는 존재 이전의 사유는 말할 필요도 없겠다.) 외현적으로 행동하기 전에 내현적으로 행동한다는 의미라면 모를까, 아무도 행동하기 전에 생각하지 않는다.

사람이 자유로워야만 진리를 말할 수 있다는 말도 때때로 나온다. 통제된 행동은 지나치게 제한적이기 때문에 참으로 판단하거나 받아들일 수 없고, 모든 행동은 결정된 것이라고 주장하는 행동주의자는 완전한 참의 가능성을 부정하는 것이라고들 한다. 그러나 사람은 현재 설정에 대해서만 "진리를 말할 수 있을 만큼 자유롭다". 그가 이 설정에서 하는 행동은 비슷한 설정이 일익을 했던 선행 조건과 상관관계가 있다. 이런 과정을 따라 연역으로 진리에 도달하는 사람은 분명 자유롭지 않다. 그는 '사유의 법칙들'에 매여 있고 옛 법칙에서 새 법칙을 끌어내는 또 다른 규칙에도 매여 있으니까. 연역을 앞지르는 듯 보이지만 나중에 연역적으로 설명이 되는 직관도 어떤 종류의 자유를 암시한다. 그러나 직관적 행동은 규칙이 지배하는 행동이라기보다 수반성이 형성한 행동일 뿐, 자유를 뜻하지 않는다. 귀납도 직관이나 통찰처럼 자유를 암시하지만 이는 규칙이 지배하는 행동의 제약으로부터의 자유일 뿐이다. 자유는 직관적 행동을 불러오는 환경의 통제가 완전히 알려진 후에야 비로소 가능하다.

과학방법론자들은 가설, 추론, 정리의 검증이라는 논리적 틀 안에서 과학자의 행동을 곧잘 재구성한다. 그러나 재구성은 과학자가 일하면서 하는 행동을 좀체 나타내주지 못한다. 앎이라는 행동이 좀 더 분석된다면 인간 지식과 관련한 몇 가지 문제들은 해답에 더 가까이 다가갈 것이다. 예를 들어 과학이 더는 물리적 현상의 확정성을 수립할 수 없는 한계에 도달했다고, 바로 이 지점에서 인간 행동에 자유가 등장하기 시작한다고 말하는 사람들이 있다. 물리학에 한계가 있다고 하나 물리학 정도의 엄밀함이면 행동과학자는 아마 만족할 것이다. 그러나 인간 신체의 어떤 것은 불확정성을 비교적 중요한 것으로 만들 수도 있다. 그것이 중요한 한계인지 아닌지는 인간 행동을 다룬 과학을 불확정성이 뚜렷해지는 지점까지 발전시켜야만 알 수 있다.

어떤 절대적인 한계에 도달하는지 그렇지 않은지 과학자의 행동과 과학적 지식의 성격을 연구할 수 있는 가능성은 그대로 남는다. 비슷한 주장이 이미 과거에 거짓으로 판명 났다. 가령 가시광선의 파장을 고려하건대 현미경으로 볼 수 있는 것에는 분명한 한계가 있었다. 전자현미경의 발명은 이 판단이 증명상으로는 맞지만 현미경의 한계에 대해서는 틀렸다는 것을 입증했다.

16. 행동주의 분석이 사람을 비인간화하거나 '인간으로서의 인간(man *qua* man)'을 파괴한다고 말할 때 그 의미가 늘 분명하지는 않다. 어떤 때는 다음과 같은 말이 인간에 대한 행동주의의 묘사가 불완전하다는 뜻 같다. "행동주의는 인간의 복잡성 전부를 포용하지

않는 심리학을 구축하려 했다."거나 "행동주의는 물리주의 모형에 들어맞지 않는 인간 현상을 누락시킨다." 같은 말 말이다.(반면에 인본주의 심리학은 "인간을 대상으로 삼기에 적합하고", "인간성을 그 본질 그대로 다루고자 매진하며", "완전히 인간적인" 과학으로 이야기된다.) 그러나 '인간으로서의 인간'이니 '인간성으로 나타나는 인간' 같은 구절들은 무엇이 생략되었는지 거의 알려주지 않는다.

어떤 때는 이런 말이 행동주의가 인간이 하는 어떤 행동을 그가 한 종의 구성원이라는 이유로 간과하거나 구성원으로서 할 수도 있을 일을 못 하게 한다는 뜻 같기도 하다. 프랑스 철학자 조르주 소렐(Georges Sorel)의 글도 비슷한 내용을 다음과 같이 나타냈다.

인간의 최선, 즉 그의 가장 인간다운 모습은 개인적으로나 가까운 이들과 더불어 자발적이고 끝없는 창조적 활동을 거쳐, 저항하는 환경에 자기 인성을 부여하는 작업을 거쳐 자기 실현을 추구한다. …… 그는 행위당하지 않고 행위하며, 선택당하지 않고 선택한다. …… 그는 자신의 에너지를 떨어뜨리고, 자신의 독립과 존엄을 앗아 가며, 의지를 꺾는 모든 힘에 저항한다. 독특한 자기 표현을 추구하는 내면의 모든 것을 파괴하고, 자신을 획일성, 몰개성, 단조로움, 나아가 소멸에 빠뜨리는 모든 힘에 저항하는 것이다.

인간 종을 이런 식으로 묘사하면 이 말을 이해할 수 있는 모든 종의 구성원들이 동의하기 십상이다. 그렇지만 이 글은 본질적으로 인간다운 게 무엇인지 확인해주지 않는다. 이 글을 다른 종에게 적용해보면 알 수 있을 것이다. 서커스에서 커다란 고리를 통과하는 사자는 '사자답게' 행동하는 것이 아니라고 다들 쉽게 동의할 것이다. 우리는 이 글을 이런 식으로 바꿔볼 수 있다.

사자의 최선, 즉 그의 가장 사자다운 모습은 개인적으로나 가까운 이들과 더불어 자발적이고 끝없는 창조적 활동을 거쳐, 저항하는 환경에 자신의 사자다움을 부여하는 작업을 거쳐 자기 실현을 추구한다. …… 그는 행위당하지 않고 행위하며, 선택당하지 않고 선택한다. …… 그는 자신의 에너지를 떨어뜨리고, 자신의 독립과 존엄을 앗아 가며, 의지를 꺾는 모든 힘에 저항한다. 독특한 자기 표현을 추구하는 내면의 모든 것을 파괴하고, 자신을 획일성, 사자답지 못함, 단조로움, 나아가 소멸에 빠뜨리는 모든 힘에 저항하는 것이다.

나는 사자들도 할 수만 있다면 대부분 이 고무적인 글에 동의하지 않을까 생각한다.

행동주의의 설명이 사람을 기계처럼 다루기 때문에 사람이 어떤 존재일 수 있는지, 어떤 일을 할 수 있는지에 대해서는 다소간 무심하다는 말도 자주 들린다. 마르틴 부버(Martin Buber)는 "인간은 자기도 자기 냉장고를 지배하는 기계적 법칙들에 지배받는 것처럼 생각하게 되었다."고 말한다. 그러나 인간 행동에 법칙이 있다는 주장은 인간 행동의 법칙이 냉장고 작동을 지배하는 법칙처럼 단순하거나 '기계적'이라는 말과 엄연히 다르다. (a) 기계가 사람을 운용하는 순전한 기술 사회와 (b) "자연 환경과 어우러짐으로써 인간이 자기 자신과 화평한 인간다움의 시대" 사이에서 선택할 필요도 없다. 그리고 인간이 아무리 탁월하다 해도 인간 또한 동물이라는 점을 우리는 부정할 수 없다. 인간을 가리켜 햄릿이 "얼마나 신과 같은 존재인가!"라고 했던 것을 파블로프가 "개와 다르지 않은 존재여!"라고 바꿔버렸다는 불평에는 햄릿 자신이 답할 것이다. "행동은 얼마나 천사 같은가! 이해는 얼마나 신과 같은가! 세상의 아름다움이여! 동물들의 귀감이여!" 인간은 동물들의 귀감이다.

행동주의가 인간을 비인간화한다는 말은 보통 행동주의가 기계나 동물에서 찾을 수 없는 중요한 능력, 가령 선택하고, 목적을 품고, 창조적으로 행동할 수 있는 능력을 간과한다는 뜻으로 통하기도 한다. 그러나 우리는 선택, 의도, 독창성을 행동에서 추론해내며, 그러한 행동은 행동 분석의 범위 안에 있다. 과연 다른 종들이 행동을 이해할 능력이 없는 것인지도 확실치는 않다. 인간은 아마 유일한 도덕적 동물이겠지만 이 말은 인간이 도덕성을 소유한다는 뜻이 아니다. 인간은 사회적 환경을 구성했고 그 안에서 자기 자신과 타인들에게 도덕적으로 행동해 왔다는 뜻일 뿐이다.

실제로 이 같은 여러 쟁점을 초기 행동주의는 등한시했고 방법론적 행동주의는 철저하게 설명에서 제외해버렸다. 그러나 나는 인간의 본질적인 측면이면서 과학적 분석으로 파악 불가능한 것은 하나도 알지 못한다. 비인간화를 비판하는 이들은 장차 거꾸로 비판을 받을지도 모르는데 과연 그들이 행동에 대한 설명의 부적절성을 끝까지 입증하고 싶어 할지 나는 잘 모르겠다.

행동은 사람의 성취다. 우리가 행동의 근원으로 환경을 지목하다 보니 인간의 천성적인 몫을 박탈하는 것처럼 보이기도 한다. 우리는 인간을 비인간화하지 않는다. 인간을 호문쿨루스처럼 생각하지 않을 뿐이다. 본질적인 쟁점은 자율성이다. 인간은 자기 운명을 스스로 다스리는가, 아니면 그렇게 하지 못하는가? 과학적 분석이 인간을 승리자에서 피해자로 바꾸어놓았다는 주장도 대개 같은 맥락에 있다. 그러나 인간은 언제나 지금까지 그래 왔던 대로일 것이며 인간의 가장 뚜렷한 성취는 자신을 제약에서 해방시키고 운신 범위를 크게 확장해주는 세계를 설계하고 구성했다는 데 있다.

인간은 부주의했을 것이다. 19세기에는 산업혁명의 여파로 인간이 인간에게 극도로 비인간적인 태도를 보였다. 가령 굶주린 노동자에 대한 임금 지불은 심각한 부작용을 간과했다. 마르크스는 초기 낭만주의 작가들의 영향을 받아서 이러한 부작용을 기술했다고 한다. 그 한 예로 프리드리히 실러(Friedrich von Schiller)는 이렇게 쓴 바 있다. "향유와 노동, 수단과 목적, 노력과 보상은 각기 분리되었다. 인간은 전체의 아주 작은 한 부분에 영원히 매였고, 자기 자신도 한낱 파편으로 만든다. 자신이 돌리는 핸들의 단조로운 소리만을 들을 뿐, 자기 존재의 온전한 조화를 결코 드러내지 못한다." 바꾸어 말하자면, 이제 노동에 즐거움으로 감지되는 상황을 낳는 강화적 결과가 없다는 얘기다. 수반성이 아주 협소한 행동 레퍼토리만을 유지시켰고, 이제 인간은 자신이 할 수 있는 행동의 대부분을 습득할 기회가 없다는 얘기다.

지금은 다른 부작용들이 좀 더 주의를 끌고 있다. 인간은 인간으로서 자기 지위에 이바지하는 행동을 하지 않음으로써 자신을 비인간화하는 기계들을 계속 만들어낸다. 그러면서 한편으로는 위험할 정도로 사육을 하고, 자원을 고갈시키고, 환경을 더럽히고, 핵무기에 의한 대학살의 위협을 해소하려는 노력을 별로 기울이지 않는다. 그럼에도 불구하고 내가 여기서 제기한 주장이 맞다면, 인간은 이러한 과오를 바로잡을 수 있고 전보다 더 자유를 느끼면서 더 대단한 일을 해낼 수 있는 세상을 건설할 것이다.

인간은 자기가 어떤 존재인가를 인식할 때에만 그럴 수 있다. 인간은 엉뚱한 곳에서 답을 찾으려 했기 때문에 문제 해결에 실패했다. 환경의 아주 특별한 역할이 더 성공적인 미래의 전망을 열어준다. 그 미래에 인간은 자기 자신을 정확하게 알기 때문에 더없이 인간다울 것이요, 자신을 능숙하게 관리할 것이다.

행동과학이 환원주의적이라서 인간을 비인간화한다는 견해도 있다. 행동과학이 한 가지 종류의 사실을 마치 다른 종류인 양—예를 들자면 생리심리학이 그러듯이—다룬다는 말도 있다. 그러나 행동주의는 어느 한 규모의 체계에서 다른 규모의 체계로 이동하지 않으며, 그저 동일한 사실을 다른 방식으로 설명할 뿐이다. 행동주의는 감정을 신체 상태로 '환원하지' 않는다. 단지 우리가 느끼는 것은 신체 상태이고 그 점은 항상 변하지 않았다고 말할 뿐이다. 행동주의는 사유 과정을 행동으로 '환원하지' 않는다. 과거에는 행동을 설명하기 위해 사유 과정을 만들어냈지만 행동주의는 단지 행동 자체를 분석할 뿐이다. 또한 도덕성을 사회적 환경의 몇몇 특징으로 '환원하지도' 않는다. 단지 그러한 특징이 항상 도덕적 행동의 원인이었음을 지적할 뿐이다.

그렇다고 해도 전통적 진술에는 있었던 뭔가가 빠진 것 같다. 이것이 행동과학만의 특유한 문제는 아니다. 종이를 들어 촛불 위에 갖다 대면 '불이 붙는다(catch fire, 불을 붙잡는다)'. 이렇게 우리는 불을 마치 붙잡고 소유할 수 있는 것인 양 말한다. 불을 끌 때도 '불을 몰아낸다(put the fire out)'는 표현을 쓴다. 불을 사라지게 한다는 의미로 '끄다(quench)'라는 동사를 쓴다. 은유가 일상적인 대화에서는 아무런 해가 되지 않겠지만 물리학자에게 딱히 유용할 리 없다. 불을 물로 '끄는' 데 익숙한 사람은 물이 불을 그저 '식힌다' 혹은 '덮어버린다'는 말에 만족하지 못할 것이다. 식히고 덮는 것과 끄는 것은 다르게 느껴지기 때문이다. 그러나 이때 불을 끄는 과정이 식히기와 뒤덮기로 '환원된' 것은 아니다. 단지 원래의 용어가 좀 더 넓은 의미를 지니는 용어로 번역되었을 뿐이다. 행동 분석에도 비슷한 경우들이 있다. 누락된 것처럼 보이는 것은 진지하게 받아들일 필요가 없는 것일 뿐이요, 그러한 누락이 환원주의라는 비난을 정당화하지도 않는다.

행동주의가 사회과학을 논할 때에는 환원주의가 될 수도 있겠다. 사회적 과정을 개인의 행동으로 환원하기 때문이다. 그러나 행동주의가 개인의 역할을 축소한다는 말을 들을 일은 없다. 오히려 일종의 확대라고 한다면 모를까.

17. 아마 모든 과학이 일반 원리를 찾는 과정에서 개별 사례의 유일성을 간과한다는 비판에 시달리는 때가 있을 것이다. 저녁놀, 바다의 폭풍, 풀잎 한 가닥, 음악 한 편에 철학이 꿈꾸었던 것, 과학이 설명했던 것보다 더 많은 것이 담겨 있다. 독특한 강화 수반성에 노출되면 특수한 종류의 앎이 발생하고, 여기에 결부된 감정이나 내적으로 관찰되는 마음 상태는 규칙이나 법을 따르면서 느끼는 감정 및 마음 상태와 상당히 다르다. 전문가는 독특한 사건에 가까이 다가갈 수 있겠지만 그렇다고 해도 그 사건의 전부를 아우르지는 못한다.

심리 치료는 당연히 개인에게 관심을 기울인다. 심리 치료에서 상투적으로 쓰는 방법은 사례사(case history)인데, 이 사례사는 한없이 매력적이다. 치료를 진행하면서 얻어낸 타인에 관한 집중적 앎은, 일반성을 강조하는 과학이 분명 따라갈 수 없는 부분이다. 행동주의가 개인을 무시한다고 불평하는 인본주의 심리학의 탄생에도 심리 치료는 큰 몫을 했다. 물리학과 생물학을 아는 것과는 다른 의미에서 세상을 알 수 있으니, 행동과학을 아는 것과는 자못 다른 의미에서 '사람들'을 알 수도 있는 것이다. 타인에 대한 관심—가십, 자서전, 소설, 드라마, 신문 기사 등에 대한 관심—을 의문시한다면 어리석은 일이리라. 개인은 환경의 중요한 부분이고, 행동과학은 사람이 보는 것을 더 효과적으로 해석하게 해주지만 결코 개별 사례의 전체 이야기를 말해주지는 않을 것이다.

지식으로 무엇을 할 것인가라는 의문을 던질 때 우리는 비로소 다양한 종류의 앎을 좀 더 긴밀하게 고찰하고 일반성의 가치를 깨닫기 시작한다. 과학은 비용과 이익의 균형을 맞춰야만 하고, 설령 독특한 사건을 붙잡고 매달릴지라도—특히 기술을 적용할 때가 그러한데—일반 원리를 통해서 더 풍성하게 수확을 거둬들인다.

18. 행동과학의 기본 연구는 각별히 조작적이다. 실험자는 실험 대상이 특정 방식대로 행동하게 되는 수반성을 마련하여 행동을 통제한다. 조작적 조건화가 워낙 눈에 띄기 때문에 행동주의가 타자를 통제하는 기술에 불과한 것처럼 여겨질 때가 많다. 사실 결과가 강화적이기만 하면 얼마든지 비과학적인 목적에 이용될 수 있다. 남을 조종하는 데 필요한 힘을 지닌 이들로는 정부나 종교의 권위

자, 막대한 부를 거머쥔 사람이 있다. 그들이 혐오적 방법, 혹은 혐오스러운 결과가 지연되는 방법(착취)을 쓴다면 우리는 그들에게서 도망치거나 그들의 힘을 공격한다. 앞에서 보았던 대로, 혐오스러운 방식, 착취 방식으로 힘을 쓰지 않는 사람들은 공감, 윤리 의식, 타인의 복지에 관심이 있어서가 아니라 역통제를 받기 때문에 그런 행동을 삼가는 것이다. 민주주의는 조종이라는 문제를 풀기 위해 설계된 역통제의 한 형태다.

눈에 확 띄는 통제와 그렇지 않은 통제의 차이가 수많은 오해를 불러왔다. 언어 행동을 '교육받는' 아이들은 조작적 조건화를 통해서 배우고, 교습 없이 언어 공동체를 통해서 언어 행동을 배우는 아이들은 조작적 조건화와는 다른 과정을 거쳐서 배우는 것이라는 말이 있다. 비슷한 얘기로, 정부와 경제는 행동주의 분석에 잘 맞는 분야지만 미술, 문학, 음악, 종교, 일상생활은 그렇지 않다는 말도 있다. 교실에서 토큰 경제 원리에 따라 움직이는 아이들은 통제당하는 느낌을 받겠지만, 노골적인 강화를 버리고 성공적인 성취 같은 자연스러운 강화물로 옮겨 간다면 그 아이들은 자유롭다는 말을 들을 것이다.

쟁점은 행동 과정이 아니라 수반성이다. 명시적인 목적으로 설계된 수반성은 사람을 착취하지 않는데도 사람을 조종한다는 비판을 받는다. 배열되지 않은 수반성도 그만큼 힘이 있고 불행한 결과를 불러올 수 있음을 인정해야 한다. 권고, 선동, 전도 따위도 행동 실태들이고, 일상생활에는 조금 더 작은 규모로 비슷한 실태들이 있음을 잊어선 안 된다. 우리는 모두 불리한 통제를 받으면서 사는 데 너무 익숙하기 때문에 우리가 어떤 사람이 해롭지 않다고 말한다면 그건 그 사람이 아무런 영향을 미치지 못한다는 뜻이다.

　모든 통제는 사람을 조종하기 때문에 잘못됐다는 말은 교육, 심리 치료, 정부, 그 외 분야에서 통제가 중요하게 쓰인다는 사실을 간과한 것이다. 행동 연구가 폭군이나 독재자에게 악용될 수 있으니 이 연구를 아예 없애거나 연구 결과를 봉쇄하자는 제안은 심각한 과오가 되겠다. 그러한 제안은 문화의 중대한 공헌을 죄다 무너뜨리는 것이며, 혐오스럽거나 인간을 착취하는 통제에 한계를 두는 역통제 수단들을 방해하기 때문이다.

　19. 우리는 언어 행동의 자극 통제에 관한 조작적 분석에서 '도덕성', '정의' 같은 추상적 용어들의 지시 대상이 또 다른 문제를 일으킨다는 점을 확인했다. 이 문제는 우리가 도덕적이거나 정의롭다고 보는 행동이 정부, 종교, 경제 체제, 윤리 집단에서 마련한 특수한 사회적 수반성의 산물에 불과하다고 인식하면 해결될 수 있다. 사람들이 도덕적이고 정의롭게 행동하는 세상을 건설하기 원한다면 그러한 수반성을 분석할 필요가 있다. 도덕성과 정의를 개인적 소유물처럼 생각하는 태도를 버리는 것이 그 첫걸음이다.

　20. 행동주의에 대한 반응은 흔히 다음과 같다. "당신 말이 다 맞을지도 모르지만 나는 내 행동에 관심이 없습니다. 내 감정, 그리고 다른 사람들의 감정에 관심이 있죠. 내가 독서를 하는 이유는 그 책들이 호기심이나 흥미를 자극하기 때문입니다. 음악을 듣는 이유는 그로써 기쁨을 얻기 때문이고, 그림을 보는 이유는 아름답다고 느끼기 때문이죠. 나는 내가 사랑하는 사람들, 일상의 언어로 일상사

를 즐거이 대화할 수 있는 사람들과 어울려 지냅니다." 물론, 이런 말은 그 어떤 과학에 대해서도 할 수 있다. "나는 면역학에 관심이 없어요. 그냥 질병은 피하고 싶습니다." "나는 유전학에 관심이 없습니다. 그냥 우리 애가 건강하기를 원할 뿐이에요." "에너지가 어디서 나오든 내가 알 바 아니죠. 나는 편안하고 편리하게 살고 싶을 뿐이에요." 의학, 유전학, 기술에 관한 지식이 기분 좋게 지내고, 건강한 자녀를 두고, 편안하게 사는 데 방해가 되진 않으며, 이 점은 누구나 무리 없이 인정할 것이다. 그러나 비슷한 진술도 행동에 관한 것이면 논란거리가 된다. 하지만 행동과학이나 행동과학의 철학은 감정이나 내적 관찰을 바꿀 필요가 없다. 신체 상태에 대한 느낌이나 관찰은 우리도 인정한다. 다만, 우리는 그와 결부된 환경 조건을 강조하고 행동을 설명할 수 있는 것은 감정이 아니라 조건이라 주장할 뿐이다.

음악사나 음악 이론을 이해한다고 해서 음악을 향유하는 데 방해가 되는가. 화가의 기법이나 미술사를 이해하는 사람은 그림을 덜 즐기는 것인가. 사실, 살짝 불가해한 부분이 강화 작용을 할 수도 있다. 우리는 설명할 수 없는 듯 보이는 것에 특히 감동을 받기도 한다. 그러나 손해를 상쇄할 만큼의 이득이 없다면 교육자는 설명에 힘써야 한다.

어느 저명한 과학 비평가는 이런 식으로 반대 의견을 밝혔다. "(동물행동학에 따르면) 존 키츠는 틀렸다. 새는 황홀경에서 영혼을 토로하는 것이 아니다. 우리는 이제 새가 하는 행동이 벌레가 많은 영역을 자기 것이라고 다른 새들에게 알리는 것에 불과하다는 것을 알기 때문이다." 키츠는 우리가 결코 새가 왜 우는지 알 수 없으리라 주장했고, "그러나 새의 노래가 우리에게 어떤 영향을 끼치는지는 시인으로서의 인간이 가장 잘 알고 과학은 이러한 자료에 대해서는 아무 말도 할 수 없다. 과학도 그저 들을 수만 있는 것이다."라고 말했다.

여기에는 새가 왜 우는지 이해하면 새의 울음이 우리와 시인에게 미치는 효과가 방해를 받고, 우리가 시인의 글을 읽을 때 받게 되는 효과도 방해받는다는 뜻이 함축되어 있는 것 같다. 동물행동학자가 새가 왜 우는지 연구하면서 이러한 효과들까지 고려한다면 잘못이다. 그렇지만 동물행동학자도 새의 노래를 즐길 수 있고, 새의 노래를 다룬 시를 즐길 수 있다. 새가 우는 이유는 새가 느끼는 감정이 아니라 특정한 생존 수반성에 있다. 새의 노래를 듣고 시인이 느끼는 감정은 새가 우는 이유와 이중으로 무관하다. 하지만 시인이 자기 느낌을 우리에게 말하지 못할 이유도 없거니와, 그가 훌륭한 시인이라면 우리도 같은 느낌을 받을 만한 조건을 유발하지 못할 이유도 없다.

우리가 새의 노래에 귀를 기울이지 않는다면 그렇게 행동하게끔 강화를 받기 때문이다. 과학은 다른 여러 가지 이유에서 귀를 기울일 수 있다. 과학은 소리의 패턴이 강화적이거나 강화적일 수 있는 범위를 조사할 수도 있고, 그로써 인간이 작곡을 하고 음악을 듣는 이유를 설명하는 데 이바지할 수도 있다. 음악을 듣는 사람의 신체 내에서 발생하는 조건은 영원히 개인적인 것으로 남겠지만 행동과학자는 그 조건과 결부된 강화 효과를 연구할 수 있고 어쩌면 더 강화적인 효과를 얻어내는 방법도 알아낼지 모른다.

더없이 열렬한 행동주의자도 여느 사람과 똑같이 감정을 느낄 수 있을 뿐 아니라, 모든 점을 감안하건대 그 이상으로 즐거운 감정을 누린다. 즐거움이나 강화와는 거리가 먼 감정들, 가령 실패, 좌절, 상실과 결부된 신체 상태도 엄연히 있기 때문이다. 과학적인 자기 지식과 자기 관리를 실행하는 사람은 여느 사람들보다 그러한 감정을 덜 경험할 가능성이 높다. 그리고 타인을 좀 더 잘 이해하는 것이 어떻게 타인을 돕고자 하는 관심 혹은 애정에 걸림돌이 될 수 있다는 건지 도무지 모르겠다.

행동주의자의 행동

'들어가는 글'에서 제시한 수많은 오해와 비판에 대해서는 이쯤 해 두자. 그러한 오해와 비판에 행동주의자가 심성주의적 용어들을 계속 사용함으로써 자기 원칙을 끊임없이 위배한다는 비난을 추가해야겠다. 행동주의자도 "나는 생각한다."라는 표현을 쓰고, 독자에게 어떤 것을 '마음에 두라고' 요구하며, 어느 한 대목의 '취지'나 '의도'를 요약하는 식이다. 이제 이 책 또한 독자가 살펴볼 수 있는 하나의 표본이 될 텐데, 나는 이 책에서 다음 사항들에 일관성을 지켜 왔다고 생각한다.

나는 기술적 견해를 밝힐 때에는 기술적 용어를 사용했다. 다른 곳에서도 크게 무리 없이 쓸 수 있다면 기술적 용어 쪽을 선호했다. 우리의 문제가 "미래에 대한 관심을 조성하는 것"이라고 말하기보다는 "미래에 대한 사람들의 작용을 유도하는 것"이라고 말하는 쪽을 택했다. 어떤 "생각이 나에게 떠올랐다."는 표현보다는 "나에게 ……가 일어났다."는 표현을 선호했다. 그러나 다른 곳에서는 필요에 따라 기술적인 번역을 제공할 책임을 감안하면서 일상의 어휘를 자유로이 썼다. 이런 유의 책이 간단하면서 읽을 만하게 나오려면 달리 어쩔 수 없다. 여기에 이의를 제기하는 독자는 의사가 (바이러스에 감염됐다는 말 대신) '감기'에 걸렸다고 말하거나 역법(曆法)으로 (지구의 자전에 따라 태양이 지평선 위로 보이는 시각이라는 말 대신) 해 뜨는 시각을 알아냈다는 말에도 트집을 잡아야 한다. 일상적 어휘가 더 편하다고 해서 기술적 용어가 더 도움이 되는 상황에까지 써서는 안 된다. 가령 교육은 교수와 학습을 일상 용어로 분석하려 했기 때문에 오랫동안 난항을 극복하지 못했다.

반박이 꼭 용어 문제만은 아니다. 행동주의의 진술을 처음 접한 사람들은 자기 통제라는 말에 크게 놀랐을지도 모른다. 자기 통제란 일종의 내적 결단을 암시하는 게 아닐까? 행복은 감정이 중요하다는 의미를 담고 있지 않을까? 행동주의자 본인의 행동도 자기 원리를 위배하는 것처럼 보인다. 그 또한 책을 쓰기로 '결단하지' 않았는가? 그가 쓰지 않았다면 책이 존재하지도 않을 테니 그는 분명히 이 책에 '책임이 있지' 않은가? 그는 독자들에게 행동주의의 시각을 따를 것을 '촉구하고' 있지 않은가? 자기 통제, 행복, 결단, 책임, 촉구의 전통적인 정의대로라면 행동주의자는 실제로 일관성이 없다. 그러나 행동주의자 본인의 정의에 따르면 그는 일관성이 없는 게 아니다. 후자의 정의를 이해할 때 이런 유의 반박은 힘을 잃는다.

또 다른 반박이 이런 형태를 취할 수 있다. "행동주의자의 말대로 인간 행동이 완전히 결정되는 것이라면 그는 왜 굳이 책을 쓰는가? 문제되는 거라도 있다고 생각하나?" 이 질문에 답하려면 우리는 그 행동주의자의 역사를 들여다보아야 한다. 그가 인간 행동에 관해 진지하게 말한 그 어떤 것도 이 역사의 효과를 바꾸지는 못한다. 행동주의자의 연구가 그가 같은 인간에게 품는 관심이나 행동과학 및 기술의 타당성에 대한 믿음을 변화시킨 것은 아니다. 호흡을 다룬 책을 쓴 저자에게 비슷한 질문을 던진다고 생각해보라. "그런 게 호흡이라면 당신은 왜 계속 숨을 쉬는 겁니까?"

긍정적인 면에 대하여

행동주의는 가정에 불과한 단점들로 너무 자주 정의되었기 때문에, 즉 뭔가를 무시하거나 간과한다는 얘기로 점철되었기 때문에, 일반적으로 알려진 바를 시정했을 뿐인데도 보존되어야만 할 것을 파괴하는 듯 보이기 일쑤였다. 나는 이러한 비난에 답하면서 '행동주의의 기초 그 자체를 버린 것처럼' 보였을지 모르지만 사실 내가 버린 것은 초기 행동주의의 잔재들이다. 그러한 잔재들이 지난 60여 년에 걸쳐 다양하게 정교화되기도 했고 비판을 받기도 했다. 그 중 살아남은 것을 다음과 같은 긍정형으로 진술할 수 있다.

1. 독자에게 미리 일러두었듯이 내가 취한 입장은 행동과학의 특수한 한 종류에 기초해 있다. 내가 이 입장을 취한 데에는 물론 내가 거기에 익숙하다는 이유도 일부 작용했지만 이 입장의 몇 가지 특징이 행동주의의 주장에 각별히 합당하다는 이유가 가장 컸다. 나는 이 입장이 행동과 환경의 인과 관계를 가능한 한 가장 명쾌하게 제시한다고 본다. 이 입장은 집단 평균보다 개인의 데이터를 분석한다. 실험 환경은 복잡해져서 이제 일상생활의 복잡성에 필적하

게 되었고, 그에 따라 실험 결과를 바탕으로 한 추정 또한 점점 더 유용해졌다.

2. 우리가 행동 실험 분석에서 배운 바에 따르면, 유기체의 감정과 내적으로 관찰되는 상태의 기능으로 여겼던 것이 사실은 환경의 기능이다. 이 사실은 아주 서서히 인식되었다. 환경의 역할을 보여주는 강력한 증거만이 가상적인 내면의 원인을 보게 만드는 심성주의의 효과를 상쇄할 수 있었다.

3. 행동 분석은 생리학 연구의 중요성을 인정한다. 유기체의 행동은 궁극적으로 그렇게 행동하는 순간에 유기체가 무엇인지에 달려있음을 보게 될 것이요, 언젠가 생리학자가 그 모든 것을 상세히 알려줄 날이 올 것이다. 또한 생리학자는 종의 구성원으로서나 개인으로서 사전에 어떻게 환경에 노출됨으로써 그러한 조건에 도달하는지도 알려줄 것이다.

4. 이 논증에서 결정적인 한 단계를 다음과 같이 말할 수 있겠다. 느끼거나 내적 관찰을 통해 아는 것은 생리학이 결국에 가서 발견하게 될 것에 비하면 지극히 적고 상대적으로 중요하지 않다. 그런 것은 행동과 환경의 관계를 매개하는 체계가 아니며, 이 관계는 실험 분석으로 밝혀진다.

행동주의는 행동과학의 철학으로서 인간에 대한 사고방식을 아마 그 어느 때보다 철저히 바꿀 것을 요구한다. 이는 행동에 관한 설명을 말 그대로 안에서 밖으로 돌리는 문제다.

행동주의의 미래

행동과학이라 부르는 것 중에도 여기서 말하는 의미에서 행동주의적이지 않은 것이 많다. 앞에서 보았듯이 일부는 행동의 형태, 양상, 구성에만 치중하면서 이론적 쟁점을 피한다. 또 일부는 수학적 모형이나 시스템 이론의 '개념적 신경계'에 호소한다. 솔직히 상당수는 아직도 심성주의를 탈피하지 못했다. 어쩌면 이러한 다양성이 유용할지도 모른다. 다양한 접근을 변이로 간주하고, 결국은 이 중에서 정말로 유효한 행동과학이 선택될 것으로 생각하면 된다. 그렇지만 작금의 상황은 밝지 않다. 이 분야의 어느 한 부분에서조차 두 사람의 권위자가 의견이 일치하는 경우가 드물고, 오늘날 세계의 문제에 대해서 행동과학만큼 합당한 것이 달리 없는데도 현재 행동과학은 폭넓은 성취를 이룬 것 같지 않다.(이 과학이 우리의 문제를 풀기에는 '너무 어리다는' 말도 있었다. 이거야말로 미성숙은 용서된다는 발달주의의 흥미로운 한 예다. 아기는 어리기 때문에 제 발로 걷지 못해도 용서가 된다. 마찬가지 맥락에서 비사회적이거나 정신적 장애가 있는 어른도 완전히 성숙하지 못했다는 이유로 용서받는다. 그러나 과연 행동과학이 더 실질적으로 '성장할' 때까지 기다려야 할까?)

나는 행동과학이 정말로 행동주의적이지 못해서 더 큰 공헌을 할 수 없었노라 주장했다. 최근 지적된 바대로, 국제평화대회(International Congress on Peace)는 정치가, 정치학자, 역사학자, 경제학자, 물리학자, 생물학자 등으로 구성되었고 엄밀하게 말해 행동주의자라 할 만한 사람은 단 한 명도 끼지 못했다. 분명 행동주의를 쓸모없다고 여긴 탓이다. 그러나 우리는 이 대화가 뭘 이뤄냈는지 의문을 제기해보아야 한다. 다양한 분야의 전문가들을 한데 모았고, 그들은 내면에 원인을 돌리는 언급들로 점철된 보통 사람의 상식적 공용어를 구사했을 것이다. 국제평화대회가 이 잘못된 단서를 버렸더라면 어떤 성과를 거두었을까? 인간사의 논의에 으레 통용되는 심성주의는 왜 국제평화대회가 매년 열리지만 그 해가 그 해 같은 인상을 풍기는지 설명해준다.

철저한 행동주의가 커다란 차이를 불러올 것이라는 주장은 거의 항상 이러한 질문에 부딪힌다. "음, 그런데 그게 무슨 뜻인데요? 전쟁, 인구, 공해, 인종 차별, 청년 세대의 반항에 대해서 '당신이' 뭘 하겠다는 건데요?" 안됐지만 문제 해결에 포함되는 원리들을 이해한다고 해서 꼭 답이 나오는 건 아니다. 항공역학을 안다고 해서 곧장 비행기를 설계할 수 있는가? 판구조론을 안다고 해서 곧장 지진을 예측할 수 있는가? 이중 나선 구조를 안다고 해서 곧장 새로운 종을 만들어낼 수 있는가? 문제의 세부 사항을 연구해야만 한다. 실제 문제의 세부 사항을 모른 채 원리만 안다면, 원리는 모르고 세부 사항만 알 때와 마찬가지로 해결은 요원하다. 그러나 세부 사항을 잘 아는 사람들이 인간 행동에 대해서 실행 가능한 시각을 채택한다면 아무리 큰 문제라도 해결할 수 있다.

과학 기술이 일으킨 문제가 해결한 문제보다 많다는 말은 물리와 생물 쪽의 과학 기술을 두고 하는 말이다. 그렇다고 해서 행동 기술(technology)이 더 많은 골칫거리를 끌어들일 거라는 뜻은 아니다. 오히려 여타의 공헌을 구해내기 위해서도 행동 기술이 요구된다. 행동과학이 실패했다고는 말할 수 없다. 그 과학은 거의 시도되지도 않았기 때문이다. 행동과학의 철학이 분명히 이해될 때까지 그 과학은 공정한 시험을 받았다고 할 수 없을 것이다. 어느 저명한 사회철학자는 "의식의 변화를 거쳐서만 세계는 구원받을 것이다. 모두가 자기 자신에서부터 시작해야 한다."라고 말했다. 그러나 아무도 자기 자신에서 '시작할' 수 없다. 만약 그럴 수 있다 해도 결코 의식의 변화를 거쳐서 그렇게 되지는 않을 것이다.

"핵전쟁보다 더 큰 위험이 해소되지 못한 두려움, 전염성 있는 공포, 잔인한 폭력에 대한 원초적 욕구, 격렬한 자기 파괴성의 형태로 인간 자신의 내면에서 일어난다."는 말이 사실이라면 우리는 멸망할 것이다. 다행히도 공격점은 쉽게 접근 가능하다. 바뀌어야 하는 것은 환경이다. 인간 행동을 환경과의 관계 속에서 더 깊이 연구하는 생활 방식이 인간 행동의 주요한 문제들을 해결하기에 가능한 최선의 입장일 것이다. 이것은 맹목적 주전론(主戰論)이 아니다. 이제 굵직굵직한 문제들은 전 지구적이기 때문이다. 행동주의의 시각에서 보건대, 인간은 이제 무엇이 이루어져야 하고 무엇을 어떻게 해야 하는지 알기 때문에 비로소 자기 운명을 통제할 수 있다.

| 참고문헌 |

나는 행동주의가 행동과학에 대한 철학으로서 필수적으로 챙겨야 할 부분들을 망라
하고자 애썼으나 어떤 주제도 증거가 허락하는 한에서 온전하게 전개하지 못했다.
물론 더 많은 세부 사항을 광범위한 문헌에서 찾을 수 있겠으나, 안타깝게도 그러한
문헌을 잘 요약해놓은 것은 없다. 내가 그 문헌에 대해서 어떤 실마리를 제공하겠다
는 건 아니다. 좀 더 자세히 알고자 하는 독자는 다음 용어를 참고하여 내가 다른 책
들에서 논의한 몇 가지 주제를 찾아볼 수 있겠다. 여기 그 책들을 약어로 정리해 두
었다.

SBH   Science and Human Behavior (New York: Macmillan, 1953)
VB   Verbal Behavior (New York: Appleton-Century-Crofts, 1957)
SR   Schedules of Reinforcement, with Charles B. Ferster (New York:
             Appleton-Century-Crofts, 1957)
TT   The Technology of Teaching (New York: Appleton-Century-Crofts,
             1968)
COR   Contingencies of Reinforcement: A Theoretical Analysis (New York:
             Appleton-Century-Crofts, 1969)
BFD   Beyond Freedom and Dignity (New York: Alfred A. Knopf, 1971)
CR   Cumulative Record: A Selection of Papers, 3rd edn. (New York:
             Appleton-Century-Crofts, 1972)

Behaviorism. Behaviorism at fifty, **COR**; **SHB**, Section I.
Introspection. The operational analysis of psychological terms, **CR**, Paper #25;
      SHB, Chapter 17; **VB**, pp. 130~146.
Innate endowment. The phylogeny and ontogeny of behavior, **COR**, Chapter 7.
Reflexes and conditional reflexes. **SHB**, Chapter 4.
Operant behavior. **SHR**, Chapter 5~12.
Schedules of reinforcement. **SR**.

Verbal behavior. **VB**.

Thinking. **SHB**, Chapter 16.

Rule-governed behavior. An operant analysis of problem solving, **COR**, Chapter 6.

Creative behavior. **CR**, Papers #22 and #23.

The shelf. **SHB**, Chapter 17.

Self-management. **SHB**, Chapter 15.

Managing others. **SHB**, Chapter 20.

The problem of control. **SHB**, Section V and VI: **CR**, Part I: **TT**, Chapter 9: Compassion and ethics in the care of the retardate, **CR**: **BFD**.

Inside the skin. The inside story, **COR**, Chapter 9.

들어가는 글

John B. Watson: "Psychology as the Behaviorist Views It." *Psychological Review*, 1913, 20, 158~177.

2장 살갗 안의 세계

Walter D. Weimar: "On the Return of Plato: Psycholinguistics and Plato's Paradoxes of the Meno." *American Psychologist*, January 1973.

3장 선천적 행동

Vannevar Bush, in *Fortunes*, January 1965.

4장 조작적 행동

Arthur M. Wilson: *Diderot*. New York: Oxford University Press, 1972.

5장 지각

W. C. Stebbins (ed.): *Animal Psychophysics*. New York: Appleton-Century-Crofts, 1970.

G. E. Stratton: *Theophrastus and the Greek Physiological Psychology Before Aristotle*. New York: Macmillan, 1917.

7장 생각

이 장에서 언급한 세 명의 인지심리학자는 조지 밀러(G. A. Miller), 유진 갈란테 (Eugene Galanter), 칼 프리브람(Karl Pribram)이다. 그들이 천명한 내용은 *Beyond the Punitive Society*, Harvey Wheeler (ed.) San Francisco: W. H. Freeman, 1973, p. 101을 보라.

8장 원인과 이유

Cassirer, quoted by Arthur M. Wilson: *Diderot*.

Stendhal: *Journal* (entry for xxx avril 1810), Henry Debraye and Louis Royer (eds.). Paris, 1932.

윌프리드 셀러스(Wilfred Sellars)는 월터 웨이머(2장 참고문헌)에게서 "인간의 행위 가 언어로 인해 이유와 원인을 갖게 된다는 아리송한[원문 그대로의 표현] 아포 리즘"이라는 평가를 받았다.

9장 앎

Michael Polanyi: *Personal Knowledge*. Chicago: University of Chicago Press, 1960.

P. W. Bridgman: *The Way Things Are*. Cambridge, Mass.: Harvard University Press, 1959.

Peter Gay: *The Enlightenment: An Interpretation*. Vol. II: *The Science of Freedom*. New York: Alfred A. Knopf, 1969.

10장 동기와 정서의 내면 세계

Hans-Hubert Schönzeler: *Bruckner*. London: Calder and Boyars, 1970.

12장 통제의 문제

"Control as a passing phrase." See William Leiss: *The Domination of Nature*. New York: Braziller, 1973.

13장 살갗 안에 무엇이 있는가?

심리학적 기술(technology)에 대해서는 다음을 보라. Leon R. Kass: "The New Biology: What Price Relieving Man's Estate?" *Science*, 1971, 174, 779~788.

14장 요약

Karl R. Popper: *Of Clouds and Clocks*. St. Louis: Washington University Press, 1966.

Isaiah Berlin(paraphrasing Sorel), in *Times Literary Supplement*, December 31, 1971.

On Mark and Schiller, see David McLellan: *Marx Before Marxism*. London: Macmillan, 1970.

이 저작은 국립정신건강연구소의 지원을 받았다(지원기금번호 K-6-MH-21, 775-01). 원고를 읽고 비판해준 어니스트 바가스 박사와 줄리 바가스 박사에게 감사한다.*

---

* 줄리 바가스와 어니스트 바가스는 스키너의 장녀와 사위다.

이신영

서울에서 태어나 서강대학교에서 철학을 공부했다. 심리학 관련 서적을 여러 권 우리말로 옮겼다.

스키너의 행동심리학

2017년 8월 25일 초판 1쇄 발행
2024년 5월 27일 초판 5쇄 발행

- 지은이 ─────── B. F. 스키너
- 옮긴이 ─────── 이신영
- 펴낸이 ─────── 한예원
- 편집 ────────── 이승희, 윤슬기, 양경아, 김지희
- 본문 조판 ────── 성인기획
- 펴낸곳   교양인
　　　　　우 04015 서울 마포구 망원로6길 57 3층
　　　　　전화 : 02)2266-2776 팩스 : 02)2266-2771
　　　　　e-mail : gyoyangin@naver.com

* 잘못 만들어진 책은 바꾸어드립니다.
* 값은 뒤표지에 있습니다.

이 도서의 국립중앙도서관 출판예정도서목록(CIP)은 서지정보유통지원시스템 홈페이지(http://seoji.nl.go.kr)와 국가자료종합목록시스템(http://www.nl.go.kr/kolisnet)에서 이용하실 수 있습니다.(CIP제어번호: CIP2017018548)